山东大学儒学高等研究院科研成果
山东大学曾子研究所科研成果
曾子研究院科研成果
曾智明"曾子学术基金"科研成果

汉字中国
曾振宇 主编
Chinese Characters

阴阳

彭华 著

华夏出版社
HUAXIA PUBLISHING HOUSE

图书在版编目（CIP）数据

阴阳 / 彭华著 . -- 北京 : 华夏出版社有限公司, 2024.1
（汉字中国 / 曾振宇主编）
ISBN 978-7-5222-0267-9

Ⅰ. ①阴… Ⅱ. ①彭… Ⅲ. ①汉字—通俗读物 ②中华文化—通俗读物 Ⅳ. ① H12 – 49 ② K203 – 49

中国版本图书馆 CIP 数据核字（2022）第 008082 号

阴阳

著　　者	彭　华
责任编辑	李春燕
责任印制	周　然

出版发行	华夏出版社有限公司
经　　销	新华书店
印　　装	三河市万龙印装有限公司
版　　次	2024 年 1 月北京第 1 版 2024 年 1 月北京第 1 次印刷
开　　本	880 mm × 1230 mm　1/32
印　　张	9
字　　数	180 千字
定　　价	59.00 元

华夏出版社有限公司　地址：北京市东直门外香河园北里 4 号　邮编：100028
网址：www.hxph.com.cn　电话：（010）64663331（转）
若发现本版图书有印装质量问题，请与我社营销中心联系调换。

序

《汉字中国》丛书即将付梓，主编曾振宇教授嘱我在书嵩写几句话。我认为"汉字中国"是个好题，丛书的出版是件好事，摆到读者面前的是一套好书，振宇教授美意岂能却之？遂谨献鄙意如下。

首先我想说，这是一套什么样的丛书。显然，它不是研究中国文字的学术丛书，而是在文字研究基础上通俗地讲述中国自有的文化哲学体系中一批重要概念的著作，是一套把汉字与它所承载的哲学概念如何紧密地融合起来这一独特的现象呈现出来的创新之作。

丛书的编著者们认为"中国本土哲学与文化形态中的概念、文字和词语是中国哲学与文化的'结晶体'"。这是一个含义很深邃又很形象的比喻。这就意味着《汉字中国》将对中国哲学与文化的概念进行深入解读，探索其内涵和外延，从而发掘、展现中华文化与其哲学的精神、品质、性格的独特性，消解中国哲学与文化之双足只穿西方哲学之鞋履所带来的误解、困惑与尴尬。反过来看，通过对中国哲学与文化的认知和体验，又可以明了并深化对这些汉字形音义的来龙去脉、衍生变异以及遗存、渗透在现代汉语词汇中的文化基因的认识。或许这也是本套丛书冠以"汉字中国"之名的用意所在吧。

诚然,《汉字中国》所分析、论列的,大多是日常所用的字词,有些即使是"专门"词语,也已经为越来越多的人所习见;但是,由于种种历史的、社会的原因,今人也常常与这些字词的深意若即若离。而如果忽略了汉字在数千年传承、延绵、孳乳、变异过程中沉淀于后世语言形式里的传统文化意义,就会冷淡了中华文化的特性,很可能语言/概念发生"漂移"现象,不得已时只好乞灵于异质文化,从而难以形成阐述中华文化的中国话语体系。

"结晶体"这样一个形象而很有意趣的比况,更会引发读者的遐想:在这个"结晶体"里面,有着丰富多样的微观世界,中国文化的种种现象和思想都在有序地存在着、排列着。由此可以想见,《汉字中国》的筹划、酝酿、研究,用心良苦矣!我不由得又想到,《汉字中国》的影响所及,可能并不仅限于人文社会科学、哲学领域,即使在构建科学技术伦理、自然语言处理、人机对话、中外语言互译,乃至人工智能等领域,似乎也可以参考一下吧。

话说得远了些,就此搁笔。

忝谓之"序"。

许嘉璐
2019年8月22日

汉字中国
◆
阴阳

目录

第一章

阴阳观念的起源……………………………1

第一节　旧说之评述………………………1
　　一、"阴阳"的含义………………1
　　二、阴阳起源于何地………………3
　　三、阴阳起源于何时………………6
　　四、阴阳起源于何物………………19

第二节　起源之考察………………………23
　　一、文字学的考察…………………24
　　二、文献学的考察…………………41

第三节　附论与小结………………………47
　　一、阴阳与二分……………………47
　　二、简短的小结……………………51

第二章

阴阳思想的变迁——前诸子时代……………53

第一节　质料与考辨………………………53
　　一、阳光之向背与地理之方位……………53

二、阴阳·气·地震 …………………………………… 55
　　三、阴阳及其"正"与"不正"（阴阳二分对比）……… 61
第二节　属性与思辨 …………………………………………… 66
　　一、阴阳与占星术（阴阳相克）……………………… 66
　　二、阴阳与医学（阴阳和谐）………………………… 71
　　三、阴阳与兵家（阴阳转化）………………………… 77

第三章
阴阳学说的形成——春秋诸子时代 …………………… **84**
第一节　"万物负阴而抱阳"——《老子》与阴阳 ………… 84
　　一、道家概略 ………………………………………… 84
　　二、老子与《老子》…………………………………… 85
　　三、《老子》说阴阳（联系《太一生水》）…………… 86
第二节　"一阴一阳之谓道"——《周易》与阴阳 ………… 101
　　一、儒家概观 ………………………………………… 101
　　二、孔子与《周易》…………………………………… 104
　　三、《周易》与阴阳 …………………………………… 108
第三节　"阴阳之和，莫不有也"——《墨子》与阴阳 …… 122
　　一、墨家概要 ………………………………………… 122
　　二、《墨子》说阴阳 …………………………………… 126

第四章
阴阳学说的发展（一）——战国诸子时代 …………… **132**
第一节　儒家："阴阳大化"——荀子说阴阳 ……………… 132
　　一、荀子与《荀子》…………………………………… 132

二、荀子说阴阳 ……………………………………… 134

第二节　道家："阴阳调和"——庄子说阴阳……………… 141
　　一、庄子与《庄子》………………………………… 141
　　二、《庄子》的阴阳学说 …………………………… 143

第三节　新道家："阴阳大义"——帛书说阴阳…………… 147
　　一、《黄帝四经》的基本情况 ……………………… 147
　　二、《黄帝四经》的阴阳学说 ……………………… 151

第四节　阴阳家："阴阳消息"——邹衍说阴阳…………… 158
　　一、阴阳家要略 ……………………………………… 158
　　二、邹衍的思想 ……………………………………… 161
　　三、后学与末流 ……………………………………… 167

第五节　纵横家："变动阴阳"——《鬼谷子》说阴阳…… 169
　　一、纵横家与《鬼谷子》…………………………… 169
　　二、《鬼谷子》的阴阳观 …………………………… 173

第五章

阴阳学说的发展（二）——中古经学时代 …………… 180

第一节　"阳贵而阴贱，天之制也"——董仲舒说阴阳…… 180
　　一、生平事迹 ………………………………………… 180
　　二、阴阳学说 ………………………………………… 183

第二节　"无极而太极"——周敦颐说阴阳………………… 189
　　一、生平事迹 ………………………………………… 189
　　二、阴阳学说 ………………………………………… 191

第三节　"太虚即气"，"气有阴阳"——张载说阴阳 ……… 195
　　一、生平事迹 ………………………………………… 195

二、阴阳学说 …………………………………… 196

第四节 "天地之间，无往而非阴阳"——朱熹说阴阳 …… 200
　　一、生平事迹 …………………………………… 200
　　二、阴阳学说 …………………………………… 202

第五节 "阴阳者，造化之橐钥也"——王廷相说阴阳 …… 206
　　一、生平事迹 …………………………………… 206
　　二、阴阳学说 …………………………………… 207

第六节 "阴阳二气，充满太虚"——王夫之说阴阳 …… 209
　　一、生平事迹 …………………………………… 209
　　二、阴阳学说 …………………………………… 211

第七节 "阴阳五行，道之实体也"——戴震说阴阳 …… 214
　　一、生平事迹 …………………………………… 214
　　二、阴阳学说 …………………………………… 216

第六章
阴阳学说的影响 …………………………………… **219**

第一节 "人生有形，不离阴阳"——中医与阴阳 ……… 219
　　一、《黄帝内经》的基本情况 ………………… 220
　　二、《黄帝内经》的阴阳学说 ………………… 224
　　三、阴阳学说在中医学中的应用 ……………… 226

附：医案一则（李东垣奇思出妙方）……………………… 237
　　一、学行 ………………………………………… 237
　　二、医案 ………………………………………… 239

第二节 "当合三统，阴阳相得"——道教与阴阳 ……… 241
　　一、《太平经》的基本情况 …………………… 241

二、《太平经》的阴阳学说 …………………………… 244

结　语 ……………………………………………… **249**
　　一、阴阳学说的四大总体走向 ……………………… 249
　　二、阴阳学说与中国思维模式 ……………………… 258

主要参考文献 ……………………………………… **263**
后　记 ……………………………………………… **275**

第一章
阴阳观念的起源

第一节　旧说之评述

一、"阴阳"的含义

在一般辞书中，对"阴阳"的解释均大同小异。它们说，所谓"阴阳"，最初的意义是指日光的向背，向日为"阳"、背日为"阴"；后来，又自此引申出凡向日、背日的地理位置均可以"阴阳"表之，山之南、水之北为"阳"，水之南、山之北为"阴"；再后来，又引申为气候的寒暖。"阴"、"阳"的上述三义，都是经验层面的含义。再往后，"阴阳"超越了经验层面，一跃而为形而上的哲学范畴。古代思想家看到一切现象都有正反两方面，就用"阴阳"概念来解释自然界两种对立和相互消长的物质势力。如伯阳父以阴阳解释地震，"阳伏而不能出，阴迫而不能烝，于是有地震"（《国语·周语上》）；《老子》的"万物负阴而抱阳"，肯定阴阳的矛盾势力是事物本身所固有的；《易传》的"一阴一阳之谓道",把阴阳交替看作宇宙的根本规律。到战国晚期,邹衍等阴阳家则把"阴阳"变成了和"天人感应"说结合的神秘概念[1]。《辞海》的这一解释,并未穷尽"阴阳"的所有义项。中国古籍中所出现的"阴阳",至少还有以下三个义项:

(1)古以"阴阳"解释万物之化生及其分类。凡天地、日月、寒暑、昼夜、男女、夫妇、君臣,以至腑脏、气血等,皆分属"阴"或"阳"。在中医理论经典《黄帝内经·素问》中,"阴阳"被发挥得淋漓尽致,运用得纯熟圆融。如《素问·阴阳应象大论》说:"阴阳者,天地之道也,万物之纲纪,变化之父母,生杀之本始,神明之府也,治病必求于本。"

(2)作为表里、隐显或动静的"阴阳"。《大戴礼记·文王官人》云:"考其阴阳,以观其诚;覆其微言,以观其信;曲省其行,以观其备成。此之谓'观诚'也。"卢辩注:"阴阳,谓(一作犹)隐显也。"[2]王聘珍云:"考其阴阳者,察其动静也。"[3]

(3)以"阴阳"指代日月运转之学。《后汉书》卷五十九《张衡传》云,"衡善机巧,尤致思于天文、阴阳、历算","遂乃研覈阴阳,妙尽璇玑之正,[4]作浑天仪"。以上三个义项,见于

---

1 辞海编辑委员会编:《辞海》(1979年版)缩印本,上海:上海辞书出版社,1980年,第412页。
2 黄怀信等:《大戴礼记汇校集注》,西安:三秦出版社,2005年,第1097页。
3 [清]王聘珍撰,王文锦点校:《大戴礼记解诂》卷十,北京:中华书局,1983年,第188页。
4 璇玑:一作"旋机"。

《辞源》[1]。

今人指出,在中国哲学范畴系统中,阴阳范畴大体具有以下三个层面的含义:其一,指客观存在的质料或要素。比如,朱熹(1130—1200)把阴阳二气与金、木、水、火、土五行作为生物的材料。其二,指具有对待、统一、变化功能的客观实体。由于阴阳范畴自身具有对待、统一、变化的特性,所以阴阳学说一开始就具有辩证思维的特征,也具有本体论和方法论的意义。其三,指一切客观事物所具有的属性。虽然说阴阳范畴是实体与属性相统一,但阴阳作为实体范畴与属性范畴的侧重面是不同的,其作用与功能也有别,故分别为阴阳的内涵[2]。

二、阴阳起源于何地

(一)源于外国说

自 1654 年以来,国外陆续有人高唱"中国文化西来说",或认为中国文化源于埃及,或认为中国文化源于巴比伦,或认为中国文化源于印度,或认为中国文化源于中亚。"中国文化西来说"曾经风靡一时,但由于全部的证据都集中在语言和神话传说的臆测方面,所以在二十世纪以前曾经一度沉寂。后来,随着仰韶文

---

[1] 《辞源》(修订本)1—4 册合订本,北京:商务印书馆,1988 年,第 1786 页。
[2] 张立文:《中国哲学范畴发展史(天道篇)》,北京:中国人民大学出版社,1988 年,第 261—264 页。

化的发现，重新又给这种论调带来了复苏的机会；其代表人物就是瑞典地质学家安特生（Johan Gunnar Andersson，1874—1960）[1]。再往后，随着考古发掘的大力推进和学术研究的日渐深入，在大量的事实和证据面前，持此论者左支右绌，难以自圆其说。于是，信奉此说者遂寥若晨星，直至湮灭殆尽，徒然残留一段"学术史"意义。在"阴阳的起源"问题上，也曾经出现过和上述情形极其相似的一段"学术史"。虽然如此，但由于西方的考古学家和汉学家大都接受过"中国文化西来说"的熏陶[2]，从传播论的角度论证中国阴阳说起源于外国者亦不乏其人。

在《中国科学技术史》第一卷《导论》的第七章《中国和欧洲之间科学思想与技术的传播情况》中，科学史家李约瑟（Joseph Needham，1900—1995）曾经介绍过这样一种常见的看法，有人认为中国的阴阳理论是从波斯传入的，其起源是由于波斯祆教二元论的激发；但韦利（Arthur Waley，1889—1966）断然否认后者对前者有任何直接的影响，"在祆教中，黑暗主要是邪恶，而光明的实质主要是善良。可是阴和阳的基本概念却与此完全不同；它们是事物存在的既独立而又相辅相成的两个方面。哲学家们主张阴阳学说的目的不是为了光明的胜利，而是企图在人生中获得两者之间的完美的和谐"。相反，韦利从中

---

[1] 关于"中国文化西来说"之评介，可参看陈星灿：《中国史前考古学史研究（1895—1949）》，北京：生活·读书·新知三联书店，1997年，第30—35、113—184页。

[2] [苏]瓦里西耶夫著，郝镇华等译：《中国文明的起源问题》，北京：文物出版社，1989年，第61页。

国固有的占卜活动中寻找阴阳理论的起源。李约瑟完全同意韦利的说法，认为其探索"无疑是正确的"[1]。在第二卷《科学思想史》的第十三章《中国科学的基本观念》中，李约瑟又再次提到此论；但与上次有所不同的是，这次李约瑟自己亦站出来批驳这种论调，"使人难以相信这一点的主要是，在中国阴阳理论的解说中，事实上根本就不存在善恶的含意。相反地，只有通过得到和保持这两种相等力量之间的真正平衡，才能够得到幸福、健康或良好的秩序。但是，仍然有人继续试图从波斯的二元论[例如袄教（Zoroastrianism）]推导出中国的阴阳[参见 P.schmidtw]。在对伊朗和印度的二元论的神话和宇宙论和它们与美索不达米亚来源的可能关系有更多的了解以前，几乎不大可能对这种尝试做出评价。要同意阿贝尔·雷伊的结论，即认为中国人的世界图像在它起源的本土之外是行不通的，现在还为时过早。现在确实有一种倾向要回到以前的一种看法，即相反地要从中国的阴阳来源推导出伊朗的二元论来。……无论如何，阴阳理论在中国所获得的巨大成功，正如卜德所说，证明了中国人倾向于在一切事物中寻求一种根本的调和与统一而不是斗争与混乱"[2]。马绛（John S. Major）最近也指出，"中国的二元概念经常是互补的，这很重

---

1 [英]李约瑟：《中国科学技术史》第一卷《导论》，北京·上海：科学出版社、上海古籍出版社，1990年，第157页。韦利之说见于 *The Way and its Power: a Study of the Tao Te Ching and its Place in Chinese Thought.*（Allen & Unwin, London, 1934）第112页。

2 [英]李约瑟：《中国科学技术史》第二卷《科学思想史》，北京·上海：科学出版社、上海古籍出版社，1990年，第301页。补充说明：卜德（Derke Bodde，1909—2003），美国著名汉学家。

要","中国的概念不同于摩尼教光明战胜黑暗、善战胜恶的斗争,阴阳都是道的体现,所以没有伦理价值","在哲学的宇宙论中,阴阳是二元分类的基础"[1]。

(二)源于中国说

"阴阳起源于外国"一说既然不足凭信,那么剩下的就只有一种可能性了——阴阳说起源于中国本土。

三、阴阳起源于何时

(一)史前时期

一说认为,阴阳起源于新石器时代。1942 年,勒文施泰因(Prince John Loewenstein)在一篇题名为《卐字与阴阳》的论文中指出,阴阳符号(阴阳鱼图)与在中国新石器时代的陶器和周代青铜器上所发现的明确无误的卐字很相似[2]。李约瑟评价说,虽然关于卐字的起源争议很大,"但是,它肯定是新石器时代的,而且差不多可以肯定是二元论的一种生育象征。这样,它就与阴阳有了联系。也许它与仰韶陶器上常见的 S 螺旋形图案有关"[3]。

---

1 马绛:《神话、宇宙观与中国科学起源》,载《中国古代思维模式与阴阳五行说探源》,艾兰等编,南京:江苏古籍出版社,1998 年,第 109 页。
2 P. J. Lowenstein, *Swastika and Yin-Yang*, China Society Occasional Papers(n.s.), no.1.China Society, London, 1942.
3 [英]李约瑟:《中国科学技术史》第二卷《科学思想史》,北京·上海:科学出版社、上海古籍出版社,1990 年,第 302 页注释 3。

第一章
阴阳观念的起源

作为一种纹饰、一种图案的"卐",国内外公认为世界上最古老的纹饰之一,遍见于古代世界的各个地方。中国、印度、波斯、美索不达米亚、希腊、塞浦路斯、罗马、埃及、北欧,乃至北亚和南北美洲等地,均曾见到饰于形形色色制品上的"卐"纹饰。这些卐形纹饰的年代至少可以上溯到公元前一、二千年,或者更早的时期。中国最早的卐形纹饰,似乎见于辽宁敖汉旗的小河沿文化,稍后又见于青海乐都柳湾墓地的陶器上,在商、周青铜器上亦不乏卐形纹饰[1]。关于卐形纹饰的含义,一说与性及生育关系密切,一说与雷电等自然现象关系密切,一说与火关系密切,一说乃太阳的象征符号。芮传明认为,当"卐"在早期单纯作为纹饰时,似乎主要是作为太阳的象征符号,而这与域外之"卐"的主要含义相仿。这是作为纹饰阶段的"卐形";嗣后,才有作为文字阶段的"卐字"[2]。由此可以看出,勒文施泰因的观点只是简单的附会,不足信据。

另一说认为,阴阳的起源及其发展的时代纵跨旧石器时代至周朝。有的学者批评别人在探讨阴阳的起源时含混不清,故而一再强调以"相对对立概念"为"阴阳观念"一词作注。从这一前提出发,他提出的观点是:(1)一万八千年前的山顶洞人时期是"我国阴阳观念萌芽的滥觞","山顶洞人已从生产和生活实践

---

1 饶宗颐:《Swastika 考——青海陶文化试释》,《梵学集》,上海:上海古籍出版社,1993年。
2 芮传明:《古代中国"卐"考》,《学术集林》卷五,上海:上海远东出版社,1995年,第 243—266 页。

中掌握了众多的相对对立概念"，"为阴阳观念的形成准备了一定的物质基础"，"但并不等于说，山顶洞人已有了明确的阴阳观念，已能主动地采用阴阳观念分析事物、说明问题"。他的第一个结论是，"山顶洞人文化至裴李岗文化是阴阳观念萌芽的滥觞"。（2）阴阳观念形成于龙山文化前后。（3）经伏羲氏作《连山易》至《周易》，阴阳学说已初步完善[1]。

以"阴阳观念"为"相对对立概念"固然不错，但让人匪夷所思的是，既然从"山顶洞人文化至裴李岗文化"已能看到"阴阳观念萌芽的滥觞"，何以就不能从北京人、抑或元谋人、甚或西侯度文化中看到"阴阳观念萌芽的滥觞"呢？比如说，以"阴阳"为男女也是"相对对立概念"的表现之一[2]，难道北京人和元谋人就不别男女？难道北京人和元谋人就没有男女之事？[3]

依此思路，可以将"阴阳"的起源时间追溯至盘古开辟天地、创造万物之始。南朝梁任昉（460—508）《述异记》卷上说，"盘

---

1 严健民：《中国医学起源新论》，北京：北京科学技术出版社，1999年，第83—91页。
2 《春秋繁露·循天之道》："天地之阴阳当男女，人之男女当阴阳。阴阳亦可以谓男女，男女亦可以谓阴阳。"明人归有光（1506—1571）云："阴阳配偶，天地之大义也。"（《贞女论》，《震川集》卷三，文渊阁四库全书本。）
3 范文澜在探讨阴阳五行的起源时，曾经说过这样几句话，"阴阳和五行不是一件事，阴阳发生在前"，"最野蛮社会里，人，除了找些果实和野兽充腹，相当重要的就是男女之间那个事，他们看人有男女，类而推之，有天地，日月，昼夜，人鬼等等，于是'阴阳'成为解释一切事物的原则"。但范文澜并没有将"原始阴阳说"毫无限制地溯源至人类伊始之日，他只是"假设阴阳说发生在夏以前的社会里"，"在殷周之际逐渐发育而盛大"。（范文澜：《与颉刚论五行说的起源》，燕京大学《史学年报》，第3期，1931年8月；《古史辨》第五册，上海：上海古籍出版社，1982年，第640—648页。）

古氏，天地万物之祖也"，"吴楚间说：盘古氏夫妻，阴阳之始也"。但是，如此立论，既没有意义，也无法服人。一言以蔽之，此说亦不足凭信。

（二）远古时期

我国最早的古史系统，非"三皇五帝"莫属[1]。以伏羲、女娲、神农为"三皇"，以黄帝、颛顼、帝喾、尧、舜为"五帝"，这一说法在后世影响最大、流传最广。下面，笔者将择取"三皇"、"五帝"之伏羲和黄帝为代表，考察他们与阴阳起源问题的关系。

1. 伏羲

伏羲，又作宓羲、虑戏、伏戏、包牺、庖牺，亦称牺皇、皇牺，风姓，或谓伏羲即太皞。相传，伏羲与女娲兄妹相婚，繁衍后代，是为人类始祖，故伏羲为"三皇"之首皇[2]；又说伏羲始画八卦，造书契，发明网罟，教民田猎畜牧。

或以为，阴阳起源于伏羲或伏羲时代。如《管子·轻重戊》说："虑戏（伏羲）作，造六峜以迎阴阳，作九九之数以合天道，而天下化之。神农作，……。黄帝作，……。有虞之王，……。夏人之王，……。殷人之王，……。周人之王，循六峜，合阴阳，

---

[1] 在《几次组合纷纭错杂的"三皇五帝"》一文中，刘起釪（1917—2012）详细地梳理过"三皇五帝"的各种说法（《古史续辨》，北京：中国社会科学出版社，1991年，第92—119页）。

[2] 以伏羲为"三皇"之首的材料甚多，兹略引一二。三皇，《风俗通义·皇霸》引《春秋纬·运斗枢》作伏羲、女娲、神农；《白虎通义·号》作伏羲、神农、祝融或伏羲、神农、燧人；《通鉴外纪》作伏羲、神农、共工；《帝王世纪》作伏羲、神农、黄帝。

而天下化之。"《管子》此篇以伏羲与神农、黄帝、有虞、夏人、殷人、周人并举，显然是以伏羲为远古一大时代的象征。"六峜"一词甚难索解，古今之人的说法如下：（1）旧注说，"峜"即计数之"计"（明方以智《通雅》卷四）。（2）清人洪颐煊（1765—1833）、庄述祖（1750—1816）、戴望（1837—1873）和近人闻一多（1899—1946）说，"峜"当作"金"，"金"为古文"法"字。因此，或谓"六法"乃六政之类（如《大戴礼记·盛德》所云），或谓"六法"即阴阳风雨晦明六气（何如璋《管子析疑》），或谓"循六气"乃观天象以造历法之类。（3）郭沫若（1892—1978）以"六峜"古本作"大陸"，故以为"峜"乃"坴"字之讹；所谓"大坴"，指乾坤六法，即《易纬·通卦验》上所说的乾、离、艮、兑、坎、坤[1]。（4）庞朴（1928—2015）认为，"六峜"乃六画卦[2]。

既然《管子》说伏羲"造六峜以迎阴阳"，这是否就表明阴阳起源于伏羲或伏羲时代呢？《汉书·艺文志·六艺略》易类小序云"人更三圣，世历三古"，即宓戏"始作八卦"，文王"重《易》六爻，作上下篇"，孔子作《易传》；所谓"三圣"、"三古"，其中赫然就有伏羲的首创之功在里面。而古人几乎异口同声地认为，

---

[1] 郭沫若、闻一多、许维遹：《管子集校》，北京：科学出版社，1956年，第1289、1293页。
[2] 庞朴：《六峜与杂多》，原载《学人》第六辑，南京：江苏文艺出版社，1994年；后收入《当代学者自选文库·庞朴卷》，合肥：安徽教育出版社，1999年，第114—141页。

《易》是专道"阴阳"的[1]。比如，《庄子·杂篇·天下》说《易》以道阴阳"，《盐铁论·论灾》也说《易》明于阴阳"。这样一来，似乎可以"坐实"阴阳起源于伏羲一说了。因此，道教经典《春秋内事》说"伏羲氏定天地，分阴阳五行"（《万历续道藏》本《天皇至道太清玉册》引），自然也就不奇怪了。

易学家杭辛斋（1869—1924）深信宓戏"始作八卦"之说。他的文献证据来自以下三书：（1）《管子·轻重戊》篇云："密戏（伏羲）作造六峜以迎阴阳，作九九之数以合天道，而天下化之。"（2）魏刘徽《九章算经》序曰："包牺氏始画八卦，作九九之术，以合六八之变，黄帝引而伸之。"（3）夏侯阳《算经》序曰："算数起自伏羲，而黄帝定三数为十等，隶首因以著《九章》。"杭氏说："以此观之，阴阳象数，皆创自庖牺，黄帝但引而伸之，以益其所未备耳。可见八卦之重为六十四卦，亦必出自庖牺，而先后天之变化体用，亦已略具，但未有文字以发挥之耳，否则仅此小成之卦，何以能迎阴阳而合天道哉。管子去古未远，所谓'六峜'必有相传之法，与九九之数，同为士类所习用者，必非空言。"他又认为，"峜"当读若"计"，亦必数理之原[2]（此说前人实已言之，见上文）。

黄帝已难确信和认定（见下文），较黄帝更邃古、更洪荒的伏

---

1 关于《周易》与阴阳的关系，请参看本书第三章第二节。
2 杭辛斋：《学易笔谈二集》卷四，《学易笔谈·谈易杂识》，沈阳：辽宁教育出版社，1997年，第226—227页。

羲,自然也就更难确信和认定了。因此,说阴阳起源于伏羲或伏羲时代,自然亦难以确认。

2. 黄帝

黄帝,少典之子,姓公孙,名轩辕,号有熊氏。因有土德之瑞,故号黄帝。炎帝是与黄帝同时代的人物,二人同生而异德,"昔少典娶于有蟜氏,生黄帝、炎帝。黄帝以姬水成,炎帝以姜水成。成而异德,故黄帝为姬,炎帝为姜,二帝用师以相济也,异德之故也"(《国语·晋语四》)。和"五行的起源"一样,古籍中亦有阴阳起源于黄帝时代的记载。

马王堆帛书《十六经·观》说:"黄帝曰:群群□□□□□□为一囷。无晦无明,未有阴阳。阴阳未定,吾未有以名。今始判为两,分为阴阳,离为时(衍文)四[时],□□□□□□□[德虐之行],因以为常,其明者以为法而微道是行,行法循□□牝牡,牝牡相求,会刚与柔。刚柔相成,牝牡若刑(形),下会于地,上会于天,得天之微。"[1]帛书此篇的主旨是讲述宇宙的生成问题,带有浓厚的"神(圣)创论"色彩。所谓"两",指的当是天地;所谓"阴阳",指的当是光明与黑暗;所谓"四时",肯定就是春夏秋冬四季。

帛书所述主要是"天道"问题,而《淮南子》所述则专门针对"人道",直以黄帝为"造人"的古天神之一。《淮南子·说林

---

[1] 余明光等:《黄帝四经今注今译》,长沙:岳麓书社,1993年,第94—95页。

训》说:"黄帝生阴阳,上骈生耳目,桑林生臂手,此女娲所以七十化也。"高诱注云,"黄帝,古天神也。始造人之时,化生阴阳","上骈、桑林,皆神名","女娲,王天下者也。七十变造化。此言造化治世,非一人之功也。"[1] 此处的"阴阳",指的大概是男女(性别)。

降而至于司马迁,黄帝与"阴阳"的关系又为之一变。《史记·历书》说:"太史公曰:神农以前尚矣。盖黄帝考定星历,建立五行,起消息,正闰余,于是有天地神祇物类之官,是谓五官。各司其序,不相乱也。民是以能有信,神是以能有明德。民神异业,敬而不渎,故神降之嘉生,民以物享,灾祸不生,所求不匮。"[2] 据后人解释,《史记》所说的"消息"是与"阴阳"直接相关的一个字眼。《史记正义》引皇侃(488—545)云:"乾者阳,生为息;坤者阴,死为消也。"[3] 据此,可以将其配对如下:

乾—阳—生—息
坤—阴—死—消

如此一来,黄帝对"阴阳"的贡献真的是丰功伟绩"盖莫大焉":他不但将混沌蒙昧的世界"始判为两,分为阴阳,离为四

---

1 刘文典撰,冯逸、乔华点校:《淮南鸿烈集解》,北京:中华书局,1989年,第561页。
2 《史记》卷二十六,第1256页。
3 《史记》卷二十六,第1256页。

[时]",而且创生了男人和女人;另外,后世哲人(如老子和孔子)所提炼的抽象概念"阴阳"(亦为范畴),实际上也肇端于黄帝之手。

古人如此论说黄帝与阴阳,不但众口一词,而且振振有词,完全深信而不疑。在当代中国,亦不无认同古人此说者。或以为,"阴阳观念的本义产生于黄帝时期","且黄帝时代的阴阳已初具哲学的品格,被广泛应用于社会生活、政治、道德等许多方面"[1]。

但是,若干位学者长期的思考和辛苦的研究表明:(1)到现在为止,黄帝的身份尚难确认——"人邪?"、"神邪?"、"神人邪?"、"混沌邪?"[2]。上引帛书《十六经·观》和《淮南子·说林训》的两则材料,明确无误地以黄帝为"神"(天神)。(2)黄帝的年代亦难认定。上引三则材料,除帛书属先秦外,余则出于汉魏人之手,所说黄帝之事的可信度大成问题。(3)皇侃以"乾坤"、"阴阳"释"消息",明显的是"以今拟古"或"以今观古",其附会的痕迹至为显明。准此,笔者深觉"阴阳起源于黄帝"一说尚难信据。充其量,以"阙疑"的态度处之、以"存疑"的眼光视之。诚如孔子所云:"多闻阙疑,慎言其余,则寡尤。"(《论语·为政》)

---

1 张劲松:《"阴阳"观念始于何时?》,《民间文化》,1999年第1期,第9—11页。
2 庞朴:《黄帝与混沌》,载汤一介编:《国故新知:中国传统文化的再诠释——汤用彤先生诞辰百周年纪念论文集》,北京:北京大学出版社,1993年。

（三）历史时期

1. 夏朝

按照上面的理路推演，既然阴阳可以起源于伏羲、黄帝，为什么就不能起源于夏朝呢？范文澜（1893—1969）在探索阴阳五行说的起源时，曾经有过一个假说，"假设阴阳说（按：即原始阴阳说）发生在夏以前的社会里"，随后"在殷周之际逐渐发育而盛大"[1]。所谓"夏以前的社会"，既可指夏朝社会，也可指夏朝之前的原始社会。笔者猜测，范文澜大概说的是前者。当代有的人士认为，"具体性的阴阳观念萌芽就在夏代初年"[2]，其证据即《尚书·尧典》所载天象与历法（如二分二至）。另，至今尚未发现确凿的夏朝文字，而这一缺失对立论的伤害几乎是致命的。

2. 商朝

主张阴阳（以及五行）起源于商朝的学者，在国内外学界不乏其人，而黎子耀（1907—2005）大概要算最坚定、最典型的一人。

1979年，黎子耀发表《阴阳五行思想与〈周易〉》一文[3]，长篇大论地阐述阴阳、五行起源于商朝一说。他认为，干支二十二字包含了系统的阴阳五行思想，并断言阴阳五行说殷商已有之。甲骨文中殷人所祭先公为阴阳五行，即日月五星。《史记·殷本

---

1 范文澜：《与颉刚论五行说的起源》，燕京大学《史学年报》，第三期，1931年8月；《古史辨》第五册，上海：上海古籍出版社，1982年，第640—648页。
2 刘九生：《循环不息的梦魇——阴阳五行观念及其历史文化效应》，北京：国际文化出版公司，1989年，第20页。
3 《杭州大学学报》，1979年第1、2期。

纪》所载先公契至振为日月五星，五星的排列按五行相生的原则，其顺序为土、火、金、水、木（土位五行中央，故置于火前）；微至主癸为天文五方，五方按五行相胜的原则排列。这一切都可以在甲骨卜辞中得到证实。微至主癸又为天干，契至振又为地支，所以系统的阴阳五行思想包含在干支二十二个字里。次年，黎子耀又撰成《关于〈阴阳五行思想与周易〉的补充说明》[1]，再一次申述、增补上文之说。黎子耀对己说一直深信不疑，直至二十世纪九十年代仍然力主阴阳五行起源于商朝[2]。刘丰比较认同黎子耀等人的说法，但表述略有不同，"我们认为殷人已具有阴阳对立思想的萌芽"[3]。又，黄天树通过对甲骨文中"阴"、"阳"文字的考察，认为"殷人已能定方位，辨阴阳，有了阴阳的观念"[4]。

甲骨文中已有"阴"、"阳"二字，但尚无"阴阳"连用之例，并且含义非常简单，仅仅是对自然景象的客观描述[5]。另外，就目前所拥有的资料考察，干支之配入五行的时间可以上溯至

---

1 《杭州大学学报》，1980 年第 4 期。

2 黎子耀：《殷商先公先王与阴阳五行思想的关系》，《王国维学术研究论集》第三辑，上海：华东师范大学出版社，1990 年，第 45—53 页。

3 刘丰：《先秦礼学思想与社会的整合》，北京：中国人民大学出版社，2003 年，第 73 页。

4 黄天树：《说甲骨文中的"阴"和"阳"》，《中国文字学报》第 1 辑，北京：商务印书馆，2006 年，第 35—39 页。后收入《黄天树古文字论集》，北京：学苑出版社，2006 年，第 213—217 页。又收入《古文字研究：黄天树学术论文集》，北京：人民出版社，2018 年，第 456—462 页。

5 详见本书第一章第二节。

公元前644年，但仍然无法上推至殷商时期[1]。黎子耀之文带有强烈的"先入之见"，并且有强烈的"以今拟古"色彩，故笔者对其论证的方式和立论的角度实难苟同。充其量而言，我们可以说"殷人已具有阴阳对立思想的萌芽"，或者说殷人"有了阴阳的观念"。

3. 西周

若以为阴阳出于《周易》，且认为《周易》成书于西周，自可由此引申出"阴阳起源于西周"一说。此乃习见之论，故本处不再赘述。

4. 春秋

若以为阴阳出于《周易》，且认为《周易》成书于春秋，自可由此引申出"阴阳起源于春秋"一说。对此说的介绍，此处亦从略。

5. 战国

李约瑟认为，作为哲学含义的"阴阳"，大约开始于公元前四世纪初期。他说，"虽然邹衍学派被称为阴阳家，并且《史记》和其他文献中关于阴阳的讨论都明确地归在他的名下，但是在邹衍留传下来的任何残篇中都未提到这两种基本力量。无容置疑的是，这个名词（笔者按：即阴阳）在哲学上的使用大约开始于公元前4世纪初期，在一些更古的典籍中提到这种用法的章节都是那时

---

1 参看彭华：《阴阳五行研究（先秦篇）》第四章第二节，长春：吉林人民出版社，2011年。

以后被窜入的"[1]。但阅读下文，李约瑟并没有说明他这一论断的文献依据是什么。笔者猜测，李约瑟此论来源于对老子和《老子》年代的断定；因为李约瑟把老子的生平放在公元前4世纪之内，《老子》的年代不会超过公元前300年以前很久[2]。

余明光在研究了马王堆帛书之后发现，阴阳学说最早发源于楚国。他认为，马王堆帛书《黄帝四经·称》最后一段"凡论必以阴阳[明]大义"即为明证。战国时代齐国稷下学官的邹衍则直接继承了这一学说；汉代的董仲舒《春秋繁露·基义》所言"君为阳，臣为阴。父为阳，子为阴。夫为阳，妻为阴"，也是直接从这一段文字中引述的[3]。他进而认为，董仲舒的阴阳刑德思想绝非如学术界所普遍认为的那样（即来自邹衍），而是来自道家的《黄帝四经》。究其实，所谓"阴阳学说最早发源于楚国"，也就是说阴阳学说最早发源于楚国的老子，因为使"阴阳"二字具有深邃的哲学意义始于道家老子；而把阴阳学说用之于政治伦理等方面，则始自《黄帝四经》[4]。

举凡以为阴阳起源于战国者，他们所说的"阴阳"基本上是作为哲学的、形而上层面的"阴阳"（可称之为"阴阳学说"）；

---

1 [英]李约瑟：《中国科学技术史》第二卷《科学思想史》，北京·上海：科学出版社、上海古籍出版社，1990年，第296页。

2 [英]李约瑟：《中国科学技术史》第二卷《科学思想史》，北京·上海：科学出版社、上海古籍出版社，1990年，第37页。

3 余明光等：《黄帝四经今注今译》，长沙：岳麓书社，1993年，第201页。

4 余明光等：《黄帝四经今注今译》，长沙：岳麓书社，1993年，第365—366页。

正因如此，他们才将阴阳的起源推定得如是之晚。换句话说，他们所讨论的"阴阳"与他家标准不一（彼所说"阴阳"乃广义的阴阳，而此所说"阴阳"则为狭义的阴阳），互相无法交锋。

四、阴阳起源于何物

（一）性器说

阴阳为性器一说，是在追溯《周易》阴阳爻的源头时提出的。持说者认为，乾坤、阴阳爻及阴阳观念起源于古代的生殖器崇拜，阴爻（- -）象征女阴，阳爻（—）象征男根[1]。在他们看来，《周易·系辞上》所说的"夫乾，其静也专，其动也直，是以大生焉。夫坤，其静也翕，其动也辟，是以广生焉"，分别指代的就是男女生殖器。许多研究者都指出，性器说或多或少、有意无意地接受了弗洛伊德（Sigmund Freud，1856—1939）精神分析学说的影响，具有浓厚的简单比附的色彩。

另外，晚近学者结合"新材料"（甲骨文、金文等）研究八卦的起源，其成果表明：贯通于《易》的对立统一思想的形成大致经历了"三部曲"——从数字之奇、偶，到- -、—符号，再

---

[1] 钱玄同：《答顾颉刚先生》，《古史辨》第一册，上海：上海古籍出版社，1982年。郭沫若：《中国古代社会研究》，北京：人民出版社，1964年第二版，第26页；《郭沫若全集》历史编第一卷，北京：人民出版社，1982年，第33页。周予同：《周予同经学史论著选集》，上海：上海人民出版社，1983年，第86页。

由 − −、—符号到"阴"、"阳"思想[1]。这是对性器说的扬弃。

（二）太阳崇拜说

或以为阴阳观念起源于中国上古之太阳崇拜，此说在国内的神话学、民俗学、人类学、文艺学诸领域最为流行。持此论者甚众，本处仅以何新为例略加评述。

何新对此说的表述，前后不尽一致，且游移不定。起初，他信誓旦旦地认为，阴阳观念直接起源于上古对太阳神的崇拜[2]。但在后来出版的《何新古经新解系列·诸神的起源》第七章《生殖神崇拜与阴阳哲学的起源》中，他又认为阴阳哲学实际上正是一种导自于原始生殖崇拜的哲学；可就在该书第十八章《五方帝与五佐神》中，何新却说，"对于阴阳观念，我们已指出，它直接起源于上古对太阳神的崇拜"[3]。生殖神和太阳神，孰是孰非，抑或二者同一，恐怕只有他自己最清楚了。如此谈论阴阳的起源，大约连持说者本人也未必坚信此论，而字里行间所反映的是论证的薄弱和说理的不充分。

阴、阳二字的初始之义确实与太阳或日光有关（详见下文），但这并不能证明阴阳说就起源于太阳崇拜；从逻辑学的角度说，二者之间有太大的缺环，其推论之不严密自不待言，故笔者不赞

---

[1] 请参看本书第三章第二节。

[2] 何新：《中国远古神话与历史新探》，哈尔滨：黑龙江教育出版社，1988年，第311页等。

[3] 何新：《何新古经新解系列·诸神的起源》，北京：时事出版社，2002年，第167—189、299页。

成此说。

（三）太阳历说

研究天文学史和少数民族历史文化的学者发现，可以在彝族的天文历法中寻找到阴阳五行的源头。陈久金认为，《夏小正》就是十月太阳历[1]，阴阳五行的起源与彝族的十月太阳历有关[2]。据相关研究可知，彝族十月太阳历中有明显的原始阴阳说，它将一年五季各一分为二（分为雌雄），成为五季十月；每月36天，月内仍是12天一个时段；另有5天作为新年，分两次过（有大小两个新年），其日期由北斗星斗柄指向天文点（大寒、小寒）来确定。又由彝族史诗《阿细的先基》可知，起源远古的雌雄观念贯穿于彝族对物体和时间、空间的认识之中，是古代彝族的一个重要观念[3]。

笔者认为，彝族十月太阳历确实拥有足以与阴阳五行相比照的成分，但彝族十月太阳历当非阴阳说之源，相反乃阴阳五行说之流。（1）从时间先后来看：根据地下文物和古文献，彝族约在公元前五世纪许就生活在川、滇、黔地区了，而此时的中原地区是春秋战国之交，中原的历史文化早已蔚为大观，彝族等西南少

1　陈久金：《论〈夏小正〉是十月太阳历》，《自然科学史研究》，第1卷第4期，1982年，第305—319页。

2　陈久金：《阴阳五行八卦起源新说》，《自然科学史研究》，第5卷第2期，1986年，第97—112页。

3　刘尧汉：《中国文明的源头新探——道家与彝族虎宇宙观》，昆明：云南人民出版社，1985年，第65、76—77页等。

数民族受中原文化的辐射乃势所必然。（2）从思想发展历程来看：阴阳五行说的历史可以在商朝找寻其部分踪迹，中经西周和春秋的发展，至春秋末期业已颇为壮观[1]，并且其发展轨迹清晰可觅，其思想历程一以贯之，甚难断言阴阳五行说发源于彝族十月太阳历；相反，从彝族十月太阳历中倒可发现来自中原的痕迹。因此，（3）从文化传播论的角度来看，中原乃文化发射源，而周边乃其辐射流。

（四）枚卜说

庞朴（1928—2015）认为，五行、八卦、阴阳本身是三种不同的思想体系，分别起源于三种不同的占卜方法——钻龟、陈卦、枚卜（占）。以枚卜为先导的南方早年的文化（特别是楚文化）的历史积累，是商、周时期阴阳概念提出的根源，"枚卜流行楚地，以一俯一仰为圣筊，使人很自然联想到楚人老子的'万物负阴而抱阳'，联想到阴阳思想和它的最先倡导者道家"[2]。

此说很新颖，但亦很难指认为阴阳说之源。诚如有人所指出的那样，枚卜时二枚的一俯一仰以及以一俯一仰为圣筊，无疑就是阴阳观念的表现。但是，从表层看，占卜是一种操作，一种行为，一种评价；而操作、行为、评价无疑受着观念的支配。从深层看，占卜是一种文化形态，文化形态只是表意之象。因而，无

---

[1] 请参看本书第二章的相关论述。

[2] 庞朴：《阴阳五行探源》，《中国社会科学》，1984年第3期；后收入《稂莠集——中国文化与哲学论集》，上海：上海人民出版社，1988年，第355—395页。

论何种占卜之法,都体现着特定世界观和价值观。枚卜是"阴阳"观念的显现,而不是"阴阳"观念的本源[1]。

第二节 起源之考察

下面,笔者将结合古文字和古文献考察阴阳的起源,并且首先从古文字入手。为什么要这样做呢?因为属于象征符号之一的文字,是人之为人的标志,是人类文明形成的标志。怀特(Leslie Alvin White,1900—1975)认为,"象征是所有人类行为和文明的基本单位",甚而至于"所有人类行为起源于象征的作用";所谓"象征"(symbol),指的是"一件其价值和意义由使用它的人加诸其上的东西";因此在怀特看来,文化是象征的总和,是"肉体之外的"基于象征体系的事物和行为在时间上的连续统一体,是人区别于其他动物的主要标志[2]。在众多象征体系中,"符号"是一项大宗,而"符号"恰好就是德国哲学家卡西尔(Ernst Cassier,1874—1945)强调的重心和中心。他认为,人是"符号的动物",人是能利用符号去创造文化的动物,符号是人的本质的提示[3]。有了符号系统,"人不再生活在一个单纯的物理宇

---

1 谢松龄:《天人象:阴阳五行学说史导论》,济南:山东文艺出版社,1989年,第28页。
2 [美]怀特:《象征》,《多维视野中的文化理论》,庄锡昌等编,杭州:浙江人民出版社,1987年,第239—251页。
3 [德]卡西尔:《人是符号的动物》,《多维视野中的文化理论》,庄锡昌等编,杭州:浙江人民出版社,1987年,第252—262页。

宙之中，而是生活在一个符号宇宙之中。语言、神话、艺术和宗教则是这个符号宇宙的各个部分，它们是组成符号之网的不同丝线，是人类经验的交织之网"[1]。毫无疑问，文化（或文明）中最重要的象征形式就是语言文字（代表客体的言辞）。摩尔根（Lewis Henry Morgan，1818—1881）说："文字的使用是文明伊始的一个最准确的标志，刻在石头上的象形文字也具有同等的意义。认真地说来，没有文字记载，就没有历史，也没有文明。"[2]恩格斯（Friedrich Engels，1820—1895）说："由于文字的发明及其应用于文献记录而过渡到文明时代。"[3]

一、文字学的考察

中国文字究竟起源于何时，直到现在尚无定论。但学者们一致认为，甲骨文已经是相当成熟的文字体系了。因此，通过甲骨文以探究阴阳（以及五行）的起源，一直是个被寄予厚望的领域。在甲骨文和金文中，已经出现了"阴"、"阳"二字，并有"阴阳"连用的语例。

（一）阳

阴、阳，最初本义是指日光的背、向。许慎《说文解字·自

---

[1] [德]恩斯特·卡西勒著，甘阳译：《人论》，上海：上海译文出版社，1985年，第33页。
[2] [美]摩尔根著，杨东纯等译：《古代社会》，北京：商务印书馆，1981年，第30页。
[3] [德]恩格斯：《家庭、私有制和国家的起源》，《马克思恩格斯选集》第四卷，北京：人民出版社，1972年，第21页。

部》云："陽，高明也。从𨸏，昜声。"所谓"高明"，指的是接受日光照射的高地所呈现的明亮状态，这是"阳"字的本义而非引申义[1]。段玉裁（1735—1815）《说文解字注》云："不言山南曰昜者，阴之解可错见也。山南曰阳，故从𨸏。"[2] 段氏此语前句系推测之词，后句则甚精当。桂馥（1736—1805）《说文解字义证》云："高明也者，对阴言也。"桂氏从阴、阳对立角度立论，言简意赅，所说极精审。《榖梁传》僖公二十八年"天王狩于河阳"句下范宁注云"日之所昭曰阳"[3]，犹存古义。《考工记·轮人》"必矩其阴阳"句下贾公彦疏云"向日为阳，背日为阴"[4]，言意明了。

《说文解字·勿部》云："昜，开也。从日、一、勿。一曰飞扬，一曰长也，一曰强者众皃（貌）。"从日、从一，指太阳自地平面升起；"勿"，许慎以为指飞扬的旌旗[5]，非是。按：或以为，"勿"乃"刎"之初文[6]；但笔者认为，"昜"字所从之"勿"，实际

---

1 刘翔认为"高明"当为"阳"字后起引申义（《中国传统价值观诠释学》，上海：上海三联书店，1996年，第267页），笔者不同意其说。

2 [汉]许慎撰，[清]段玉裁注：《说文解字注》，上海：上海古籍出版社，1988年第二版，第731页。

3 [晋]范宁集解，[唐]杨士勋疏：《春秋榖梁传注疏》卷九，北京：北京大学出版社，1999年，第149页。

4 [汉]郑玄注，[唐]贾公彦疏：《周礼注疏》卷三十九，北京：北京大学出版社，1999年，第1071页。

5 《说文解字·勿部》云："勿，州里所建旗。"

6 裘锡圭：《释"勿""发"》，《古文字论集》，北京：中华书局，1992年。李学勤主编：《字源》，天津、沈阳：天津古籍出版社、辽宁人民出版社，2012年，第840页。

表征的是日出光芒四射之象[1]。《说文解字·日部》云:"暘,日出也,从日,昜声。《虞书》曰'暘谷'。"其实,"暘"字乃由表日光之义的阳字初文"昜"字孳乳而来。段玉裁《说文解字注》认为,会、昜乃"陰陽"之正字,"陰陽行而会昜废矣"[2]。结合甲骨文、金文审视,段氏此说颇可信。

殷代卜辞中的"昜"(阳)字(《前》4.3.4、4.10.2、5.11.6、5.42.5、7.14.1,《后》2.19.5,《甲》456、2078、3343,《乙》6684,《合集》00646、06460、08591、14903、19395),其最初构形多不从阜[3];而是从日从丁(旲),为会意字。所从之丁,刘翔认为或即"示"字,"此构形似与古代祭祀日神的原始宗教信仰相关"[4]。在西周金文中,早期尚有从日从丁的"阳"字,但后来逐渐出现了修饰性的笔画,其后增饰笔画渐多而变成"昜";春秋战国时期,作"昜"者其字例仍复不少,如春秋铜器昜叔盨、沇兒钟以及战国陶文、印文[5]和战国楚简(如包山楚简之"昜公"、望

---

1 王筠《说文释例》云:"勿非字,只象昜气郁湊地而出之形。"按:王筠谓"勿"非字甚是,但云"勿"字"象昜气郁湊地而出之形"则非,"因为在造昜字时尚无此观念"[徐复观:《中国人性论史(先秦篇)》,上海:上海三联书店,2001年,第453页]。

2 [汉]许慎撰,[清]段玉裁:《说文解字注》,上海:上海古籍出版社,1988年第二版,第454页。

3 亦有例外者,如《前》5.42.5有从阜从日从丁的"阳"字。

4 刘翔:《中国传统价值观诠释学》,上海:上海三联书店,1996年,第267页。笔者本处结合甲骨文、金文考察"阴"、"阳"、"阴阳",部分借鉴了刘翔此书(第263—271页)。

5 高明编:《古文字类编》,北京:中华书局,1980年,第493页。

第一章 阴阳观念的起源

易

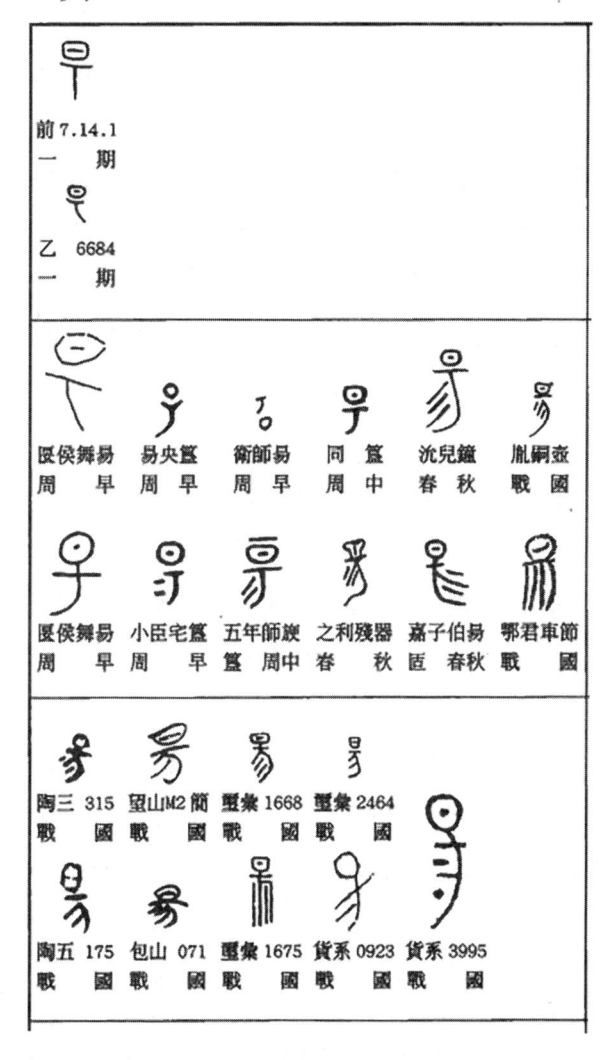

前 7.14.1 一期						
乙 6684 一期						

匽侯舞易 周早	易央簋 周早	衛師易 周早	同簋 周中	沈兒鐘 春秋	胤嗣壺 戰國	
匽侯舞易 周早	小臣宅簋 周早	五年師旋簋 周中	之利殘器 春秋	嘉子伯易 匜春秋	鄂君車節 戰國	

陶三 315 戰國	望山M2簡 戰國	璽彙 1668 戰國	璽彙 2464 戰國			
陶五 175 戰國	包山 071 戰國	璽彙 1675 戰國	貨系 0923 戰國	貨系 3995 戰國		

参见高明、涂白奎：《古文字类编》(增订本)，上海：上海古籍出版社，2008年，第553页。

山楚简之"奉昜公"、仰天湖楚简之"鄜昜公"、郭店楚简《太一生水》和上海博物馆藏战国楚简《容成氏》之"会昜"等）。另一方面，更在"昜"之基础上增添义符"阜"，最终成为创新的形声字"陽"。

由此看来，甲骨文中的"阳"字起初描述的是自然景象（天象），指的是高悬苍穹的太阳或明亮的阳光，后来又引申为光明。上古之时，先民"日出而作，日入而息；凿井而饮，耕田而食"[1]，太阳（或阳光）对他们实在是太重要了；古人由此而观察太阳，由此而形成基于自然景象的朴素的"阴阳"观念，此实属极其自然之事。

根据殷代卜辞及周代金文的记录，"阳"字还可作为氏名和地名。（1）作为氏名的"昜"。见于卜辞的，有"辛子（巳）卜，㱿贞：王比昜白（伯）𣪊"（《遗》758、《合集》03380），"壬午[卜]，贞：王叀昜白（伯）𣪊𦣞"（《合集》03384），"……兹昜白（伯）牛……弓（勿）……"（《合集》03393）。岛邦男（1908—1977）认为，"昜伯"是臣服于殷王朝的阳国首领，卜辞中常见[2]；陈槃（1905—1999）曾经考证过阳国地域，认为与阳氏迁徙活动有关[3]。见于周代金文的，如昜鼎："昜作父辛宝旅鼎。"

---

1 《太平御览》卷八十引《帝王世纪》，卷五七二引《逸士传》。
2 [日]岛邦男：《殷墟卜辞综类》，东京：汲古书院，1977年，第161页。
3 陈槃：《春秋大事表列国爵姓及存灭表譔异》（三订本），上海：上海古籍出版社，2009年，第531—532页。

(《三代》4.4，《集成》02256）易叔盨："易叔乍（作）旅盨。"（《三代》10.32，《集成》04390）嘉子白易□簠："嘉子白易……用其吉金。"（《贞续》中.2，《集成》04605）。(2) 作为地名的"易"。见于卜辞的，如"甲戌卜，宾贞：在易牧，获姜"（《南北》南2.148），"……兹以二百犬□易"（《合集》08979）。见于金文的，如敔簋："锡田：于敔五十田，于易五十田。"[1] 如觉公簋："觉公作妻姚簋，遘于王令易伯侯于晋，唯王廿又八祀。"[2] 刘翔认为，"卜辞及金文所记录的易地，当为古代易氏生活或迁徙过的地方"。孙亚冰、林欢（1975—2003）认为，易国很可能在今山西洪洞坊堆－永凝堡附近[3]。笔者按：揆诸经籍，上古中国确实有以居民之名为地名者[4]；今人关于卜辞、金文所见"易"的考证，当可信。

在西周金文中，"阳"字既有作从日从丁者，但已经增加了一些修饰性的笔画（如永盂）；而更多的则增加了义符"阜"，如農卣、柳鼎、虢季子白盘、叔姬鼎、冕伯盨、蔡侯锺等（《集成》05424、02805、10173、02392、04443、00224）。刘翔在分析"易"、"陽"二字的演变时指出："易"作为地名，天长地久

---

[1] 郭沫若：《两周金文辞大系图录考释》录92，北京：科学出版社，1957年。敔簋后著录于《殷周金文集成》第八册，编号是4323。

[2] 朱凤瀚：《觉公簋与唐伯侯于晋》，《考古》，2007年第3期。朱凤瀚认为，铭文中的"易"应读作"唐"，易伯即唐伯，指叔虞之子燮父。

[3] 孙亚冰、林欢：《商代地理与方国》，北京：中国社会科学出版社，2010年，第338页。

[4] 《穀梁传》襄公五年："号从中国，名从主人。"按：此语又见《穀梁传》昭公元年。

汉字中国
阴阳

陽

合 948 一期							

農卣 周早	柳鼎 周中	叔姬鼎 周晚	吴王光鑑 春秋	羼伯簋 春秋	高馬里戈 戰國	成陽戈 戰國	中陽戈 戰國
應侯簋 周早	陽馭生簋 周晚	虢季子白盤 周晚	敬事天王鐘 春秋	南疆鉦 春秋	平陽戈 戰國	新郪虎符 戰國	鄂君舟節 戰國
秦公石磬 春秋	天星觀簡 戰國	璽彙3420 戰國	璽印集粹 戰國	侯馬盟書 戰國	三晉115 戰國	包山169 戰國	璽彙1679 戰國
陶六023 戰國	包山180 戰國	璽彙4043 戰國	分域1394 戰國	貨系1041 戰國	三晉90 戰國	璽彙1678 戰國	或從邑

陽

参见高明、涂白奎：《古文字类编》（增订本），上海：上海古籍出版社，2008年，第1289页。

便形成固定的语义概念；后来又引申为表示地形，且与"阴"字连用（如下文将提到的永盂铭文）；表示地形的"昜"，又孳乳出"陽"，增加阜符成为形声字，这一方面是文字形声化的趋势使然，另一方面则在于限止其表示地形的语义；所以西周晚期以后的金文，"陽"字多与"陰"字对举连用表示地形[1]。

另外，商代甲骨卜辞中还出现过"南阳"一词，"于鸟日北对。于南陽西☒"（《屯南》4529）。"鸟日"，合文，上鸟下日（☒）。"☒"字不识，或以为"南陽"应是地名[2]。按照这一思路理解，"南陽"意为南地之阳；但笔者认为，如此理解"南陽"实难信从。地名学史的研究成果告诉我们，"阴阳"用于地名较晚[3]；在目前所拥有的卜辞中，尚无以"阴阳"表示地理方位的语例。此处的"鸟日"，陈邦怀（1897—1986）谓"春分玄鸟至之日"[4]。此处的"南陽"，亦当与天文历法有关，或许就是卜辞所说的"南日"（《合集》20072）；而所谓"南日"，可能就是《左传》僖公五年所说的"日南至"[5]，似亦指冬至。总之，"南陽"之"陽"非作地名之用，而是作天象之用，所指代的是太阳（日）。

---

1 刘翔：《中国传统价值观诠释学》，上海：上海三联书店，1996年，第269页。
2 萧良琼：《从甲骨文看五行说的渊源》，载《中国古代思维模式与阴阳五行说探源》，艾兰等编，南京：江苏古籍出版社，1998年，第218页。
3 华林甫：《中国地名学史考论》第一章第二节《古代关于地名命名、更名的认识与总结》，北京：社会科学文献出版社，2002年。
4 陈邦怀："小屯南地甲骨"中所发现的若干重要史料》，《历史研究》，1982年第2期。
5 《左传》僖公五年："五年，春，王正月辛亥朔，日南至。公既视朔，遂登观台以望，而书，礼也。凡分、至、启、闭，必书云物，为备故也。"

（二）阴

《说文解字·𨸏部》云："陰，闇也，水之南、山之北也。从阜，侌声。"水之南、山之北是阳光照射不到的地方，故呈现阴暗状态。其实，这已不是"阴"字的本义，其本义当为云覆日。《说文解字·雲部》云："霒，雲覆日也。从雲，今声。侌，古文霒省。侌亦古文霒。"朱骏声（1788—1858）《说文通训定声》："侌者，见雲不见日也；昜者，雲开而见日也。"[1] 段玉裁精辟地指出，"阴"的本字是"侌"。刘翔结合西周金文考察"阴"字，认为"阴"字造文之初就是一个形声字；形符或从水，或从阜，表明此字本义与地理相关，当指某种地形而言；后世说"水之南，山之北"为阴，当有所本[2]。此说误流为源，误末为本。

部分学者一度认为甲骨文中没有"阴"字，但后来发现卜辞中有"阴"字，只是数量甚微。出现"阴"字的卜辞如下：

丙辰卜，丁子[巳]其阴乎？丁巳允阴。　（《合集》19781）

戊戌卜，其阴乎？翌己启，不见云。　（《合集》20988）

这两条材料意思甚直白，讲述的都是自然现象，所指的都是

---

1 [清]朱骏声：《说文通训定声》，武汉市古籍书店影印，1983年，第880页。
2 刘翔：《中国传统价值观诠释学》，上海：上海三联书店，1996年，第264页。

天气变化，均指阴天[1]。由此看来，和甲骨文中的"阳"字一样，"阴"字起初描述的也是自然景象（天象），指的是太阳或阳光为物（如乌云）所遮蔽；后来，才由此引申出"黑暗"（与"光明"相对）之义，并且以之表示地理方位。

　　文化人类学的研究成果表明，许多民族都普遍存在着"二元对立"（binary opposition）思想。回到本话题，甲骨文既然有"阳"，就应该有"阴"；但与众多的"阳"字语例相比，"阴"字语例真的是太过于微乎其微了。着力探索其中玄奥的论著，笔者未见。笔者陋见以为，作为描述自然景象（天象）的"阴"字，其功能和地位部分地为"易日"所取代，故"易日"甚众而"阴"甚寡。

　　卜辞恒见表气象之词"易日"（《宁沪》19，《续》4.14.4，《库》1668，《铁》193.2，《乙》811、3425、6419，《丙》29，《前》7.4.1，《怀特》1267、1611 以及《屯南》2351、2352、2601、4170、4188、4294 等，或《合集》01075、01304、06037、06174、06728、08329、08968、09465、11274、12212、13147、13307、13319、15888、25935、26764、32806、33374、33986、34010 等），"不易日"（《缀合》303，《屯南》2351、2534、2601、4215，《合集》12969、13181、32187、32941、33241 等）。如《屯南》2351：

---

[1] 萧良琼：《从甲骨文看五行说的渊源》，载《中国古代思维模式与阴阳五行说探源》，艾兰等编，南京：江苏古籍出版社，1998 年，第 218 页。

甲子卜，乙丑其昜日？

丁卯卜，昜日？

丁卯卜，戊辰昜日？

丁卯卜，不昜日？

所谓"昜日"，乃表气象之词。郭沫若曾经专门作《昜日解》（见《古代铭刻汇考》第一册），读"昜"为"晹"，谓"昜日"犹言"阴日"，即阴天[1]。《说文解字·日部》云："晹，日覆云暂见也。从日，易声。"陈梦家（1911—1966）赞同郭沫若此说，认为卜辞所卜"昜日"、"不昜日"皆指某一日的阴与不阴[2]。晚近学者又以卜辞大量辞例验之，证明郭沫若此说精确不移。或以为"昜日"即今所云"阴间晴"[3]；或以为，"昜日"即"多云，有时晴"，介乎"雨"和"启"（晴）之间，谓之"阴天"亦无不可[4]。要之，所谓"昜日"、"不昜日"，所指均为太阳或阳光的有、无，与"阴"、"阳"之初始本义极吻合。

降而至于金文，"阴"字已被附加了义符，或从阜（如虢伯盨、鳳羌鐘、上官鼎）[5]，或从水（如永盂），而从阜者最终占了上

---

1 郭沫若《殷契粹编》考释第七页。
2 陈梦家：《殷虚卜辞综述》，北京：中华书局，1988年，第244页。
3 温少峰、袁庭栋：《殷墟卜辞研究——科学技术篇》，成都：四川省社会科学院出版社，1983年，第128—130页。
4 姚孝遂、肖丁：《小屯南地甲骨考释》，北京：中华书局，1985年，第148—149页。
5 《集成》4443、161、2590。

风。《说文解字·自部》云："阜，大陆，山无石者，象形。"义符阜的增加，标志着"阴"已经和山水等地形发生了联系（"阳"亦然）。这是"阴""阳"观念的一次飞跃，即由天上落到了人间，由天文而及于地理。

春秋晚期吴太子姑发胃反剑铭文云："余处江之阳，至南行西行。"（《集成》11718）所谓"江之阳"，指的就是长江之北[1]。后世之训诂典籍，在训释"阴"、"阳"二字时，多从地理方位入手。除上引《说文解字》外，再举数例。《尔雅·释山》："山西曰夕阳，山东曰朝阳。"《穀梁传》僖公二十八年："天王狩于河阳。……水北为阳，山南为阳。温，河阳也。"[2]《公羊传》桓公十六年："越在岱阴齐。"何休（129—182）注："山北曰阴。"[3]

（三）阴阳

到目前为止，还没有在殷代甲骨文中发现阴阳变化的材料[4]。在周原甲骨文中，也没有阴阳思想[5]。但在西周金文中，"阴阳"已

---

[1] 吴国在长江以北，水北为阳，故称"处江之阳"。

[2] [晋]范宁集解，[唐]杨士勋疏：《春秋穀梁传注疏》卷九，北京：北京大学出版社，1999年，第149页。

[3] [汉]公羊寿传，[汉]何休解诂，[唐]徐彦疏：《春秋公羊传注疏》卷五，北京：北京大学出版社，1999年，第107页。

[4] 萧良琼：《从甲骨文看五行说的渊源》，载《中国古代思维模式与阴阳五行说探源》，艾兰等编，南京：江苏古籍出版社，1998年，第218页。

[5] 庞朴：《阴阳五行探源》，《中国社会科学》，1984年第3期。后收入《稂莠集——中国文化与哲学论集》（上海：上海人民出版社，1988年，第355—395页）；又见《当代学者自选文库：庞朴卷》（合肥：安徽教育出版社，1999年，第194—237页）。本处所引庞说，见《庞朴卷》第212—214页。

汉字中国
阴阳

陰

敔簋	曩伯䇃	敬事天王鐘	陰平劍
周中	春秋	春秋	戰國

曩伯䇃	敬事天王鐘	南疆鉦	雕陰鼎
春秋	春秋	春秋	戰國

石鼓鑾車	上博印34	璽彙0077	璽彙2332	官印0040	集禮176	幣編170	幣編171
春秋	戰國	戰國	戰國	戰國	戰國	戰國	戰國

秦陶488	璽彙0073	璽彙0187	璽彙3378	璽彙3134	貨系1422	三晉54	幣編170
戰國	戰國	戰國	戰國	戰國	戰國	戰國	戰國

参见高明、涂白奎:《古文字类编》(增订本),上海:上海古籍出版社,2008年,第1287页。

经连用，且多与地理有关。永盂："易（赐）畀师永厥田阴阳洛疆。"[1]敔簋："南淮夷遷、殳，内伐……裕敏阴阳洛。"[2]永盂"阴"字从水（淦）（《集成》10322），表明是与洛水有关的地理名词；敔簋"阴阳"二字均从阜（隌陽）（《集成》04323），"水、阜皆与地理有关，义类相属故可互用"[3]。又如㠱伯子㝬父盨："㠱伯子㝬父，作其征盨。其阴其阳，以征以行。"[4]这里虽然没有出现山名或水名，但"阴"、"阳"二字均从阜，所指亦当与地理有关[5]。

由上文的分析可以看出，甲骨文、金文中阴、阳的含义极其简单、极其朴素，而且非常直观、非常形象，仅仅是对自然景象的客观描述而已。阴、阳的最初本义，是指日光的背、向；日出为阳，日没为阴；晴天为"不易日"，阴天为"易日"；山水之向阳面为阳，背日面为阴。阴阳本作侌、昜，后来由表天文而及于地理，遂被增加了义符水、阜，最终"陰陽行而侌昜废矣"。

阴、阳词义的变化，和中国所处地理环境有关。中国地处地球的北半球，地势西高东低，一些东西向的大山脉往往是大河流的分水岭（如秦岭山脉是黄河与长江的分水岭，南岭山脉是长江

---

1 唐兰：《永盂铭文解释》，《文物》，1972年1期，第62页。
2 郭沫若：《两周金文辞大系图录考释》录92，北京：科学出版社，1957年。敔簋后著录于《殷周金文集成》第八册，编号是4323。
3 刘翔：《中国传统价值观诠释学》，上海：上海三联书店，1996年，第265页。
4 于省吾：《殷周金文录遗》177，北京：科学出版社，1957年。说明：㠱伯子㝬父盨系组器，并且铭文内容完全相同，见《殷周金文集成》4442—4445。
5 有的研究者认为，㠱伯子㝬父盨铭文"其阴其阳"指的是昼夜，可备一说。

汉字中国
阴阳

永盂

（永盂，《殷周金文集成》10322）

（曩伯子㝒父盨，《殷周金文集成》04443.2）

和珠江的分水岭);因此,山之南、水之北往往是向阳的地方,而山之北、水之南往往是背阴的地方。

附:甲骨文、金文著录书目及其简称

《合集》=《甲骨文合集》

《屯南》=《小屯南地甲骨》

《铁》=《铁云藏龟》

《甲》=《殷虚文字甲编》

《乙》=《殷虚文字乙编》

《丙》=《殷虚文字丙编》

《前》=《殷虚书契》

《后》=《殷虚书契后编》

《续》=《殷虚书契续编》

《遗》=《殷契遗珠》

《库》=《库方二氏藏甲骨卜辞》

《怀特》=《安大略博物馆怀特氏等收藏甲骨文集》

《宁沪》=《战后宁沪新获甲骨集》

《缀合》=《甲骨文字缀合》

《集成》=《殷周金文集成》

《三代》=《三代吉金文存》

《贞续》=《贞松堂集古遗文续编》

《录遗》=《商周金文录遗》

二、文献学的考察

王国维（1877—1927）所倡导的"二重证据法"，就是要结合出土文献和传世文献考察古中国的历史与文化。笔者在上文结合甲骨文、金文等古文字资料考察了阴阳的初始之义，下面将换一视角，结合传世的商周古文献考察阴阳。

孔子和老子之前的古籍，确信者大致有四——《易经》、《尚书》、《诗经》、《仪礼》。根据笔者的完全统计，四书中阴阳之语的分布情形如下：《仪礼》全文无阴、阳二字；《诗经》九处言阴，十九处言阳，一处言阴阳；《尚书》言阴者三，言阳者六；《周易》卦、爻辞中仅有一处用到阴。

（一）《易经》之阴

《易经》中唯一的一例"阴"字，见于《中孚·九二》："鸣鹤在阴，其子和之。"此处的"阴"字，意为暗昧、幽远[1]，通假为"荫"[2]，意谓雄鹤在树荫下鸣叫，雌鹤（一说幼鹤）循声应和。此例由阴阳之初始义引申而来，日光为物（树）所蔽是以成阴（树荫），所描述的依然是一种自然景象，丝毫没有什么形而上的意蕴。

---

1 [魏]王弼、韩康伯注，[唐]孔颖达疏：《周易正义》卷六，北京：北京大学出版社，1999年，第243页。
2 "阴"通假为"荫"，古书所见例证甚多，可参看高亨纂著，董治安整理：《古字通假会典》，济南：齐鲁书社，1989年，第234页。

(二)《尚书》之阴阳

见于《禹贡》篇的"阴"、"阳",共有七例,"既修太原,至于岳阳","峄阳孤桐,泗滨浮磬","阳鸟攸居","荆及衡阳惟荆州","华阳、黑水惟梁州","岷山之阳,至于衡山","南至于华阴"。除"阳鸟攸居"外,余皆表地理方位(某山之南或北);所谓"阳鸟",指的是向阳之鸟(北方的候鸟)。总之,《禹贡》篇的"阳"字仍很质朴,均与日光有关。(附带说明一点,伪古文《尚书·武成》篇所云"乃偃武修文,归马于华山之阳,放牛于桃林之野",其"阳"字亦指山之南。)

同时补充一点,《山海经》之《五藏山经》所用"阳"、"阴",均为某山之南、北。如《南山经》:"又东三百七十里,曰杻阳之山,其阳多赤金,其阴多白金","又东三百四十里,曰尧光之山,其阳多玉,其阴多金。"

《尚书·洪范》云:"王乃言曰:'呜呼,箕子!惟天阴骘下民,相协厥居,我不知其彝伦攸叙。'"此处的"阴"意为覆庇[1],亦由"阴"字之初始义"雲覆日"(《说文解字·雲部》)引申而来。

《尚书·无逸》云:"(殷高宗)作其即位,乃或亮阴,三年不言。其惟不言,言乃雍。""亮阴",《论语·宪问》作"谅阴",

---

[1]《吕氏春秋·审分览·君守》云:"《鸿范》曰:'惟天阴骘下民。'阴之者,所以发之也。"高诱注:"阴阳升陟也,言天覆下民,王者助天举发,明之以仁义也。"《汉书·五行志》注引应劭曰:"阴,覆也。骘,升也。……言天覆下民。"

《礼记·丧服四制》作"谅闇",《尚书大传》作"梁闇",定州汉墓竹简本《论语》作"口音"[1]。"亮阴"一词,又见于伪古文《尚书·说命上》,"王宅忧,亮阴三祀"。

郭沫若认为,殷高宗是害了医学上所说的"不言症"(Aphasie),所谓"谅阴"或"谅闇"大约就是这种病症的古名。阴同闇是假借为瘖[2]。1942年,董作宾(1895—1963)作《从高宗谅阴说到武丁父子的健康》,赞同郭沫若此说,并引甲骨卜辞证明之。

笔者按:郭沫若此说标新立异,虽然新颖独到,但我仍然宁愿相信古人之说。何晏集解引孔(安国)曰:"谅,信也。阴,犹默也。"[3]所谓"亮阴"之"阴",亦由"阴"字之初始义引申而来,其演变轨迹可示意如下:

"雲覆日"(天象)→暗昧无光(地理)→沉默无言(人文)→"亮阴"(状态)。

另外,出现于伪古文《尚书·周官》篇的"阴阳",颇带抽象

---

1 河北省文物研究所定州汉墓竹简整理小组:《论语》,北京:文物出版社,1997年,第67页。整理者认为,同音借为"阴"(第69页)。
2 郭沫若:《青铜时代·驳〈说儒〉》,《郭沫若全集》历史编第一卷,北京:人民出版社,1982年,第439—441页。
3 [魏]何晏注,[宋]邢昺疏:《论语注疏》卷十四,北京:北京大学出版社,1999年,第202页。

意味,"论道经邦,燮理阴阳",惟其出于杂伪之篇,故本处置而不论。

(三)《诗经》之阴阳

"阴"、"阳"字眼在今本《诗经》中的分布情况如下:仅一处"阴阳"连言,见于《大雅·公刘》;九处言阴,散见诸篇;十九处言阳,其中"首阳"一词出现三次,"阳阳"一词出现二次(按:梁启超的统计遗漏阴者一、阳者五[1],徐复观的统计遗漏阴者一、阳者一[2])。为便于说明问题,列表于下(见下页表):

由上表可知,《诗经》中的阴、阳二字,用于表地理(方位)者已然高居榜首,共计有十一次之多(计入三个"首阳"),且均为"阳"字;次则为表天气或天象者,共计九次;如果刨除"首阳"一词,则后者反而居于上风。以上二项统计结果,与上文结合甲骨文、金文所分析而得的结果高度吻合,其义均自日光之向背承袭而来。但与甲骨文、金文相比,一些新的义项在《诗经》中已经悄然出现,如以"阳阳"表示自得的心理状态,如以"阴"表黑暗状貌,如以"阳"表鲜明状貌,如以"阳"为农历十月。但无论如何,诚如梁启超(1873—1929)、徐复观(1903—1982)所言,"由此观之,商周以前所谓阴阳者不过自然界中一

---

[1] 梁启超:《阴阳五行说之来历》,原载《东方杂志》,20卷10号,1923年5月25日;后收入《古史辨》第五册,上海:上海古籍出版社,1982年,第344—346页。

[2] 徐复观:《中国人性论史(先秦篇)》,上海:上海三联书店,2001年,第453—454页。

语词	含义	义类	句例	出处	统计
阳	地名	地理	采苓采苓，首阳之巅。……采苦采苦，首阳之下。……采葑采葑，首阳之东。	唐风·采苓	十一
	地名	地理	孃孢匪茹，整居焦获，侵镐及方，至于泾阳。	小雅·六月	
	山之南	地理	殷其雷，在南山之阳。	召南·殷其雷	
	山之南	地理	子之昌兮，遭我乎峱之阳兮。	齐风·还	
	山之南	地理	度其鲜原，居岐之阳，在渭之将。	大雅·皇矣	
	山之南	地理	后稷之孙，实为太王。居岐之阳，实始翦商。	鲁颂·閟宫	
	水之北	地理	我送舅氏，曰至渭阳。	秦风·渭阳	
	水之北	地理	文王初载，天作之合。在洽之阳，在渭之涘。	大雅·大明	
	山之西	地理	度其夕阳，豳居允荒。	大雅·公刘	
	十月	季节	曰归曰归，岁亦阳止。	小雅·采薇	二
	十月	季节	日月阳止，女心伤止，征夫遑止。	小雅·杕杜	
	温暖	天气	春日载阳，有鸣仓庚。	豳风·七月	三
	阳光	天象	湛湛露斯，匪阳不晞。	小雅·湛露	
	阳光	天象	凤凰鸣矣，于彼高冈。梧桐生矣，于彼朝阳。	大雅·卷阿	
	阳，自得貌	心理	君子阳阳，左执簧，右招我由房，其乐只且。	王风·君子阳阳	一
	鲜明[1]	状貌	载玄载黄，我朱孔阳，为公子裳。	豳风·七月	二
	鲜明[2]	状貌	龙斾阳阳，和铃央央。	周颂·载见	

续表

语词	含义	义类	句例	出处	统计
阴	阴天	天气	瞹瞹其阴，虺虺其雷。	邶风·终风	六
	阴天	天气	习习谷风，以阴以雨。	邶风·谷风	
	阴天	天气	芃芃黍苗，阴雨膏之。四国有王，郇伯劳之。	曹风·下泉	
	阴天	天气	迨天之未阴雨，彻彼桑土，绸缪牖户。	豳风·鸱鸮	
	阴天	天气	终其永怀，又窘阴雨。	小雅·正月	
	阴天	天气	芃芃黍苗，阴雨膏之。	小雅·黍苗	
	覆阴[3]	状貌	既之阴女，反予来赫。	大雅·桑柔	三
	黑色[4]	状貌	游环胁驱，阴靷鋈续。	秦风·小戎	
	阴暗[5]	状貌	二之日凿冰冲冲，三之日纳于凌阴。	豳风·七月	
阴阳	日光之背向[6]	天文/地理	笃公刘！既溥既长，既景乃冈，相其阴阳，观其流泉。其军三单，度其隰原，彻田为粮。	大雅·公刘	一

---

a 《毛传》："阳，明也。"《传疏》："诂阳为明者，色鲜明也。"

b 《毛传》："言有文章也。"《诗经集传》："阳启音之也。"

c 《郑笺》："阴，往覆阴女。"《释文》："阳，郑音荫，覆荫也。"

d 《毛传》："阴，掩轨也。"即车轼前面的挡板。

e 《毛传》："凌阴，冰室也。"一说通"窨"，"窨，地室也"（《说文解字·穴部》）。梁启超说："盖深邃黑闇之室。"（《阴阳五行说之来历》，原载《东方杂志》，20卷10号，1923年5月25日；后收入《古史辨》第五册，上海：上海古籍出版社，1982年，第347页。）

f 朱熹《诗集传》卷十七："阴阳，向背寒暖之宜也。"

种粗浅微末之现象,绝不含有何等深邃之意义"[1],"综上所述,《诗经》上所有的阴阳字,都没有后来作形成万物原素的阴阳二气的意义"[2]。此言信矣!

更进一步而论,文字(词)的演变反映出思想的演变,阴阳早期含义的朴素性反映了中国人早期思想的质朴。诚如拉法格(Paul La Fargue,1842—1911)所说,"词的意义相继发展的历史解决了第一个困难,它给我们指出具体的意义往往先于抽象的意义"[3]。

第三节　附论与小结

一、阴阳与二分

从上面的分析可以看出,"阴阳"一开始就是一组对立概念;可以说,"二元对立"的思想是阴阳观念的本义。诚如朱震亨(1281—1358)《局方发挥》所言:"阴阳二字,固以对待而言,所指无定在。或言寒热,或言血气,或言脏腑,或言表里,或言动静,或言虚实,或言清浊,或言奇偶,或言上下,或言正邪,

---

[1] 梁启超:《阴阳五行说之来历》,原载《东方杂志》,20卷10号,1923年5月25日;后收入《古史辨》第五册,上海:上海古籍出版社,1982年,第347页。
[2] 徐复观:《中国人性论史(先秦篇)》,上海:上海三联书店,2001年,第454页。
[3] [法]拉法格著,王子野译:《思想起源论》,北京:生活·读书·新知三联书店,1963年,第57页。

或言生杀，或言左右。"[1]

　　文化人类学的研究成果表明，在原始初民中存在着普遍的"二元对立"（binary opposition）思想。比如说，在南太平洋地区的原始种群中，普遍存在着天空／陆地、白天／黑夜、夏／冬、西／东、左／右、男／女、和平／战争、神圣／世俗等对立观念[2]。但西方学者又指出，"在西方传统中，宇宙论上的对比倾向于排他的二元论；而在中国，这种对比则倾向于互补的配对。在中国，基本的两极无疑关涉相互联系的对立面（'明'与'暗'、'主动的'与'被动的'）。而在西方，基本的两极则关涉相反的对子。对此最有影响的说明是亚里士多德的《形而上学》中记载的毕达哥拉斯的《对立物表》。这一组对子是以'有限者'和'无限者'的对比为基础的，其特点是范畴的极端的排他性。"[3]

　　西人此论，极其睿智。不妨就"阴阳"一端，再为之增补一二"内证"。在中国先哲看来，阴阳虽然相互对立，但绝非水火不容，而是阴中有阳、阳中有阴。如《文子·微明》："德之中有道，道之中有德，其化不可极，阳中有阴，阴中有阳，万事尽然，不可胜明。"再如《素问·天元纪大论》："天有阴阳，地亦有阴阳。木火土金水火，地之阴阳也，生长化收藏。故阳中有阴，阴

---

[1] 田思胜等主编：《朱丹溪医学全书》，北京：中国医药出版社，2006年，第38页。

[2] ［法］列维－斯特劳斯著，李幼蒸译：《野性的思维》，北京：商务印书馆，1987年，第160页。

[3] ［美］郝大维、安乐哲著，施忠连译：《汉哲学思维的文化探源》，南京：江苏人民出版社，1999年，第85—86页。

中有阳。"又如徐大椿（1693—1771）《医贯砭·阴阳论》："阴阳又各互为其根，……无阳则阴无以生，无阴则阳无以化。"尤其重要的是，中国先哲还认为本来相互对立的阴阳亦可互济互补，从而至达"和合"的和谐状态。《老子》第四十二章云："万物负阴而抱阳，冲气以为和。"这是说阴阳和而为"冲气"，是以万物生焉。《穀梁传》庄公三年云："独阴不生，独阳不生，独天不生，三合然后生。"这是说，阴、阳、天"三合而形神生理具矣"（徐邈语）[1]。另外，屈原《天问》亦有"阴阳三合"之论，王逸注云"谓天地人三合成德"[2]。又，道教经典《太平经》也有"三合"思想，"有阳无阴，不能独生，治亦绝灭；有阴无阳，亦不能独生，治亦绝灭；有阴有阳而无和，不能传其类，亦绝灭。……故天法皆使三合乃成"[3]。其实，屈原和《太平经》所本即《老子》之论。

换句话说，中外各民族虽然都存在着普遍的"二元对立"（binary opposition）思想，但同中有异、异中有同；因此，更精确地说，我们不应该用同一个词语来表述中外民族的这一思想。笔者试将其表述为，西方是倾向于排他的"二元对立论"，中国是倾向于互补的"二分对比论"。

回到正题，我们来看看殷商时期的情形。连劭名在将甲骨刻

---

1 [晋]范宁集解，[唐]杨士勋疏：《春秋穀梁传注疏》卷五，北京：北京大学出版社，1999年，第66—67页。
2 [宋]洪兴祖撰，白化文等点校：《楚辞补注》（重印修订本），北京：中华书局，1983年（2002年重印），第86页。
3 王明：《太平经合校》，北京：中华书局，1960年，第149—150页。

辞和传世文献对比之后，大胆地推论殷人的律历理论跟阴阳五行说密切相关，殷代可能已经存在阴阳数术思想和五行之神，甚至可能有"明堂"一类的建筑[1]。常正光探讨了殷人观测太阳、判定方位和确定季节的习俗，认为它们构成了阴阳五行说的基础[2]。张光直（1931—2001）的分析表明，殷礼中二分现象的存在是不容怀疑的（但他认为这似乎与殷王室之内分为昭穆两组有密切关系）；二分制是世界各地古代文明与原始民族中常见的现象；殷礼中的二分现象，与殷人观念中的二元现象，甚至古代中国人的一般的二元概念，显然有相当的联系[3]。有人引述张光直的这一成果，推论殷代已经有了系统的阴阳思想。

笔者的看法是，仔细考察殷人的历史文化，确实可以发现已经有了较为丰富的"二分对比"思想，但我们并不能因此就说商人已经有了成熟的系统的阴阳思想或阴阳学说。为什么呢？因为其中最为关键的一点是，商人尚未将"阴阳"提炼为一组成熟的概念，尚未将"阴阳"上升为一对抽象的范畴，自然也就不会以"阴阳"来表述其"二分对比"思想（这一工作要到老子和孔子出现以后才被最终完成）。本节的分析业已表明，殷人和（西）周人

---

1 连劭名：《甲骨刻辞所见的商代阴阳数术思想》，载《中国古代思维模式与阴阳五行说探源》，艾兰等编，南京：江苏古籍出版社，1998年，第226—244页。

2 常正光：《阴阳五行学说与殷代方术》，载《中国古代思维模式与阴阳五行说探源》，艾兰等编，南京：江苏古籍出版社，1998年，第245—260页。

3 张光直：《殷礼中的二分现象》，《中国青铜时代》，北京：生活·读书·新知三联书店，1999年，第228—251页。

的阴阳思想简单而朴素、直观而形象。换言之，我们只能说：殷周时期丰富的"二分对比"思想（如殷礼中存在的二分现象），是日后阴阳二分对比思想的萌芽。

二、简短的小结

出土资料（甲骨文、金文）的考察表明，陰、陽二字本作侌、昜；所谓侌、昜，初期表示的均为天文现象（天象），均与日光或太阳有关（如日光的可见与否），"侌者，见雲不见日也；昜者，雲开而见日也"（朱骏声语）；后来，侌、昜由表天文而兼表地理，遂被增加了义符水、阜，最终"陰陽行而侌昜废矣"（段玉裁语）。

结合出土资料（甲骨文、金文）和传世文献考察，商周（西周）时期阴、阳的含义简单而朴素、直观而形象，最初仅仅是对天、地自然景象的客观描述而已。向日为阳，背日为阴；日出为阳，日没为阴；晴天为"不易日"，阴天为"易日"；山水之向阳面为阳，背日面为阴。后来，又由描述自然景象到刻画状态。如光明者为阳，阴暗者为阴；温暖者为阳，寒冷者为阴。甚而至于人的心理状态，也可借此描摹（如洋洋自得貌为"阳阳"）。

在商周时期，阴阳虽然可以兼表天、地、人"三才"之道的景象或状态，但确实尚不具备形而上的抽象的深邃的意义。可以说，就目前所掌握的材料而言，我们仍然很难肯定商代和西周已经有了系统的阴阳思想；充其量，只能说在商代和西周的阴阳观念（素材）中已经蕴涵着阴阳概念的一些种子了——因为它已经将天、地、人的种种现象或事物粗略地划分为两大部类了（二分对比），但尚未以"阴阳"一词来概括之。后来，经过古代哲人（如老子和孔子）由此及彼的联想——即西人所称的关联思维（correlative thinking），逐渐将阴阳思想上升为阴阳概念，认为万事万物均具有阴阳两大基本属性，并最终将阴阳抽象为一大独立的形而上的范畴。

总之，放宽历史的视野以审视阴阳思想的发展史，便可清晰地发现："阴阳"从起源到发展到成熟，从原始的质朴**阴阳观念**到反映事物及其属性的**阴阳概念**到形成具有普遍的哲学意义的**阴阳范畴**，中间经历了一个漫长的过程。先秦"阴阳"范畴的形成，老子和孔子是处于转折关头的两大巨擘，这是后话。

第二章
阴阳思想的变迁——前诸子时代

第一节　质料与考辨

一、阳光之向背与地理之方位

在第一章《阴阳观念的起源》中，笔者揭示出"阴阳"的初始之义与日光（或日）有关，初期表示的是阳光之向背，后来借以表示地理之方位。阴阳的这两大义项，在春秋时期仍然原汁原味地保留着，且以后者居多。略举数例为证：

（一）以"阳"表日

如《左传》文公四年（公元前623年）："昔诸侯朝正于王，王宴乐之，于是乎赋《湛露》，则天子当阳，诸侯用命也。"孔颖达（574—648）疏："阳谓日也。"[1]

---

1 [晋]杜预注，[唐]孔颖达正义：《春秋左传正义》卷十八，北京：北京大学出版社，1999年，第504页。

（二）以"阴阳"表地理方位

《左传》僖公元年（公元前659年）："公赐季友汶阳之田及费。"《春秋》僖公二十八年（公元前632年）："天王狩于河阳。"《左传》僖公二十八年（公元前632年）："'汉阳诸姬，楚实尽之。'……故书曰：'天王狩于河阳。'"此数例之"阳"，表示的均是水之北。

《左传》成公十六年（公元前575年）："春，楚子自武城使公子成以汝阴之田求成于郑。"此例之"阴"，表示的是水之南，即"汝水之南"（杜预注）[1]。

《左传》宣公二年（公元前607年）："夏，晋赵盾救焦，遂自阴地，及诸侯之师侵郑，以报大棘之役。"此例之"阴"，兼表水之南、山之北。杜预（222—284）注："阴地，晋河（黄河）南、山（秦岭[2]）北，自上洛以东至陆浑。"[3]

阴阳思想由原始的阴阳观念发展到具体的阴阳概念，直至成为具有普遍的哲学意义的阴阳范畴，与"气"概念的结合起着关键性的作用。

---

1 [晋]杜预注，[唐]孔颖达正义：《春秋左传正义》卷二十八，北京：北京大学出版社，1999年，第774页。

2 杨伯峻说："自河南省陕县至嵩县凡在黄河以南、秦岭以北者皆是。此广义之阴地也。"[《春秋左传注》（修订本），北京：中华书局，1990年第二版，第654—655页。]

3 [晋]杜预注，[唐]孔颖达正义：《春秋左传正义》卷二十一，北京：北京大学出版社，1999年，第594页。

二、阴阳·气·地震

公元前827年，周宣王即位，不籍千亩。虢文公强力进谏，其谏语道及"阴阳"、"阳气"、"土气"、"阳官"等，事见《国语·周语上》。其文云[1]：

> 宣王即位，不籍千亩。虢文公谏曰："不可。夫民之大事在农，上帝之粢盛于是乎出，民之蕃庶于是乎生，事之供给于是乎在，和协辑睦于是乎兴，财用蕃殖于是乎始，敦庞纯固于是乎成，是故稷为大官。古者，太史顺时觋土，阳瘅愤盈，土气震发，农祥晨正，日月底于天庙，土乃脉发。
>
> "先时九日，太史告稷曰：'自今至于初吉[2]，阳气俱蒸，土膏其动。弗震弗渝，脉其满眚，谷乃不殖。'稷以告王曰：'史帅阳官[3]以命我司事曰："距今九日，土其俱动，王其祗祓，监农不易。"'王乃使司徒咸戒公卿、百吏、庶民，司空除坛于籍，命农大夫咸戒农用。

---

[1] 上海师范大学古籍整理研究所校点：《国语》卷一，上海：上海古籍出版社，1988年，第15—22页。
[2] 韦昭注："初吉，二月朔日也。《诗》云：'二月初吉。'"（第17页）
[3] 韦昭注："史，太史。阳官，春官。司事，主农事也。"（第17页）

"先时五日,瞽告有协风至,王即斋宫,百官御事,各即其斋三日。王乃淳濯飨醴,及期,郁人荐鬯,牺人荐醴,王裸鬯,飨醴乃行,百吏、庶民毕从。及籍,后稷监之,膳夫、农正陈籍礼,太史赞王,王敬从之。王耕一墢,班三之,庶民终于千亩,其后稷省功,太史监之;司徒省民,太师监之;毕,宰夫陈飨,膳宰监之。膳夫赞王,王歆大牢,班尝之,庶人终食。

"是日也,瞽帅、音官以风土。廪于籍东南,钟而藏之,而时布之于农。稷则遍诫百姓,纪农协功,曰:'阴阳分布,震雷出滞。'[1] 土不备垦,辟在司寇。乃命其旅曰:'徇,农师一之,农正再之,后稷三之,司空四之,司徒五之,太保六之,太师七之,太史八之,宗伯九之,王则大徇,耨获亦如之。'民用莫不震动,恪恭于农,修其疆畔,日服其镈,不解于时,财用不乏,民用和同。

"是时也,王事唯农是务,无有求利于其官,以干农功,三时务农而一时讲武[2],故征则有威,守则有财。若是,乃能媚于神而和于民矣,则享祀时至而布施优裕也。今天子欲修先王之绪而弃其大功,匮神乏祀而困民之财,将何以求福用民?"

---

[1] 韦昭注:"阴阳分布,日夜同也。滞,蛰虫也。明堂《月令》曰:'日夜分,雷乃发声。始震雷。蛰虫咸动,启户而出也。'"(第20页)

[2] 韦昭注:"三时,春、夏、秋。一时,冬也。讲,习也。"(第21页)

周宣王最终没有采纳虢文公的劝谏。宣王三十九年（公元前789年），周与姜氏之戎战于千亩，王师败绩。

虢文公，贾侍中说："文王母弟虢仲之后，为王卿士。"韦昭说："虢叔之后，西虢也。及宣王都镐，在畿内也。"[1] 虢文公的职位不明，笔者推测当为大史（见下文）。

这段话是借天文历法讲述农业时令问题，与古中国的明堂月令之说关系甚密。其大意是说：立春来临后，蛰伏地下的阳气蒸发上升、土壤润泽而松动（"阳气俱蒸，土膏其动"），是该抓紧时机耕种的季节了。虢文公的话有三点值得注意：（1）虢文公所使用的"阴"、"阳"字眼，是专就"气"之层面而言的，所以他径直称之为"阳气"。这是"阳气"概念第一次出现在先秦典籍中（"阴气"一词虽然在此没有出现，但实已隐含其中），对后世阴阳气化理论的形成具有极其重要的意义。但从虢文公的话看来，西周末年的阴阳观念还没有深刻的哲学意义，"阴阳"具有浓厚的物质色彩。（2）虢文公的话语中还出现了"土气"一词，如果这里的"土"指的是五行之"土"，则时人亦将五行视为"气"。（3）虢文公认为"阳气"（或"土气"）出自地，这是以地为阳，其潜台词是"天为阴"[2]，殊异于后世"天阳地阴"之说[3]。当然，也

---

1 上海师范大学古籍整理研究所校点：《国语》卷一，上海：上海古籍出版社，1988年，第15页。
2 据《庄子·外篇·田子方》载，老聃亦持"天阴地阳"之说，"至阴肃肃，至阳赫赫；肃肃出于天，赫赫发于地；两者交通成和而物生焉，或为之纪而莫见其形"。
3 "天阳地阴"之说，见马王堆帛书《黄帝四经·称》、《素问·阴阳杂合》、《素问·六节藏象论》、《灵枢·经水》、《灵枢·阴阳系日月》等。

不排除另外一种可能性,即天地均是阴中有阳、阳中有阴(基于互补的二分对比论),此所谓"地阳"即地之"土气"、"阳气"。

为什么说该段话与明堂月令有关呢?因为《礼记·月令》明文说:"是月(孟春之月)也,天气下降,地气上腾,天地和同,草木萌动。王命布农事,命田舍东郊,皆修封疆,审端经术,善相丘陵、阪险、原隰,土地所宜,五谷所殖,以教道民,必躬亲之。田事既饬,先定准直,农乃不惑。"两相比较,二者关联甚密。

事过近半个世纪后,伯阳父发展了虢文公的这些思想。公元前780年(周幽王二年),泾、渭、洛"三川竭,岐山崩",伯阳父以阴阳理论及水土关系论川竭、地震,这是阴阳理论被用于解释自然现象的一次尝试。《国语·周语上》云[1]:

> 幽王二年,西周三川皆震。伯阳父曰:"周将亡矣!夫天地之气,不失其序;若过其序,民乱之也。阳伏而不能出,阴迫而不能烝,于是有地震。今三川实震,是阳失其所而镇阴也。阳失而在阴,川源必塞;源塞,国必亡。夫水土演而民用也[2]。水土无所演,民乏财用,不亡何待[3]?昔伊、洛竭而夏亡,河竭而商亡。今周德若二代

---

[1] 《国语》卷一,第26—27页。
[2] 韦昭注:"水土气通为演,演犹润也。演则生物,民得用之。"(《国语》,上海古籍出版社,1988年,第28页。)
[3] 韦昭注:"水土不润,土枯不养,故乏财用。"(第28页)

之季矣，其川源又塞，塞必竭。夫国必依山川，山崩川竭，亡之徵也。川竭，山必崩。若国亡不过十年，数之纪也[1]。夫天之所弃，不过其纪。"是岁也，三川竭，岐山崩。十一年（公元前771年），幽王乃灭，周乃东迁。

此事又见《说苑·辨物》，系抄袭《国语》而成。伯阳父，又作"伯阳甫"（如《史记·周本纪》、《汉书·五行志》），或称"太史伯阳"（《史记·周本纪》），或称"太史伯"（《史记·郑世家》），或称"史伯"（《国语·郑语》）。其身份是周大夫（韦昭说）[2]，职位是周太史（服虔说）[3]。据《周礼·春官·大史》载，大（太）史"掌建邦之六典，以逆邦国之治，掌法以逆官府之治，掌则以逆都鄙之治"，"正年岁以序事，颁之于官府及都鄙，颁告朔于邦国"；晚近的学者指出，太史是太史寮的长官，掌管册命、制禄、图籍、记事、祭祀、占卜、礼制、时令、天文、历法等，是周王的秘书长和文职官员及神职官员的领袖，是仅次于太师、太保的执政大臣[4]。以此相参照，虢文公较伯阳父更像大史，故笔者疑服虔之说有误；但对于本文主题，伯阳父是否为大史，似于宏旨关涉不大。

---

1 韦昭注："数起于一，终于十，十则更，故曰纪也。"（第28页）
2 上海师范大学古籍整理研究所校点：《国语》卷一，上海：上海古籍出版社，1988年，第27页。
3 《汉书》卷二十七下之上，第1451页。
4 杨宽：《西周史》，上海：上海人民出版社，1999年，第691页。

本条材料有五点特别值得注意:(1)伯阳父较虢文公更为明确地提出了"气"的概念,并试图揭示"气"的内部联系和规律("序")。伯阳父认为,气有"天气"、"地气"之别("天地之气");参照后文所述,他实际上已经将"气"区分为"阴气"和"阳气"了。阴阳相反而相对,这在先秦古籍中是第一次对举,从而使阴阳具有了一定程度的哲学意蕴。(2)和上引虢文公语一样,伯阳父所用的"阴"、"阳"二字,虽然还不是万物普遍属性的抽象,而是特指运动着的阴气和阳气,它们具有一定的性质与作用;这样,就使"气"带有"力"(动力或力量)的色彩。也就是说,伯阳父以阴阳二气的上升与下降、通达与壅塞来解释地震这种自然现象,认为地震就是阴阳二气变化失序造成的,这虽然还是一种朴素的自然主义的解释模型,但已经不能抹杀其中所蕴涵的哲学意味了。(3)伯阳父在解释地震的成因时,其中洋溢着颇为浓厚的"天人合一"或"天人感应"的色彩。由天地之气的失序、江河的塞竭("天"、"地")联系到人间王朝的败亡("人"),打通了天、地、人"三才"之道。毫无疑问,这是西人所云中国"关联思维"(correlative thinking)的典型表现之一。公元前519年,鲁国发生地震,振幅波及周都;苌弘在解释这次地震时,直接援引伯阳父此论,但并没有增加任何新义。《左传》昭公二十三年:"八月丁酉,南宫极震。苌弘谓刘文公曰:'君其勉之!先君之力可济也。周之亡也,其三川震。今西王之大臣亦震,天弃之矣。东王必大克。'"(4)伯阳父有着明确的"阴阳"思想,但似乎又有着朦胧的"五行"思想（隐而不显）。其中的"水土演"两句，大为值得注意。西汉末年的刘向（前77—前6），即致力于此"微言大义"的发掘。《汉书·五行志下之上》说："史记周幽王二年，周三川皆震。刘向以为金木水火沴土者也。"[1]《旧唐书·五行志》亦引刘向此说，"刘向曰：'金木水沴土，地所以震。'"[2] 由此可以看出，刘向试图另辟蹊径，即不以阴阳而是以五行解释地震。（5）伯阳父没有把地震的原因归结为天神的作用，而是归之于天地阴阳二气的失序，表明他试图用物质因素来解释地震这一自然现象，这是"朴素的唯物主义态度，也含有朴素辩证法因素"[3]，从而使"气"具有了某种哲学意义，"这完全是真理的另一种来源，与那天启的，给予的和权威的真理来源，正相反对。这种于权威之外另寻别的根源来代替的活动，人们便叫做哲学思想"[4]。

三、阴阳及其"正"与"不正"（阴阳二分对比）

自伯阳父以下一百三十余年间阴阳思想的发展情形，由于书

---

[1]《汉书》卷二十七下之上，第1451页。
[2]《旧唐书》卷三十七，北京：中华书局，1975年，第1346—1347页。
[3] 冯契：《中国古代哲学的逻辑发展》（上册），上海：上海人民出版社，1983年，第69页。
[4] [德]黑格尔著，贺麟、王太庆译：《哲学史讲演录》（第一卷），北京：商务印书馆，1959年新1版，第61—62页。

缺有间，目前尚难钩稽。在此期间，思想界出现了一位举足轻重的人物，他就是玉成齐桓公"九合诸侯，一匡天下"霸业的管仲。管仲（约前730—前645年），名夷吾，字仲，谥敬，故又称管敬仲。今存《管子》一书，一般认为非作于一人、非成于一时，"大率是战国及其后的一批零碎著作的总集，一部分是齐国的旧档案，一部分是汉代开献书之令时由齐地汇献而来的"[1]。正因如此，郭沫若建议"《管子》书当分析成若干类集以进行研究"[2]。后来又有人进一步指出，《管子》书可分为两类，"一类是管仲学派的著作，这是《管子》书的原本，是刘向编书以前早已广泛流传并经韩非、贾谊、司马迁认真研究过的"，"另一类是稷下先生的著作，这是直到刘向编书时才搀杂进去的"[3]。本处将结合分析内史叔兴之语，摘引《管子》中的一些语句以相参照。

公元前644年（鲁僖公十六年），宋国发生了两件异常之事。《左传》僖公十六年云：

> 十六年春，陨石于宋五，陨星也。六鹢退飞过宋都，风也。周内史叔兴聘于宋，宋襄公问焉，曰："是何祥也？吉凶焉在？"对曰："今兹鲁多大丧，明年齐有乱，

---

[1] 郭沫若：《青铜时代·宋钘尹文遗著考》，《郭沫若全集》历史编第一卷，北京：人民出版社，1982年。

[2] 郭沫若：《〈侈靡篇〉的研究》（1954年），《奴隶制时代》，北京：人民出版社，1973年第二版。

[3] 任继愈主编：《中国哲学发展史·先秦卷》，北京：人民出版社，1983年，第355页。

君将得诸侯而不终。"退而告人曰:"君失问。是阴阳之事,非吉凶所生也。吉凶由人。吾不敢逆君故也。"

叔兴,职位是周之内史;《左传》僖公二十八年作"内史叔兴父",《国语·周语上》作"内史兴",三者为一人;兴为其名,叔为其字[1]。从时间上看,他与管子大体同时而年代略晚。

石陨、鹢退这种看似异常的天文现象,有神论者看作是吉凶的预兆,但内史叔兴却以"阴阳"解释这一自然现象,认为它们是"阴阳"自身的变化("阴阳错逆"[2])使然,非人事所生("阴阳之事,非吉凶所生也")。这是从自然界本身寻找自然现象变化的原因,并由此得出"吉凶由人"的结论。

有人分析说,"(内史叔兴的)这个说法割断了自然与社会、天神与人事之间的幻想的联系,力图按照自然和社会的本来面貌去认识它们,是理性思维从宗教迷信思想体系的束缚下冲破的一道缺口"[3];又有人说,"(内史叔兴)完全摆脱了天人感应的神秘主义传统观念",他的"吉凶由人"的观点更是由此生发出来的"唯物主义和无神论的光辉思想"[4]。笔者认为,这样评价未必合乎

---

[1] 杨伯峻:《春秋左传注》(修订本),北京:中华书局,1990年第二版,第463页。

[2] 杜预云:"言石陨、鹢退,阴阳错逆所为,非人所生。"孔颖达疏引刘炫云:"言是阴阳之也,则知事由阴阳,若阴阳顺序,则物皆得性,必无妖异。故云阴阳错逆所为,非人吉凶所生也。"([晋]杜预注,[唐]孔颖达正义:《春秋左传正义》卷十四,北京:北京大学出版社,1999年,第387页。)

[3] 任继愈主编:《中国哲学发展史·先秦卷》,北京:人民出版社,1983年,第129页。

[4] 周立升主编:《春秋哲学》,济南:山东大学出版社,1989年,第31页。

内史叔兴的本意和历史的实情。内史叔兴的解释固然超迈时人，但在他的思想视野里，"天人感应"的成分仍然占有极大的分量；故他由石陨、鹢退预测"今兹鲁多大丧，明年齐有乱，君将得诸侯而不终"，这其实就是"占星术"。战国末年，荀子对灾异（不正常的自然现象）做出了令人信服的解释，"夫星之队，木之鸣，是天地之变，阴阳之化，物之罕至者也；怪之，可也；而畏之，非也"（《荀子·天论》）。两相比较，内史叔兴显然不能与荀子同日而语。

但话说回来，内史叔兴的抽象思维水准已然迈上了一个新的台阶。与虢文公论耕种、伯阳父论地震相比较，内史叔兴在解释石陨、鹢退这种异常的自然现象时，既没有使用"天气"、"地气"之词，也没有使用"阴气"、"阳气"，他使用的仅仅是"阴阳"二字；他所说的"阴阳之事"，显然不能解作"阴阳之气"，而是一种相对相待、相反相成的动力、作用或属性。不用说，这已经是达到一定高度的抽象思维的反映。

《管子·乘马》篇中有数语，足可与此上述三人相比照。其文云：

> 春秋冬夏，阴阳之推移也。时之长短，阴阳之利用也。日夜之易，阴阳之化也。然则阴阳正矣，虽不正，有余不可损，不足不可益也。

《管子》此论，意义非同寻常。（1）第一次把"阴阳"连接起来明确构成一对范畴。与伯阳父相比，"阴阳"的范围扩大了，"由单纯解释地震扩展到说明春秋冬夏等四季天时的变化，实际上使阴阳成为解释一切自然现象的普遍范畴"。（2）对"阴阳"的作用的认识加深了。伯阳父认为发生地震的原因乃"阳伏"、"阴迫"的特殊情况所致，而《管子》则从"阴阳"自身的推移、利用和变化等常态上说明它的作用。在这里，"阴阳"已成为事物内部变化的根本动力。（3）提出了阴阳"正"与"不正"两种情况。"正"是阴阳对立处于和谐状态的正常态势，表现为日月更迭、四季交替等有规律的变化；"不正"则是阴阳失调，表现为地震之类的反常现象。但无论"阴阳"正与不正，都不是人力所能"损益"的，而是事物自身的客观现象。这种从自然界内部探求运动变化根源的思想，比起《七法》篇中对万物之"则"的认识来又深入了一层[1]。万物变化规律的动因找到之后，使其普遍联系的整体观增加了新的契机，《管子》把事物之"则"与阴阳的对立统一结合起来，进而提出"天不变其常"乃古今一贯的命题。《管子·形势》篇说："天不变其常，地不易其则，春秋冬夏不更其节，古今一也。"

　　《管子》如此深刻而抽象的思想，笔者始终怀疑它出于春秋晚期时人之手，至少带有春秋晚期思想的痕迹；当然，春秋晚期时

---

[1] 周立升主编：《春秋哲学》，济南：山东大学出版社，1989年，第109页。

人在撰辑《管子》时，可能利用了既有的素材（比如郭沫若所说的"齐国的旧档案"）。具体而言，《管子》此二篇（《乘马》、《形势》）的阴阳思想，其年代当与老子、孔子、范蠡相仿佛。姑且附列于此，权做参照之用。如果刨除《管子》之说，则此阶段的古人仅仅是将"阴阳对举"而已。换言之，公元前七世纪前的阴阳思想尚处于"阴阳二分对比"阶段。

第二节 属性与思辨

一、阴阳与占星术（阴阳相克）

（一）梓慎

笔者在上文曾经点明，内史叔兴熟谙"占星术"；揆诸《周礼·春官·内史》，"内史掌王之八枋之法，以诏王治"，实与"占星术"本无交涉，但叔兴又确实熟谙此道；准此，则"占星术"盖当时一大"公共思想资源"也[1]。在阴阳思想的发展史上，占星家亦甚有功焉，梓慎便是其中典型之一。

据《左传》襄公二十八年（公元前545年）载：

二十八年春，无冰。梓慎曰："今兹宋、郑其饥乎？

---

[1] 相关论述，请参看彭华：《阴阳五行研究（先秦篇）》，长春：吉林人民出版社，2011年，第7—15页。

岁在星纪，而淫于玄枵，以有时菑，阴不堪阳。蛇乘龙。龙，宋、郑之星也，宋、郑必饥。玄枵，虚中也。枵，耗名也。土虚而民耗，不饥何为？"

梓慎，鲁臣。在司马迁列举的"传天数者"中（《史记·天官书》），梓慎榜上无名；但在《晋书》卷十一《天文志上》中，赫然就有梓慎之名。由《左传》所记梓慎数事看（襄公二十八年及昭公十七年、二十一年、二十四年等），梓慎之为"占星家"，盖无疑义。

占星家观测天象、预卜吉凶，借以沟通天人的一大法宝就是分野说。据《左传》注疏，"五星者，五行之精也"，其中"木精曰岁星"，岁星本位在东方（"东方为青龙之象"）；"龙，岁星"，"东方房、心为宋，角、亢为郑，故以龙为宋、郑之星"；"岁为宋、郑之星，今失常，淫入虚耗之次。时复无冰，地气发泄，故曰土虚民耗"[1]。

梓慎的话表明，阴阳观念已经参与了当时的占星活动，并被灌注了新鲜的内容。虢文公、伯阳父所说的"阴阳"，是就"气"而言的；内史叔兴所说的"阴阳"，是就动力、作用或属性而言；梓慎所说的"阴阳"，是就寒暖而言（杜预注："时菑，无冰也。

---

1 [晋]杜预注，[唐]孔颖达正义：《春秋左传正义》卷三十八，北京：北京大学出版社，1999年，第1070—1072页。

盛阴用事，而温无冰，是阴不胜阳，地气发泄。"[1]），并且被注入了"克"与"被克"这一新内涵。毫无疑问，"阴阳"思想已经被占星家梓慎发展了。

二十四年后（公元前521年），梓慎又结合天文历法，以阴阳的相克解释水灾的形成。《左传》昭公二十一年云：

> 秋七月壬午朔，日有食之。公问于梓慎曰："是何物也？祸福何为？"对曰："二至二分，日有食之，不为灾。日月之行也，分，同道也；至，相过也。其他月则为灾，阳不克也，故常为水。"

梓慎认为，在"二至"（夏至、冬至）和"二分"（春分、秋分）发生日食，并不预兆灾害即将来临。因为日月运行到"二分"之时，黄道（太阳每年在恒星之间的视轨迹，即地球轨道面与天球的相交线）与赤道（天球赤道，地球赤道面和天球相交而形成的大圆）相交，这叫"同道"；日月运动到"二至"之时，黄道超过赤道，这叫"相过"。如果在其他月份发生日食，则意味着将有灾异发生。古人已经认识到，日食是日光为月所蔽，又以日为火为阳，月为水为阴[2]；日食意味着月蔽日、阴胜阳、水克火，故

---

1 [晋]杜预注，[唐]孔颖达正义：《春秋左传正义》卷三十八，北京：北京大学出版社，1999年，第1071页。

2 成书于西汉的《淮南子·天文训》说："天地之袭精为阴阳，阴阳之专精为四时，四时之散精为万物。积阳之热气生火，火气之精者为日；积阴之寒气为水，水气之精为月；日月之淫（气）为精者为星辰。"

有可能发生水灾。由此可见,梓慎这里所说的"阴阳",指的是"水火"、"月日";其注重"克"之一端,一如上例。

(二)昭子

公元前518年,又一次发生日食。但对于这次日食的解说,梓慎和昭子的解释截然相反。《左传》昭公二十四年云:

> 夏五月乙未朔,日有食之。梓慎曰:"将水。"昭子曰:"旱也。日过分而阳犹不克,克必甚,能无旱乎?阳不克莫,将积聚也。"

和上一次一样,梓慎认为日食是月蔽日、阴胜阳、水克火,故日食预示着水灾;但昭子的看法与之完全相反。昭子认为,日已运行过春分点,阳气渐盛,而犹不胜月,日光反为月所蔽,是阳不胜(克)阴,此时阳气沉郁而积聚;待日复出时,郁积的阳气喷发尤甚,如此必不能无水灾。

昭子,又称"叔孙婼"、"叔孙昭子",鲁臣,职位不详。由上例看来,昭子之为占星家,殆无大疑。

笔者推测,昭子之有这一思想,可能是受鲁人申丰的影响。因为在二十年前(公元前538年)的鲁国,申丰曾经借藏冰之俗谈及"愆阳"、"伏阴"问题。《左传》昭公四年云:

> 大雨雹。季武子问于申丰曰:"雹可御乎?"对曰

"圣人在上，无雹。虽有，不为灾。古者日在北陆而藏冰，西陆朝觌而出之。其藏冰也，深山穷谷，固阴冱寒，于是乎取之。……其藏之也周，其用之也遍，则冬无愆阳，夏无伏阴，春无凄风，秋无苦雨，雷出不震，无菑霜雹，疠疾不降，民不夭札。今藏川池之冰弃而不用，风不越而杀，雷不发而震。雹之为菑，谁能御之？《七月》之卒章，藏冰之道也。"

所谓"固阴冱寒"，杜预注云："冱，闭也。必取积阴指冰，所以道远其气，使不为灾。"孔颖达疏云："固，牢也。冱，闭也。牢阴闭寒，言其不得见日寒甚之处，于是乎取之。"[1] "道"通"导"，即引导、疏导之义，从而使冬阴不致延宕至夏而为灾；所以后文说"冬无愆阳，夏无伏阴"。（杜预注："愆，过也。谓冬温。""伏阴，谓夏寒。"[2]）

申丰是什么人物呢？本年杜预注云："申丰，鲁大夫。"但在《左传》襄公二十三年，杜预注却说申丰是"季氏属大夫"[3]。要之，申丰为鲁大夫无疑，这是他的爵位；至于其职位，则史无明文。

---

[1] [晋]杜预注，[唐]孔颖达正义：《春秋左传正义》卷四十二，北京：北京大学出版社，1999年，第1196页。

[2] [晋]杜预注，[唐]孔颖达正义：《春秋左传正义》卷四十二，北京：北京大学出版社，1999年，第1198页。

[3] [晋]杜预注，[唐]孔颖达正义：《春秋左传正义》卷四十二、三十五，北京：北京大学出版社，1999年，第1194、993页。

梓慎、昭子两位占星家对阴阳学说的贡献，一方面在于扩大了"阴阳"指代的范围，"阴阳"不仅可以为阴气、阳气，而且可以为日月、水火、寒暖，这是"阴阳二分对比思想"的表现；而最为关键的一方面在于，他们将"相克"思想引入阴阳学说，使"阴阳"由对举、对比上升为动态的"克"与"被克"，此即"阴阳相克思想"。《北史》卷八十九《艺术列传上》说："夫阴阳所以正时日，顺气序者也；……昔之言阴阳者，则有箕子、裨灶、梓慎、子韦。"明文强调梓慎对阴阳学说的贡献，此诚为卓识。

二、阴阳与医学（阴阳和谐）

上面所讲述的是"天道"或"天地之道"的认识，直接关涉的是"大宇宙"（macro-cosmos）问题。下面，笔者将转换一个视角，梳理古人对"生命"、"小我"、"人道"的认识，此即所谓"小宇宙"（micro-cosmos）问题。

公元前645年，秦穆公伐晋，"三败及韩"，深入晋国腹地。晋惠公乘郑人所献"小驷"出征，庆郑力劝惠公不要乘"异产"。《左传》僖公十五年云：

庆郑曰："古者大事，必乘其产。生其水土，而知其人心；安其教训，而服习其道；唯所纳之，无不如志。今乘异产，以从戎事，及惧而变，将与人易。乱气狡愤，阴血周作,张脉偾兴,外强中乾。进退不可,周旋不能,君必悔之。"

晋惠公不听。与秦军战于韩原,戎马(小驷)足陷泥泞,盘桓不得出,晋惠公终被秦人俘获(此事又可参看《国语·晋语三》)。

"乱气狡愤",《礼记·乐记》郑玄注引作"血气狡愤";据《经典释文》,"狡"本又作"交"[1];刘文淇(1789—1854)综合诸说,认为当作"血气交愤"[2],于义为胜。孔颖达疏:"言马之乱气狡戾而愤,满阴血遍身而动作张脉动起,外虽有强形,内实乾竭。外为阳,内为阴,血在肤内,故称阴血。血既动作,脉必张起,故言张脉也。气愤于外,内必乾燥,内血为力,故内润则强,内乾则弱。"[3] 今人分析说,"这是运用中医关于气为阳、血为阴[4]的理论来解释马的病理现象","阴阳气血必须保持相对平衡,二者失调就会引起疾病"[5]。由此可见,中医已将内外、脉血区分为阴阳,并强调阴阳的平衡。

---

1 [唐]陆德明撰,黄焯汇校,黄延祖重辑:《经典释文汇校》卷十三,北京:中华书局,2006年,第418页。

2 [清]刘文淇:《春秋左氏传旧注疏证》,北京:科学出版社,1959年,第317页。

3 [晋]杜预注,[唐]孔颖达正义:《春秋左传正义》十四,北京:北京大学出版社,1999年,第375页。

4 笔者按:此说不确,当如孔疏所云。

5 周立升主编:《春秋哲学》,济南:山东大学出版社,1989年,第33页。

第二章
阴阳思想的变迁——前诸子时代

美中不足的是,上例讲述的是"马道"而不是"人道",但仍属于"小宇宙"范围。事隔一百余年后的公元前541年(鲁昭公元年),我们终于看到了阴阳学说应用于"人道"的一个典型事例。

晋平公疾,秦景公使医和视之,医和诊断发现晋侯是女色过度(淫),并谓疾不可治。在病理学上,医和首次提出"六淫生六疾"说。《左传》昭公元年云:

> 晋侯求医于秦,秦伯使医和视之,曰:"疾不可为也,是谓近女室,疾如蛊。非鬼非食,惑以丧志。良臣将死,天命不佑。"公曰:"女不可近乎?"对曰:"节之。先王之乐,所以节百事也,故有五节。迟速本末以相及,中声以降。五降之后,不容弹矣。于是有烦手淫声,慆堙心耳,乃忘平和,君子弗听也。物亦如之。至于烦,乃舍也已,无以生疾。君子之近琴瑟,以仪节也,非以慆心也。天有六气,降生五味,发为五色,征为五声。淫生六疾。六气曰阴、阳、风、雨、晦、明也,分为四时,序为五节,过则为菑:阴淫寒疾,阳淫热疾,风淫末疾,雨淫腹疾,晦淫惑疾,明淫心疾。女,阳物而晦时,淫则生内热惑蛊之疾。今君不节、不时,能无及此乎?"
>
> 出,告赵孟。赵孟曰:"谁当良臣?"对曰:"主是

谓矣。主相晋国，于今八年，晋国无乱，诸侯无阙，可谓良矣。和闻之：国之大臣，荣其宠禄、任其大节。有菑祸兴而无改焉，必受其咎。今君至于淫以生疾，将不能图恤社稷，祸孰大焉？主不能御，吾是以云也。"赵孟曰："何谓蛊？"对曰："淫溺惑乱之所生也。于文：皿虫为蛊。谷之飞亦为蛊。在《周易》：女惑男、风落山谓之《蛊》䷑。皆同物也。"赵孟曰："良医也。"厚其礼而归之。

医和亦将"气"的概念引入"天道"领域，认为天有"六气"（阴、阳、风、雨、晦、明）；他又从"天人感应"和"阴阳平衡"的角度论证了"淫以生疾"这一病理学说，认为人体应与自然之"六气"保持平衡，情欲应该有所节制（"节"），六气过则为"淫"，"过则为菑"，"淫以生疾"。这是后来中医"六气致病"、"六淫病源"说的基础。《黄帝内经》所云"阳盛则身热"、"阴盛则身寒"（《素问·阴阳应象大论》），"阳虚则外寒，阴虚则内热；阳盛则外热，阴盛则内寒"（《素问·调经论》），即出自"阴淫寒疾，阳淫热疾"；甚而至于有"百病生于气"之说（《素问·举痛论》）。医和还认为，五味、五色、五声、四时、五节都是"六气"的派生物；在"六气"中，阴阳是更根本的，风、雨、晦、明都是阴阳的表现。也正因为有鉴于此，乐官伶州鸠嗣后特别突出"六气"之"阴阳"，"气无滞阴，亦无散阳，阴阳序次，风雨时至，嘉生繁祉，人民蘇利"（《国语·周语下》）[1]。《周礼·天官·疾医》的说法，可与此相对照。

> 疾医掌养万民之疾病。四时皆有疠疾：春时有痟首疾，夏时有痒疥疾，秋时有疟寒疾，冬时有嗽上气疾。以五味、五穀、五药养其病，以五气、五声、五色眡其死生。

《周礼》此文认为，万民之疾病因四时而不同，医生可依五气、五声、五色之不同而加以诊断，并依五味、五穀、五药之不同而加以治疗[2]，此即后世医家所谓"辩证论治"。按照郑玄的解释，这里所说的"五气"指的是"五藏所出气"，"肺气热，心气次之，肝气凉，脾气温，肾气寒"；举凡疾病，皆因"气"之不和谐所致，"疠疾，气不和之疾"，"病由气胜负而生"；因此，治病当因调理其"气"，使之归于和谐，"攻其嬴，养其不足者"[3]。

附带说明两点。（1）《国语·周语下》云："天六地五，数之常也。经之以天，纬之以地。经纬不爽，文之象也。"所谓"天

---

1 据《国语·周语下》载，伶州鸠抒发此论的时间是周景王二十三年（公元前522年）。
2 《周礼·天官·疡医》："凡疗疡，以五毒攻之，以五气养之，以五药疗之，以五味节之。"此可为证。
3 [汉]郑玄注，[唐]贾公彦疏：《周礼注疏》卷五，北京：北京大学出版社，1999年，第111—112页。

六"即"天有六气,谓阴阳风雨晦明也";所谓"经之以天",即"以天之六气为经"[1],此说所本即医和"天有六气"之论,韦昭之注诚为确诂。(2)有个别(中)医学史研究者断然否认张景岳(1563—1640)"不知《易》,不足以言大医"(《类经附翼》卷一《医易》)之语,认为(中)医学理论与《易》无关[2]。由医和对蛊的解释可知,中医早已与《易》结下了不解之缘,医《易》无关说实不足信。

不但物质的肉体有阴阳之分,人的精神亦有阴阳之分,下例即为典型。公元前535年,郑国闹鬼,伯有死而为鬼的流言被传得沸沸扬扬,一时人心惶惶。这一年,子产(? —前522)至晋,对此事做出了一番解释。《左传》昭公七年云:

> 及子产适晋,赵景子问焉,曰:"伯有犹能为鬼乎?"子产曰:"能。人生始化曰魄,既生魄,阳曰魂。用物精多,则魂魄强,是以有精爽至于神明。匹夫匹妇强死,其魂魄犹能冯依于人,以为淫厉,况良霄,我先君穆公之胄、子良之孙、子耳之子、敝邑之卿,从政三世矣。郑虽无腆,抑谚曰'蕞尔国',而三世执其政柄,其用物也弘矣,其取精也多矣,其族又大,所冯厚矣,

---

1 上海师范大学古籍整理研究所校点:《国语》卷三,上海:上海古籍出版社,1988年,第98页。

2 廖育群:《岐黄医道》,沈阳:辽宁教育出版社,1991年,第185—188页。

而强死，能为鬼，不亦宜乎！"

就子产之语而言，"阳曰魄"的观念甚清晰，而"阴曰魂"的观念则隐含其中。《说文解字·鬼部》云"魂，阳气也"，"魄，阴神也"，当与此有关。

三、阴阳与兵家（阴阳转化）

（一）孙武

孙武，字长卿，春秋末期齐国乐安（今山东惠民）人，后入吴为将。其生卒年已不可考，约和孔子同时而略早。根据研究，《孙子兵法》约成书于公元前496—前453年间[1]。《孙子兵法》突出的特点是舍事而言理、词约而义丰，具有高度的哲理性。孙武尝援引阴阳五行之说，《孙子兵法·计》篇云：

兵者，国之大事。死生之地，存亡之道，不可不察也。故经之以五事[2]，校[3]之以计，而索其情：一曰道，二

---

1 郑良树：《论〈孙子〉的作成时代》，《竹简帛书论文集》，北京：中华书局，1982年，第47—86页。
2 五事，银雀山竹简本及《通典》卷一一三引文无"事"字。
3 校，银雀山竹简本作"效"，是检验核对之义（李零：《吴孙子发微》，北京：中华书局，1997年，第31页）。

曰天，三曰地，四曰将，五曰法。道者，令民与上同意，可与之死，可与之生，而不危也；天者，阴阳、寒暑、时制也，（顺逆、兵胜也）；地者，远近、险易、广狭、死生也；将者，智、信、仁、勇、严也；法者，曲制、官道、主用也。凡此五者，将莫不闻，知之者胜，不知者不胜。

通行本无"顺逆、兵胜也"，而银雀山竹简本有此五字。李零认为，"顺逆"即阴阳向背之术，"兵胜"即五行相胜之术。今通行《孙子兵法》注本多认为孙子是唯物主义者，不应有此迷信思想，乃解"阴阳"为昼夜、晴雨，非是[1]。笔者认为，李零对"顺逆"、"兵胜"的释义甚佳，但借此否认此"阴阳"为昼夜、晴雨之说则不可从。此处的"阴阳"，和"寒暑"、"远近"等并举，其为对立的两大自然因素无疑，故孙武又说"凡军好高而恶下，贵阳而贱阴。……丘陵隄防，必处其阳而右背之，此兵之利，地之助也"（《孙子兵法·行军》）。换言之，孙武此处所说的"阴阳"，虽然立足点是"阴"与"阳"的对立，但其抽象性并不是太高。相较而言，对阴阳思想做出巨大贡献的兵家人物，在春秋时期恐非范蠡莫属。

---

[1] 李零：《吴孙子发微》，北京：中华书局，1997年，第31页。

（二）范蠡

范蠡，字少白（一作伯），春秋末年楚国宛（今河南南阳）人，越国大夫。《汉书·艺文志·兵书略》兵权谋类著录有《范蠡》二篇，今不存。范蠡的言论，散见于《国语·越语下》、《史记·货殖列传》和《吴越春秋》、《越绝书》等。《国语·越语下》范蠡云[1]：

> 夫国家之事，有持盈，有定倾，有节事。……持盈者与天，定倾者与人，节事者与地。……天道盈而不溢，盛而不骄，劳而不矜其功。夫圣人随时以行，是谓守时。天时不作，弗为人客；人事不起，弗为之始。……
>
> ……
>
> ……节事者与地。唯地能包万物以为一，其事不失。生万物，容畜禽兽，然后受其名而兼其利。美恶皆成，以养其生。时不至，不可强生；事不究，不可强成。自若以处，以度天下，待其来者而正之，因时之所宜而定之。同男女之功，除民之害，以避天殃。田野开辟，府

---

[1] 上海师范大学古籍整理研究所校点：《国语》卷二十一，上海：上海古籍出版社，1988年，第641—656页。按：《越绝书·越绝吴内传》所载"天贵持盈"、"地贵定倾"、"人贵节事"以及"天道盈而不溢，盛而不骄者"、"地道施而不德，劳而不矜其功者也"、"人道不逆四时者"，来源于《国语·越语下》。有兴趣的读者，不妨对照参看。

仓实，民众殷。无旷其众，以为乱梯。时将有反，事将有间，必有以知天地之恒制，乃可以有天下之成利。事无间，时无反，则抚民保教以须之。

……因阴阳之恒，顺天地之常，柔而不屈，强而不刚，德虐之行，因以为常；死生因天地之利，天因人，圣人因天；人自生之，天地形之，圣人因而成之。……

……蠡闻之，上帝不考，时反是守，强索者不祥。得时不成，反受其殃。……

……

……夫人事必将与天地相参，然后乃可以成功。……

……

臣闻之，得时无怠，时不再来，天予不取，反为之灾。赢缩转化，后将悔之。天节固然，唯谋不迁。……

……臣闻古之善用兵者，赢缩以为常，四时以为纪，无过天极，究数而止。天道皇皇，日月以为常。明者以为法，微者则是行。阳至而阴，阴至而阳；日困而还，月盈而匡。古之善用兵者，因天地之常，与之俱行。后则用阴，先则用阳；近则用柔，远则用刚。后无阴蔽，先无阳察，用人无艺，往从其所。刚强以御，阳节不尽，不死其野。彼来从我，固守勿与。若将与之，必因天地之灾，又观其民之饥饱劳逸以参之。尽其阳节、盈

> 吾阴节而夺之，宜为人客，刚强而力疾；阳节不尽，轻而不可取。宜为人主，安徐而重固；阴节不尽，柔而不可迫。凡陈之道，设右以为牝，益左以为牡，蚤晏无失，必顺天道，周旋无究。今其来也，刚强而力疾，王姑待之。……
>
> ……臣闻之，圣人之功，时为之庸。得时不成，天有还形。

在范蠡看来，"天"就是日月运行、阴阳变化的自然现象；"天道"就是自然变化的规律。范蠡又从"天（地）人合一"的立场出发，强调人应按"天道"行事（"因阴阳之恒，顺天地之常"）；人之行事要遵循规律，不可妄为，否则"强索者不祥"。范蠡虽然在天、地、人的关系上强调顺天而行，但并未因此忽视、甚至否定人的价值、意义和作用。换言之，只有在认识"天道"的基础上，人方可积极有为；此即范蠡所说的"必有以知天地之恒制，乃可以有天下之成利"，或曰"夫人事必将与天地相参，然后乃可以成功"，或曰"因天地之常，与之俱行"。在剖析人之作为时，范蠡十分重视一个"时"字，"圣人随时以行"，"圣人之功，时为之庸"；时机一到，就必须把握住，"得时无怠，时不再来"，否则"得时不成，反受其殃"，因为"得时不成，天有还形"。范蠡辩证法之用于实践，突出地表现为力劝勾践卑身事吴，以等待复仇机会；勾践归国后，范蠡又尽力辅佐之，以等候灭吴时机的成熟。范蠡的这一思想，同样接受了老子"将欲夺之，必固与之"辩证思想的影响。

和老子一样，范蠡亦认为客观的矛盾是普遍存在的。在与勾践的对话中，范蠡运用的矛盾概念有阴阳、柔刚、先后、远近、左右、牝牡、劳逸、饥饱等，但他对"阴阳"一词钟情独多。故有人说，范蠡"把阴阳从气的观念上提升，而视为两种相对的功能，彼此有互为消长、循环交替的关系"，"这样，阴阳就具有普遍性与象征性，任何两种相对事物的性质与功能都可以用阴阳来代表"[1]。由于探索天地阴阳的变化，范蠡正式提出"赢缩转化"思想——这是"转化"范畴的首次使用。他说"阳至而阴，阴至而阳；日困而还，月盈而匡"，业已看到了矛盾对立的普遍性以及对立面的相互转化；归根溯源，范蠡的这一思想亦来自《老子》所说的"反者道之动"（第四十章）。矛盾转化的条件，是一个"节"字。比如说，"阴节不尽，柔而不可迫"，"阳节不尽，轻而不可取"。但是，"范蠡思想的着眼点是政治军事方面的问题，而不是自然哲学方面的问题。因此，虽然范蠡的天道思想在认识自然之天的本来面貌上起了很大的推进作用，但是把天道思想进一步发展成为一种唯物主义的自然哲学体系，是直到战国时期的道家才完成的"[2]。换言之，范蠡尚未将"天道"做形而上的

---

[1] 戴琏璋：《易传之形成及其思想》，台北：文津出版社，1989年，第61页。
[2] 任继愈主编：《中国哲学发展史·先秦卷》，北京：人民出版社，1983年，第131页。

提升，还处于质朴的自然发展论阶段。在老子和孔子的手里，先秦阴阳思想完成了第一次重大总结，使"阴阳"成为对立统一的一大范畴[1]。

---

[1] 关于老子和孔子对阴阳思想的重大发展，请参看本书第三章第一、二节。

第三章
阴阳学说的形成——春秋诸子时代

第一节 "万物负阴而抱阳"
——《老子》与阴阳

一、道家概略

《老子》最早把"道"作为哲学的最高范畴（核心范畴）提了出来，所以他所创立的这一学派遂被称作"道家"。在《老子》的思想体系里，"道"是形成世界万物的本原，是构成世界万物的本体，是创生世界万物的始基，是支配世界万物的主宰，同时又是世界万物运动变化的规律。

《汉书·艺文志》认为，道家亦出于"王官之学"，"道家者流，盖出于史官，历记成败、存亡、祸福、古今之道"。之所以如此说，大概是因为老子做过"周守藏室之史"（《史记·老子韩非列传》）。

《汉书·艺文志·诸子略》著录的道家作品，共计有三十七家，九百九十三篇。今天所能看到的道家的重要著作，有传世的《老子》、《文子》、《庄子》、《列子》以及出土的帛书《黄帝四经》等。

二、老子与《老子》

《老子》，又称《道德经》、《道德真经》、《五千言》等，是道家最重要的经典之一，旧题老子著。关于老子其人和《老子》其书，自两汉以来便聚讼纷纭、争议不断，至今仍然悬而未决。

西汉司马迁作《史记·老子韩非列传》时，关于老子其人其书已经很不清楚了。司马迁记载了三个人物：第一个姓李名耳，字聃，楚国苦县（今河南鹿邑县）厉乡曲仁里人；曾经做过"周守藏室之史"，相传孔子向他问过礼；因见周王室衰微，遂西出函谷关，为关令尹喜"著书上下篇，言道德之意五千余言"，其后便不知所终。第二个是与孔子同时代的老莱子，也是楚国人，"著书十五篇，言道家之用"。第三个是在孔子死后一百二十九年才出现的周太史儋，他在战国初年曾经见过秦献公。

一般认为，在司马迁所叙述的三个人物中，第一个老子（即先秦之人所说的老聃）才是真正的老子[1]，他年长于孔子，孔子曾经问礼于老子（时间可能不止一次、地点也不止一处、所问之

---

[1] 后两个属"附录"性质，在先秦有关资料中无有力的证据，不可信据[徐复观：《中国人性论史（先秦篇）》，上海：上海三联书店，2001年，第288、430—437页]。

礼内容不尽相同[1]）。至于《老子》一书，其年代应当早于《论语》——《论语》之著笔，始于春秋末期，成书于战国初期[2]。换言之，《老子》之著笔，亦当在春秋末期，其著者当是春秋之末、战国初期的人物，系老子的直接门徒（或许就是关令尹喜）[3]。

三、《老子》说阴阳（联系《太一生水》）

在老子之前的春秋时代，虽然已经有了较为丰富的"阴阳"思想，但"阴阳"仅仅是作为一种观念而存在，尚未上升为抽象的哲学概念。只有到了老子手里，"阴阳"才被赋予了更为抽象的哲学含义，才被抽象为万物普遍具有的两种相反相成的对立的属性与作用。换言之，老子第一次将"阴阳"概念提升为一对高度抽象的哲学范畴。

《老子》说阴、阳的一段文字，见于今本第四十二章，并且是和宇宙生成论联系在一起的。其文本如下：

竹简本：（缺）

帛书甲本：〔道生一，一生二，二生三，三生万物。

1　周立升主编：《春秋哲学》，济南：山东大学出版社，1989年，第201—204页。
2　杨伯峻：《论语译注·导言》，北京：中华书局，1980年。
3　徐复观：《中国人性论史（先秦篇）》，上海：上海三联书店，2001年，第437—446页。

万物负阴而抱阳],中(冲)气以为和[1]。

帛书乙本:道生一,一生二,二生三,三生[万物。万物负阴而抱阳,冲气]以为和。

汉简本:道生一,一生二,二生三,三生万物。万物负阴抱阳,中(冲)气以为和[2]。

王弼本:道生一,一生二,二生三,三生万物。万物负阴而抱阳,冲气以为和。

《文子·九守》引文与王弼本全同,而《淮南子·精神训》则引作"一生二,二生三,三生万物。万物背阴而抱阳,冲气以为和"[3],惟"负阴"作"背阴"。冲,楼古本与范应元本作"蛊"[4]。"蛊"与"中"通,这是一个非常关键的字眼。

在《老子》五千言中,这是在字面上唯一涉及"阴"、"阳"的命题;但该句究竟应该如何解释,却是众说纷纭、莫衷一是。古人和今人的说法,大致可分为两派:一派从实谓的角度入手,一派从虚指的角度入手。

---

[1] 高明:《帛书老子校注》,北京:中华书局,1996年,第29页(下句出处同此)。
[2] 北京大学出土文献研究所编:《北京大学藏西汉竹书(贰)》,上海:上海古籍出版社,2012年,第125页。
[3] 刘文典撰,冯逸、乔华点校:《淮南鸿烈集解》,北京:中华书局,1989年,第218页。
[4] 高明:《帛书老子校注》,北京:中华书局,1996年,第29页。[宋]范应元集注:《宋本老子道德经》,北京:国家图书馆出版社,2017年(据国家图书馆藏宋刻本影印),第175页。

（一）实谓的角度

1. 以"气"说《老子》

持此论者,以河上公最为典型。他说,"道始生者[一也]","一生阴与阳也","阴阳生和、清、浊三气,分为天、地、人也","天地[人]共生万物也。天施地化,人长养之","万物无不负阴而向阳,回心而就日","万物中皆有元气,得以和柔,若胸中有藏,骨中有髓,草木中有空虚与气通,故得久生也"[1]。以"气"论说《老子》,集中点是"一生二"、"二生三"两个环节,即释"一"为元气(或浑沌气),释"二"为阴气、阳气,释"三"为和气、清气、浊气。当然,也有释"三"为阴气、阳气、和气(如今人冯友兰[2]、杨宽[3]、陈鼓应等)或阴气、阳气、冲气的(如张岱年、今井宇三郎等)[4]。陈鼓应认为"二"指的就是阴气、阳气,但所说之"三"则与冯友兰(1895—1990)略微有别,认为"三"指的是阴阳相合所形成的一个均调和谐的

---

1 王卡点校:《老子道德经河上公章句》卷三,北京:中华书局,1993年,第168—169页。
2 冯友兰:《中国哲学史》(上册),上海:华东师范大学出版社,2000年,第136页;冯友兰:《中国哲学史新编》第二册(1983年修订本),北京:人民出版社,1984年第二版,第50页。在写作此二书之间,冯友兰曾释"一"为"冲气"(《老子哲学讨论集》,北京:中华书局,1959年,第41页)。
3 杨宽:《战国史》(增订本),上海:上海人民出版社,1998年,第477页。
4 张岱年:《中国古典哲学概念范畴要论》,北京:中国社会科学出版社,1989年,第25、55、84页;[日]今井宇三郎:《〈易传〉中的阴阳和刚柔》,载《气的思想——中国自然观和人的观念的发展》([日]小野泽精一等编著,李庆译),上海:上海人民出版社,1990年,第99页。

状态;而"冲气以为和",指的是阴阳两气互相交冲而成均调和谐状态[1]。

2. 以天地人"三才"说《老子》

释"三"为天、地、人,并以此说《老子》者亦甚夥。当然,其中亦有兼采二说者,如《黄帝内经·太素》卷十九《知针石》篇杨上善注曰:"从道生一,谓之朴也;一分于二,谓天地也;从二生三,谓阴阳和气也;从三以生万物,分为九野、四时、日月乃至万物。"今人冯友兰、高亨、徐复观亦认为,"二"就是天地[2]。古中国以天地人为"三才",释"三"为天地人,似乎可以"自圆其说"。

3. 合"三气"、"三才"以说《老子》

因上述二说均各有其长,亦各有其短,故有人试图合二说以释《老子》。《穀梁传》庄公三年:"五月,葬桓王。……独阴不生,独阳不生,独天不生,三合然后生。故曰,母之子也可,天之子也可,尊者取尊称焉,卑者取卑称焉。其曰王者,民之所归往也。"晋人范宁(339—401)引徐邈(344—397)曰:"古人称万物负阴而抱阳,冲气以为和。然则传所谓天,盖名其冲和之功,而神明所由也。会二气之和,极发挥之美者,不可以柔刚滞

---

[1] 陈鼓应:《老子注译及评介》,北京:中华书局,1984年,第232—236页。
[2] 冯友兰:《中国哲学史》(上册),上海:华东师范大学出版社,2000年,第136页;高亨:《老子正诂》,北京:中国书店,1988年,第96页;徐复观:《中国人性论史(先秦篇)》,上海:上海三联书店,2001年,第295—296页。

其用，不得以阴阳分其名，故归于冥极而谓之天。凡生类禀灵知于天，资形于二气，故又曰独天不生，必三合而形神生理具矣。"唐人杨士勋疏："阴能成物，阳能生物，天能养物，而总云生者，凡万物初生，必须三气合，四时和，然后得生，不是独阳能生也。但既生之后，始分系三气耳。"[1]

徐邈所说"古人"，很明显指的就是老子；所说"万物负阴而抱阳，冲气以为和"，即《老子》第四十二章语。二人之注疏为了与经文吻合，故在释"三合"时，摇摆于"三气"（阴气、阳气、和气）和"三才"（天地人）之间；只是因经文没有出现"地"，故"二"之外的第"三"者，或以"和气"（冲和之气）当之，或以"天"当之。这样一种解释，左右摇摆、飘忽不定，连他们自己都不能坚定把持，后人又岂能坚信不疑？更何况，以"三气"说《老子》，以"三才"说《老子》，本即不通；而貌似调和、实即兼容"三气"、"三才"以说《老子》，更是不通。虽然如此，该说却颇具有启发性，尤其是杨士勋之说。

与徐邈、杨士勋的模棱两可不同，道教学者成玄英（约601—690）说得斩钉截铁，"一，元气也。二，阴阳也。三，天地人也"[2]。合"三气"、"三才"以说《老子》，毫不讳言。

---

[1] [晋]范宁集解，[唐]杨士勋疏：《春秋穀梁传注疏》卷五，北京：北京大学出版社，1999年，第66—67页。

[2] 蒙文通著，蒙默编：《辑校成玄英〈道德经义疏〉》，《蒙文通全集》（五），成都：巴蜀书社，2015年，第175页。

4. 以《易》说《老子》

作为儒家经典的《周易·系辞上》，在篇中也讲述过一套宇宙生成论，"是故易有太极，是生两仪。两仪生四象。四象生八卦。八卦定[1]吉凶，吉凶生大业"。《系辞上》所言确实可以与《老子》相比较，故有人将此二者加以简单比附。如奚侗（1878—1939）说："道与易异名同体，此云'一'即'太极'；'二'即'两仪'，谓天地也。天地气和而生和，二生三也。和气合而生物，三生万物也。"[2] 另外，《礼记·礼运》也有一段话可参照，"是故夫礼，必本于大一，分而为天地，转而为阴阳，变而为四时，列而为鬼神，其降曰'命'，其官于天也"。仔细体会唐人孔颖达所作之疏，其中不无《老子》的影子，"'必本于大一'者，谓天地未分，混沌之元气也。极大曰大，未分曰一，其气既极大而未分，故曰大一也"[3]。孔颖达行文虽未道及《老子》，但他所释"大一"之义，实际上援引的就是《老子》第四十二章的说法；为了使自己的说法更加融通可信，孔颖达又采纳两汉时期颇为流行的气化宇宙论。《淮南子·精神训》说："一生二，二生三，三生万物。万物背阴而抱阳，冲气以为和。"据高诱注透露，有以"乾坤"当

---

1 马王堆帛书《系辞》"定"作"生"。李学勤认为，就文例观之，似较胜（《帛书〈系辞〉析论》，《江汉考古》，1993年第1期；后收入其《古文献丛论》，第46页）。
2 转引自高明：《帛书老子校注》，北京：中华书局，1996年，第30页。
3 [汉]郑玄注，[唐]孔颖达疏：《礼记正义》卷二十二，北京：北京大学出版社，1999年，第707页。

"二"者,"或曰:一者,元气也。生二者,乾坤也"[1]。此仍属以《易》说《老》之流。

在当今学者中,着重从《易》《老》关系的角度立论者大有其人;或以为《老子》的思想出于《周易》,或以为《周易》的思想出于《老子》[2]。但诚如冯友兰所言,《老子》和《易传》在根本点上是完全相反的。比如,《老子》主静,以静为主;《易传》主动,以动为主[3]。后来,吕绍纲(1933—2008)撰文详细阐述自己的观点,证明《易》《老》是两个根本不同的思想体系,有着不同的思想渊源[4]。庞朴在论说"一分为二"的本义时,特意指明《老子》"一生二"和《系辞》"太极生两仪"的重大差别——前者是本体论的宇宙生成论,所提出的是本体与现象问题;后者是剖分式的宇宙生成论,所提出的是整体与部分问题[5]。因此,以《易》说《老》,此论亦不可从。

(二)虚指的角度

从虚指的角度阐述《老子》本章大义,以王弼为典型[6]。蒋锡

---

[1] 刘文典撰,冯逸、乔华点校:《淮南鸿烈集解》,北京:中华书局,1989年,第219页。

[2] 陈鼓应极力主张《周易》之思想出于道家,认为《周易》接受了老子与庄子思想的影响(如《〈易传·系辞〉所受老子思想的影响》,《哲学研究》,1989年第1期;《〈易传·系辞〉所受庄子之影响》,《哲学研究》,1991年第4期,等等)。

[3] 冯友兰:《中国哲学史新编》第二册(1983年修订本),北京:人民出版社,1984年第二版,第349、352—353页。

[4] 吕绍纲:《〈老子〉与〈易大传〉是两个根本不同的思想体系》,《哲学研究》,1989年第8期;《论老孔异同》,《庚辰存稿》,上海:上海古籍出版社,2000年,第54—67页。

[5] 庞朴:《"一分为二"说》,《开放时代》,2000年第9期。

[6] [魏]王弼:《老子道德经注》,《诸子集成》第三册,上海:上海书店出版社,1986年,第27页。

昌（1897—1974）《老子校诂》本王弼之说，而又有所推进。他认为，"一"指"道"言，"道始所生者一，一即道也。自其名而言之，谓之'道'；自其数而言之，谓之'一'。三十九章'天得一以清'，言天得道以清也，此其证也。然有一即有二，有二即有三，有三即有万，至是巧历不能得其穷焉。《老子》一二三，只是以三数字表示道生万物，愈生愈多之义。如必以'一'、'二'、'三'为天、地、人；或以'一'为太极，'二'为天地，'三'为天地相合之和气；则凿矣"[1]。高明评价说，"蒋说进而发展了王弼注释，似较他说义胜"[2]。

从虚指的角度入手阐发《老子》本章义理，是最为可取的研究路数；援此理路顺流而下，能最得老子"个中三昧"。前贤和时彦虽然在这方面已经做了不少努力，但尚未尽善尽美。

下面，笔者将联系出土的郭店楚简《太一生水》，尝试提出自己的"新解"。

在正式提出自己的"新解"之前，为便于讨论，先将《太一生水》论宇宙生成论的一段释文抄录于下[3]：

1　转引自高明：《帛书老子校注》，北京：中华书局，1996年，第30页。

2　高明：《帛书老子校注》，北京：中华书局，1996年，第30页。

3　荆门市博物馆：《郭店楚墓竹简》，北京：文物出版社，1998年，第125—126页；李零：《郭店楚简校读记》，《道家文化研究》第十七辑，北京：生活·读书·新知三联书店，1999年，第476页；李零：《郭店楚简校读记》（增订本），北京：中国人民大学出版社，2007年，第41—42页。

大（太）一生水，水反辅大（太）一，是以成天。天反辅大（太）一，是以成地。天地［复相辅］也，是以成神明。神明复相辅也，是以成会昜（阴阳）。会昜（阴阳）复相辅也，是以成四时。四时复［相］辅也，是以成仓（沧）然（热）。仓（沧）然（热）复相辅也，是以成湿澡（燥）。湿澡（燥）复相辅也，成岁而止。古（故）岁者，湿澡（燥）之所生也。湿澡（燥）者，仓（沧）然（热）之所生也。仓（沧）然（热）者，［四时之所生也。］四时者，会昜（阴阳）之所生［也］。会昜（阴阳）者，神明之所生也。神明者，天地之所生也。天地者，大（太）一之所生也。是古（故）大（太）一藏於水，行於时。周而又［始，以己为］万勿（物）母；（一）块（缺）（一）（盈），以己为万勿（物）经。此天之所不能杀，地之所不能厘（埋），阴阳之所不能成。君子智（知）此之胃（谓）［□，不知者谓□。］

1. "道"与"一"的关系及"道生一"的阐释

关于"道"与"一"的关系，金景芳（1902—2001）有过全面的论说。金老说，《老子》第四十二章"道生一"这个命题里的"一"，在《老子》书里有着不同的称谓：有时可以称之为"有"（对"无"来说），有时可以称之为"无名"（对"有名"来说），有时可以称之为"朴"（对"器"来说），有时可以称之为"天地之始"（对"万物之母"来说）[1]。张舜徽（1911—1992）旁征博引古典文献，力证"一"即"道"之别名，"道也，德也，一也，三名而实一物耳"[2]。换言之，"一"是就"道"而言的。释"一"为"道"，有悖《老子》本义；释"一"为"元气"，实属后出之说，更不可取。"道"本"无名"，故超越名言而不可言说，但又终需依靠名言而言说；因此，虽然可以出于权宜与方便称"道"为"一"，但"道"并非完全等于"一"。此中深意，就是《老子》第二十五章所说的"吾不知其名，字之曰道，强为之名曰大"。《庄子·知北游》说，"夫道，窅然难言哉"，"道不可言，言而非也"，故持倡"体道"，即接续斯旨而来。

对照楚简《太一生水》可知，《老子》所说"道"与"一"的关系，大约相当于"太一"与"水"的关系；而《老子》所云"道生一"，大致亦相当于"太一生水"[3]。"道"生"一"，是化生而不是剖分，因为"一"为"道"所生之后，并非退出宇宙生成之舞台，"一"仍然参与后面的宇宙生成过程——"二"中有"一"，"三"中依然有"一"，"万物"中仍然有"一"。《吕氏春秋·仲夏季·大乐》说："万物所出，造于太一，化于阴阳。……道也者，视之不见，听之不闻，不可为状。有知不见之见、不闻之闻、无

---

[1] 金景芳：《也谈关于老子哲学的两个问题》，《吉林大学人文科学学报》，1960年第1期；后收入其《古史论集》，济南：齐鲁书社，1981年，第260—261页。
[2] 张舜徽：《道论通说》，《周秦道论发微》，北京：中华书局，1982年，第34—36页。
[3] 《老子》非常重视"水"，此点学者多能言之。

状之状者,则几于知之矣。道也者,至精也,不可为形,不可为名,强为之[1],谓之太一。"高诱注:"太一,道也。阴阳,化成万物者也。"[2] 与此颇可对照。

我曾经专文指出,郭店楚墓竹简《太一生水》所云"太一"(大一),应当是作为哲学概念的"太一",实即"道"之别名。"太一"之义,大致与《老子》之"道"、马王堆帛书《道原》之"恒一"、传世本《周易》之"太极"、马王堆帛书本《周易》之"大恒"、《礼记》之"大一"、《孔子家语》之"太一"相仿佛,甚至可以与古印度吠陀经典《梨俱吠陀》(Ṛgveda)之"唯一"(Tad ekam,或译"太一"[3]、"彼一"[4])参差比拟。它们是古人在探索宇宙生成、万物起源时所赋予的终极根本者,惟因学派不同,故其称谓各异。追根溯源,"太一"说实属古中国"公共思想资源"之一,并非某家某派之专利[5]。

2. "一生二"本义

结合《太一生水》以审视《老子》,"二"之确诂当为一分为

---

1 毕沅云:"'强为之'下疑脱一'名'字。"(《吕氏春秋》,上海:上海古籍出版社,1996年,第77页。)
2 [汉]高诱注,[清]毕沅校正,余翔标点:《吕氏春秋》,上海:上海古籍出版社,1996年,第76页。
3 黄心川:《印度哲学史》,北京:商务印书馆,1989年,第41页。
4 糜文开译:《印度三大圣典》,台北:中国文化大学出版部,1980年,第33页。
5 彭华:《"太一"臆解——关于郭店楚简〈太一生水〉的一项比较研究》,《社会科学研究》,2014年第6期;又载谢维扬、赵争主编:《出土文献与古书成书问题研究:"古史史料学研究的新视野研讨会"论文集》,上海:中西书局,2015年。

二之"二",即处于对立统一之中的"二"(约略近于"矛盾"一词),如天地、神明[1]、阴阳、四时(春秋－冬夏)、仓(沧)然(热)、湿澡(燥)等,均属于《老子》所说之"二"。它们处于对立统一之中,一如《老子》第二章所云,"故有无相生,难易相成,长短相形,高下相倾,音声相和,前后相随"。(《老子》五千言,像这样两两相对、二元对应的配列多达近百处[2],这一思想始终贯穿于《老子》全书。)

但是,"无形"终需落实为"有形",如此方能创生万物[3];故"无形"之"二",最终仍然要以"有形"之物当之(借用《老子》话语,可称之为"象")。接下来,分歧遂顿然而生。"二"究竟是什么呢?或说"二"为天地,或说"二"为阴气、阳气(或清气、浊气),或说"二"为乾坤,等等。诸说之中,以天地约略当"二"之说最具参考价值。为什么这么说呢?证据亦来自《太一生水》。《太一生水》说,"大(太)一生水,水反辅大(太)

---

1 "神明"二字,旧多误解。其实,"神明"和"阴阳"一样,乃一组意义相对而又相反的概念。李零曾经阐发过此旨(《中国方术续考》附录三《读郭店楚简〈太一生水〉》,北京:东方出版社,2001年第二版,第435页)。更详细的论述,请参看彭华:(1)《"神明"与"鬼神"——郭店楚简〈太一生水〉研究之二》,《多学科视野下的丰都民间文化研究》,重庆:重庆出版社,2017年,第496—505页。(2)《"神明"臆解——郭店楚简〈太一生水〉研究之二》,《中原文化研究》,2016年第5期,第96—101页。

2 有人曾经比较详细地胪列过这种配列(俞晓群:《数术探秘:数在中国古代的神秘意义》,北京:生活·读书·新知三联书店,1994年,第41页)。

3 《老子》第二十八章:"朴散则为器。"

一，是以成天。天反辅大（太）一，是以成地"。显然，在太一生水之后，天地是最先生成的。天地之生成有极其重要的意义，因为有了天之覆、地之载，万物才有一个生成的场所（空间）。《周易·序卦》说"有天地然后有万物"，《系辞下》说"天地絪缊，万物化醇"、"天地之大德曰生"，都特别强调天地。

在我看来，这亦非《老子》真义；如果依此思路解说《老子》，无异于是在污辱《老子》，将《老子》高度抽象、高度辩证的话语做了通俗化、甚至是庸俗化的解说。换言之，释"二"为天地，只能起到帮助理解的作用，这仅仅是出于一时权宜的"方便施设"而已，最终仍应超克这一层面而直接领悟《老子》大道之要义；套用庄子的话说，这叫"荃[1]者，所以在鱼，得鱼而忘荃；蹄者，所以在兔，得兔而忘蹄；言者，所以在意，得意而忘言"（《庄子·杂篇·外物》）。

3. "二生三，三生万物"浅说

"二"为"一"所生之后，处于激烈的对立之中；"二"若一直处于这种激烈的对立斗争之中，势必自行瓦解，而宇宙万物亦无从所出；因此，"二"虽然有激烈的对立斗争，但终究会走向一种和谐状态；这一和谐的状态相对于激烈斗争的"二"而言，显然是一种既非彼、亦非此的"冲（中）"（中和状态），相对于往旧之"一"而言，这显然又是一个全新的"一"，"一"而"二"，故

---

[1] 荃，蜀本作"筌"。下同。

有"三"。"二生三"这一过程不断进行下去,遂有若干个"三"而生,故又云"三生万物"。套用《庄子·内篇·齐物论》的话说,就是"一与言为二,二与一为三。自此以往,巧历不能得,而况其凡乎?故自无适有,以至于三,而况自有适有乎?无适焉,因是已"。

《太一生水》说天地、神明、阴阳、四时(春秋－冬夏)、仓(沧)然(热)、湿燥(燥)等"相辅",实足以与此相参证。与《老子》不同的是,《太一生水》在安置了万物生成的空间("天地")之后,特意是在最后安排了时间("岁")。时空交织,世界臻于完美。

4. "万物负阴而抱阳,中(冲)气以为和"略说

大体而言,这两句实际上是对"一生二,二生三,三生万物"三句的概括,只是换了一个思考的角度,做了形式不同的表述而已。万物虽然业已生成,但仍然具有对立之性质,一如"阴"与"阳"之对立,一如"负"(背负)与"抱"(怀抱)之对立;但万物仍然处于和谐的统一之中("中和")[1],之所以能处于如此和谐的中和状态,"气"起着至为重要的作用。"气"在《老子》宇宙生成论中之功能,与"水"在《太一生水》宇宙生成论中之功能约略相当,二者深相仿佛。

---

[1] 宋人范应元云:"古本作盅,器虚也。河上公作冲,虚也,和也。"([宋]范应元集注:《宋本老子道德经》,北京:国家图书馆出版社,2017年,据国家图书馆藏宋刻本影印,第175页)。

从上文的分析可以看出,"二"虽然可为天地、阴阳、神明、沧热、湿燥以及四时之春秋与冬夏等,但《老子》最终情有独钟地选中了"阴阳",这确实是老子慧眼独具的一大体现。何出此言?因为"神明"虽然不失为一个颇具重要参考价值的选项,但"神明"之义太过于纷纭、太过于歧义,使人难以捉摸、难以把握,且与老子反神学的初衷相悖;至于其余诸项,义理虽然易于把握,但又太过于具象而不够抽象。剩下的唯一的一个选项,那就只有"阴阳"了,而"阴阳"又恰好符合要求——既超克了上述两类选项之短,又兼具其长。

略可注意的是,《老子》虽然一方面提炼出了"阴阳"这对高度抽象的哲学范畴,对中国古代文化做出了无比巨大的贡献;但是,他在另一方面又留下了一条"尾巴"——"气",而"气"又是并不十分抽象的。

如此一来,后人对《老子》既可以"照着讲",同时也可以"接着讲"。限于篇幅,兹仅举道家(教)作品三种为例。

《文子·上德》篇说:"万物负阴而抱阳,冲气以为和,和居中央。"这里既讲"阴阳",也讲"气",并且对《老子》做了通俗化的解说(其实是误解),"和居中央"一句就是显例。

《列子·天瑞》篇说:"一者,形变之始也。清轻者上为天,浊重者下为地,冲和气者为人。故天地含精,万物化生。"《列子》对《老子》之解说,其通俗化的程度远较《文子》为甚,而误解的程度亦远较《文子》为甚。其中,以"天地"释"二"即为明证。《列子》是否为先秦古籍,向受世人质疑;由此数句看来,质疑并非空穴来风。

《太平经》说:"元气恍惚自然,共凝成一,名为天也;分而生阴而成地,名为二也;因为上天下地,阴阳相合施生人,名为三也。"[1]这是元气论流行时代下典型的宇宙生成论,分元气为阴阳,又添加了"天地"间之"人"。说《太平经》是"接着讲",实在是太典型了。

但是,无论如何,这并不影响本节开篇的判断,"只有到了老子手里,'阴阳'才被赋予了更为抽象的哲学含义,才被抽象为万物普遍具有的两种相反相成的对立的属性与作用。换言之,老子第一次将'阴阳'概念提升为哲学一对高度抽象的哲学范畴"。

第二节 "一阴一阳之谓道"
——《周易》与阴阳

一、儒家概观

众所周知,孔子是儒家学派的创始人。追根溯源,"儒"之得名早于孔子。但是,在孔子以前,仅有"儒"之称而没有"儒家"。在孔子以前,以"六艺"教民者已被称为"儒"。《周礼·天

---

[1] 王明:《太平经合校》,北京:中华书局,1960年,第305页。

官·大宰》:"以九两系邦国之民:……四曰儒,以道得民。"所谓"道",就是指六艺而言。郑玄注:"儒,诸侯保氏,有六艺以教民者。"贾公彦疏:"诸侯师氏之下,又置一保氏之官,不与天子保氏同名,故号曰'儒'。掌养国子以道德,故云'以道得民',民亦谓学子也。"[1] 所谓"六艺",用今天的话来说,就是六种学习科目。《周礼》的《大司徒》《保氏》所说的六艺为礼、乐、射、御、书、数,而孔子所用以施教的六艺则为诗、书、礼、乐、易、春秋。内容虽不尽相同,其为教学的六种科目则是一样的,所以都称为"六艺"。春秋末年,孔子创立儒家。自此,"儒"又成为一个学术派别的名称。

《汉书·艺文志》认为,儒家出于"王官之学","儒家者流,盖出于司徒之官,助人君顺阴阳、明教化者也"。至于儒家的特点及其长短,司马谈和《汉书》所说比较接近。司马谈《论六家之要指》(见《史记·太史公自序》)说:

> 儒者博而寡要,劳而少功,是以其事难尽从;然其序君臣父子之礼,列夫妇长幼之别,不可易也。……夫儒者以六蓺为法。六蓺经传以千万数,累世不能通其学,当年不能究其礼,故曰"博而寡要,劳而少功"。若夫列君臣父子之礼,序夫妇长幼之别,虽百家弗能易也。

---

[1] [汉]郑玄注,[唐]贾公彦疏:《周礼注疏》卷二,北京:北京大学出版社,1999年,第40页。

《汉书·艺文志》说[1]：

> （儒家）游文于六经之中，留意于仁义之际，祖述尧舜，宪章文武，宗师仲尼，以重其言，于道最为高。孔子曰："如有所誉，其有所试。"唐虞之隆，殷周之盛，仲尼之业，已试之效者也。然惑者既失精微，而辟者又随时抑扬，违离道本，苟以哗众取宠。后继循之，是以《五经》乖析，儒学寖衰，此辟儒之患。

以此二说，为后世所承袭。比如，《隋书·经籍志三》说："儒者，所以助人君明教化者也。圣人之教，非家至而户说，故有儒者宣而明之。其大抵本于仁义及五常之道。"

要而言之，儒家以孔子为宗师和思想领袖（"宗师仲尼"），以"六艺"为依托，特别留心于仁义道德和纲常礼仪。故《汉书·儒林传》又说："古之儒者，博学虖《六艺》之文。《六艺》者，王教之典籍，先圣所以明天道，正人伦，致至治之成法也。"[2]就政治理想而言，儒家追求的最高境界是"内圣外王"[3]。

孔子之后，儒家分化为八派（"儒分为八"）。《韩非子·显

---

1 《汉书》卷三十，北京：中华书局，1962年，第1728页。
2 《汉书》卷八十六，第3589页。
3 我关于以上几点的详细阐述，请参看舒大刚、彭华：《忠恕与礼让——儒家的和谐世界》，成都：四川大学出版社，2008年，第40—47页。

学》:"自孔子之死也,有子张之儒,有子思之儒,有颜氏之儒,有孟氏之儒,有漆雕氏之儒,有仲良氏之儒,有孙氏之儒,有乐正氏之儒。"《韩非子》所标示的儒家八派,恐非儒家分化之全貌;因为在《荀子·非十二子》篇中,儒家除了子思、孟子受抨击外,荀子还指责过"子张氏之贱儒"、"子夏氏之贱儒"、"子游氏之贱儒"等,而他们均不见于《韩非子·显学》。

对于分化后的儒家八派,郭沫若曾经专门做过研究[1],后来陆续又有踵事增华者。但因书缺有间,且无更多的出土材料以资参证,所以一时无法做出令人信服的深入讨论。1993年,湖北荆门市郭店一座战国墓出土了一批竹简[2],计有儒家著作十一种十四篇,恰好填补了从孔子到孟子之间的理论缺环,儒家八派之研究遂为之一新。

二、孔子与《周易》

孔子(前551—前479),名丘,字仲尼[3],春秋后期鲁国陬邑(今山东曲阜)人。先世为宋国贵族,后迁徙至鲁。曾经在鲁国从事过一段政治活动,因不能行其志,率弟子周游列国。晚年归鲁,

---

1 郭沫若:《十批判书·儒家八派的批判》,《郭沫若全集》历史编第二卷,北京:人民出版社,1982年。
2 荆门市博物馆:《郭店楚墓竹简》,北京:文物出版社,1998年。
3 孔子名、字的由来,当与其生理特征有关。详见彭华:《孔子名字新解》,《思想家》第一辑,成都:巴蜀书社,2005年,第181—184页。

专心从事著述和教育事业(《史记·孔子世家》)。

研究孔子的思想,最基本的资料是《论语》。但是,诚如金景芳所言,"如果株守一部《论语》,而对于孔子所删述的诗书礼乐易春秋毫无了解或不愿意了解,则对孔子思想的研究,只能是挂一漏万,是不能做到全面地如实地评价孔子"[1]。具体来说,除《论语》外,还有《孔子家语》[2]和《周易》等。

《周易》,又称《易》、《易经》,包括经、传两部分。经,确切的称谓是《易经》,包括六十四卦的卦辞和三百八十六爻的爻辞(《乾》、《坤》分别多出"用九"、"用六");传,确切的称谓是《易传》,共十篇,因为是辅助"经"的羽翼,所以又叫"十翼",即《彖传》上下、《象传》上下、《文言》、《系辞》上下、《说卦》、《序卦》、《杂卦》。

1973年12月,长沙马王堆三号汉墓出土了一大批具有重要历史价值的帛书。根据同时出土的一件纪年木牍,可以断定该墓下葬的年代是汉文帝前元十二年(公元前168年)。其中有《易》类作品数种:(1)《周易》(《六十四卦》),无篇题;(2)《系辞》,无篇题;(3)《周易》卷后佚书(《要》、《缪和》、《昭力》、《二三子问》、《易之义》)。

《周易》本为周人占筮之书("卜筮之书"),经的卦辞和爻辞

---

[1] 金景芳:《中国奴隶社会史》,上海:上海人民出版社,1983年,第289页。
[2] 《孔子家语》并非伪书,它的原型早在汉初就已经存在,后经从孔安国到孔猛等数代孔氏学者的陆续编辑增补。《孔子家语》整体诚然不伪,但细部则很难论定。

是长期积累的占筮资料。顾颉刚（1893—1980）援引王国维等对古史的研究，推定《周易》卦爻辞"著作年代当在西周初叶"[1]。李学勤（1933—2019）认为此说"精确不磨"[2]；其后虽有不同见解，但未能改变这一观点[3]。

孔子与《周易》的关系至为密切，尤以与《易传》的关系最为密切。《论语·述而》说："加[4]我数年，五十以学《易》，可以无大过矣。"《论语·子路》云：子曰："南人有言曰：'人而无恒，不可以作巫医。'善夫！""不恒其德，或承之羞。"子曰："不占而已矣。""不恒其德，或承之羞"，是《周易》恒卦九三的爻辞，孔子引此以说明人必须有恒。《史记·孔子世家》说："孔子晚而喜《易》，序《彖》、《系》、《象》、《说卦》、《文言》。读《易》，韦编三绝。曰：'假我数年，若是，我于《易》则彬彬矣。'"[5]《汉书·儒林传》说："（孔子）盖晚而好《易》，读之韦编三绝，而为之传。"[6]《汉书·艺文志》说："孔氏为之《彖》、《象》、《系辞》、《文言》、《序卦》之属十篇。"[7] 马王堆汉墓帛书《要》篇云："夫子老而好易，居则在席，行则在囊。"《史记》、《汉书》说孔子读

1　顾颉刚：《周易卦爻辞中的故事》，《古史辨》第三册，上海：上海古籍出版社，1982年。

2　李学勤：《关于〈周易〉的几个问题》，《古文献丛论》，上海：上海远东出版社，1996年，第4页。

3　李学勤：《周易经传溯源》，长春：长春出版社，1992年，第1—14页。

4　《史记》卷四十七《孔子世家》作"假"（第1937页）。

5　《史记》卷四十七，北京：中华书局，1982年第二版，第1937页。

6　《汉书》卷八十八，第3589页。

7　《汉书》卷三十，第1704页。

《易》"韦编三绝",看来绝非虚语。

自从1939年撰作《易通》以来,金景芳始终坚定地认为,孔子是《易传》的作者,孔子的哲学基础在《易传》;今传世的所谓《易》"十翼","虽不是孔子亲手写定,但其中当有一部分是经孔子鉴定而保存下来的旧说,有一部分是七十子后学所记。基本上应属于孔子","今天我们所能看到的《周易》哲学,毋宁说就是孔子哲学,因为孔子的哲学正是导源于《周易》,是和《周易》的哲学思想一致的"[1]。李学勤认为,孔子曾经作过《易传》(自然未必与今本面貌完全相同)[2],孔子"自己撰成了《易传》(至少其中一部分)",孔子与《易传》的关系"也一定不限于是个读者,而是一定意义上的作者","他所作的,只能是解释经文的《易传》"[3]。帛书经文要晚于今传本经文的出现,是根据阴阳学说重排卦序的一种别本;帛书《周易》整体的形成是很迟的,有可能晚至秦亡以后,它应该是楚地易学一派整理的结果,而《缪和》、《昭力》篇中所记诸人,便是这一派的经师[4]。总之,借《易传》以研究孔子思想,绝非毫无理据之举。

---

[1] 金景芳:《关于孔子研究的方法论问题》,《哲学研究》,1979年第11期;后收入《古史论集》,济南:齐鲁书社,1981年,第283页。

[2] 李学勤:《从帛书〈易传〉看孔子与〈易〉》,《中原文物》,1989年第2期;后收入《周易经传溯源》,长春:长春出版社,1992年。

[3] 李学勤:《关于〈周易〉的几个问题》,《古文献丛论》,上海:上海远东出版社,1996年,第5页。

[4] 李学勤:《帛书〈周易〉的几点研究》,《文物》,1994年第1期;后收入其《古文献丛论》,第28、32页。

三、《周易》与阴阳

根据笔者的完全统计，在《论语》一书中，绝不见"阴阳"连言之例；"阴"字仅出现一次（《宪问》），系引《尚书》篇章，且未对"阴"做直接论述[1]；"阳"字出现四次，一次作山名（"首阳"）(《季氏》)，三次作人名（"阳货"、"少阳师"、"阳肤"）（分别见《阳货》、《微子》、《子张》），并无深意可挖。下面，笔者将以《周易》为个案，集中探讨其中的阴阳思想。

在先秦两汉之人的理论视野里，《周易》与阴阳的关系至为密切。《庄子·杂篇·天下》："《诗》以道志，《书》以道事，《礼》以道行，《乐》以道和，《易》以道阴阳，《春秋》以道名分。"成玄英疏："《易》明卦兆，通达阴阳。"《释文》："道志，音导。"[2] 朱熹高度赞誉此说，"如说'《易》以道阴阳，《春秋》以道名分'等语，后来人如何下得？它直是似快刀利斧，辟截将去，字字有著落"；又说："若见不分晓，焉敢如此道？"（《朱子语类》卷一二五）汉人依然作如是观。《史记·太史公自序》："《易》著天地阴阳四时五行，故长于变。"《盐铁论·论灾》："大夫曰：文学言

---

[1] 《论语·宪问》："子张曰：'书云："高宗谅阴，三年不言。"何谓也？'子曰：'何必高宗，古之人皆然。君薨，百官总己以听于冢宰，三年。'"

[2] ［清］郭庆藩：《庄子集释》，《诸子集成》第三册，上海：上海书店出版社，1986年，第462页。

刚柔之类，五胜相代生。《易》明于阴阳，《书》长于五行。"西晋出土的汲冢竹简本《周易》，便有《阴阳说》之篇（杜预《春秋经传集解·后序》）。马王堆汉墓帛书《易之义》开篇即云："易之义，唯[1]阴与阳，六画而成章。"

但令人困惑不已的是，《周易》卦、爻辞中仅有一处用到"阴"字，与"《易》以道阴阳"之评论极不成比例。《周易·中孚》九二："鸣鹤在阴，其子和之。"此处的"阴"字，意为暗昧、幽远[2]，通假为"荫"，意谓雄鹤在树荫下鸣叫，雌鹤（一说幼鹤）循声应和。可以看出，其中并无高远深邃的哲学含义。故有人说《易》不谈阴阳，由此而坚决反对阴阳思想源出《周易》一说[3]。其实，这是对《庄子》文本的严重"误读"（misread）。

对于"《易》以道阴阳"、"《易》明于阴阳"二语，这里有两点需要特加辨析。首先，贯穿《易经》的主导思想是阴阳的对立统一，--是阴，—是阳；可以毫不夸张地说，没有--、—之间的对立统一及相互渗透、转化的意识，就没有《易经》。其

---

1 帛书字，陈松长、廖名春释文作"谁"，并以为与"唯"相通（《帛书〈二三子问〉、〈易之义〉、〈要〉释文》，《道家文化研究》第三辑，上海：上海古籍出版社，1993年，第429页）。丁四新认为当释读为"谇"，义为道说、告诉；又疑当读为"萃"，义为聚集，即《周易》的大义聚集、集中在阴阳观念上（《〈易传〉类帛书零札九则》，《周易研究》，2007年第2期，第5—6页）。

2 [魏]王弼、韩康伯注，[唐]孔颖达疏：《周易正义》卷六，北京：北京大学出版社，1999年，第243页。

3 胡维佳：《阴阳·五行·气观念的形成及其意义——先秦科学思想体系试探》，《自然科学史研究》，第12卷第1期，1993年，第16—28页。

次，真正大谈特谈阴阳的不是《易经》而是《易传》（尤其是《系辞》），是《易传》将《易经》的阴阳思想提炼出来，并将其上升到哲学的高度。

八卦由阴爻（- -）和阳爻（—）两种符号构成，它们是《易经》体系的基本构件。但阴爻、阳爻最先并不是由- -、—两个符号来表示的，而是用偶数和奇数来表示的。早在北宋重和元年（1118年），湖北孝感就曾经出土过带有"奇字"的青铜器（如中方鼎、中斿父鼎、董伯簋等[1]）。中华人民共和国成立后，出土的带有这类"奇字"的青铜器和甲骨文日渐增多，李学勤由此而联想到《周易》的"九"、"六"[2]，但并未对此做进一步的说明。嗣后，唐兰（1901—1979）撰文讨论这一问题，正确指出这种"奇字"由数字组成，但未能指出这些数字与易卦的联系，仍然视之为文字，不过是"殷和周以外的一个民族的文字"[3]。1978年12月，在长春召开的第一届古文字学术讨论会上，张政烺（1912—2005）做了《古代筮法与文王演周易》的发言，第一次具体地运用《周易·系辞》所载八卦揲筮法的原理来解释周原新出土甲骨上的这类记数符号，确认它们为八卦的数字符号[4]。回到北京后，

---

1 《啸堂集古录》卷上，《三代吉金文存》卷三、六、十二，《怀米山房吉金图》卷上，《殷周金文集成》10571。

2 李学勤：《谈安阳小屯以外出土的有字甲骨》，《文物参考资料》，1956年第11期。

3 唐兰：《在甲骨金文中所见的一种已经遗失的中国古代文字》，《考古学报》，1957年第2期。

4 《吉林大学古文字学术讨论会纪要》，《古文字研究》第一辑，北京：中华书局，1979年。

张政烺又广泛搜集甲骨、铜器上的有关材料，撰文系统讨论数字卦问题[1]。自从张政烺"凿破鸿蒙"、成功释读古文"奇字"后[2]，学者们踵武其说，续有论著发表[3]。除少量反对意见外[4]，学术界基本上达成了一个共识：《易》之阴爻、阳爻，本起源于数字之奇、偶，后来才固定为− −、—符号（其前身大概就是六和一[5]）。直至后来，《系辞下》还说"阳卦奇，阴卦偶"。

笔者对此的概括是：从人类思维的逻辑发展历程来看，贯通于《易》的对立统一思想的形成，大致经历了"三部曲"——从数字之奇、偶，到符号之− −、—，再由− −、—符号到"阴"、

---

1 张政烺：《试释周初青铜器铭文中的易卦》，《考古学报》，1980年第4期，第403—415页。后收入张政烺著，李零等整理：《论易丛稿》，北京：中华书局，2012年，第1—25页。
2 李零在《写在前面的话——读〈张政烺论易丛稿〉》写道，"学界公认，这是凿破鸿蒙的大发现"。（李零撰，孟繁之编：《小字白劳：李零自序集》，北京：生活·读书·新知三联书店，2013年，第450页。）
3 张亚初、刘雨：《从商周八卦数字符号谈筮法的几个问题》，《考古》，1981年第2期；李学勤：《周原甲骨的几点研究》，《文物》，1981年第9期；张政烺：《易辨——近几年根据考古材料探讨〈周易〉问题的综述》，《周易纵横录》，武汉：湖北人民出版社，1986年；李零：《跳出〈周易〉看〈周易〉——"数字卦"的再认识》，《传统文化与现代化》，1997年第6期；蔡运章：《商周筮数易卦释例》，《考古学报》，2004年第2期。
4 李宗焜：《数字卦与明堂文》，《"中央研究院"历史语言研究所集刊》，第七十七本第二分，2006年，第279—318页。李宗焜认为，数字卦与易卦是两个不同的系统，两者并非一脉相承的关系。
5 从考古资料来看，"一"和"六"的使用频率之高是非常醒目的，这说明它们"已经不是筮数的自然现象，而是作为奇偶的符号"，而"一是奇数也是阳数，六是偶数也是阴数，使人很自然地感觉到一、六就是阳爻（—）、阴爻（− −）的前身"（张政烺：《帛书六十四卦跋》，《文物》，1984年第3期）。

"阳"思想。当然,这主要是立足于逻辑推演而排出的序列,并不完全与历史情形相一致[1],因为就目前所发现的材料而言,数字卦从商代沿袭至战国西汉前期,数字卦与符号卦一度并行于世;但不可否认的是,符号卦最终取代了数字卦,而且阴阳思想亦获得了长足的发展。"三部曲"的完成表明,中国古人的思维力度是逐层推进的——由浅入深、由表及里、由具象到抽象。毋庸置疑,蕴藏于《周易》之中的深邃的哲学思想,是中华民族辩证思想的珍贵结晶,是中华文化的宝贵精华。

《周易》本为卜筮之书,这是无须为之辩护的。《周易》起源于占筮之法,卦爻辞原本是筮辞,这在现代学者间早已是众口一词。支持这一观点的证据举不胜举,此仅以"八卦的起源"为证。郭沫若认为,八卦起源于古代的生殖崇拜,阴爻(- -)象征女阴,阳爻(—)象征男性生殖器[2]。此说虽然新奇,但不可信据。

---

1 比如说,葛志毅就认为,数字卦所具有的奇偶意识与符号卦所具有的阴阳意识应该是相通的,只不过二者的表现形式有异;"尽管如今发现了商周数字卦,也不足以证明一定是先有数字卦而后有符号卦,因为考古发现往往有其偶然性与局限性"。(《〈周易〉阴阳与〈洪范〉五行》,《谭史斋论稿续编》,哈尔滨:黑龙江人民出版社,2004年,第221页。)而李学勤近年来则改变了看法,认为通行观点以为是"数字卦"即筮数的,其实不是数字,而是卦画;迄今已发现的筮数的时代限于商代晚期到西周中叶,而卦画在文物中的出现只能追溯至战国中晚期,和筮数并不相接,也没有传袭的关系。(《出土筮数与三易研究》,《重写学术史》,石家庄:河北教育出版社,2002年;《论战国简的卦画》,《文物中的古文明》,北京:商务印书馆,2008年。)
2 郭沫若:《中国古代社会研究》,北京:人民出版社,1964年第二版,第26页;《郭沫若全集》历史编第一卷,北京:人民出版社,1982年,第33页。在郭沫若之前,钱玄同已有此一说(《答顾颉刚先生》,《古史辨》第一册,上海:上海古籍出版社,1982年)。

汪宁生（1930—2014）曾经比较详细地考察过流行于西南少数民族地区的占卜法，并与《周易》做比较而进行研究，认为可以在四川凉山彝族一种叫"雷夫孜"的占卜方法中找到八卦的源头。他由此得出以下三点结论：（1）阴爻（--）和阳爻（—）是古代巫师举行筮法时用来表达奇数和偶数的符号，八卦则是三个奇偶数的排列和组合；（2）不论是八卦中的三爻或《易经》六十四卦中的六爻，其卦象都是数占和符号，它们之中毫无其他高深的含义——假如一定要找到其中有什么哲学思想的话，那最多也只能说是一种数字神秘主义；（3）把八卦说成是一种高深莫测之物，完全出于儒生和方士的夸饰和神化[1]。这三点结论，第一、三点可信可从，第二点则将信将疑；因为《周易》虽为卜筮之书，但其中也包含着一定的哲理（八卦后来成为"概念库"[2]，是中国古人"类"思维的体现之一），《周易》的理论价值是不容抹杀的（详见下文）。

随着《易经》影响的扩大，它的性质和功能逐渐发生了变化，世人不断在义理层面做引申和发挥，发掘蕴涵于《易经》之中的哲学思想。这一工作之肇端当不晚于春秋之世，仔细剖析《左传》所载诸例，就能发现其端倪。兹仅举一例。《左传》襄公九年穆

---

1 汪宁生：《八卦起源》，《考古》，1976年第4期，第242—245页。收入《民族考古学论集》时（北京：文物出版社，1989年，第145—150页），汪宁生对原文做了较大程度的改动。
2 [英]李约瑟：《中国科学技术史》第二卷《科学思想史》，北京·上海：科学出版社、上海古籍出版社，1990年，第353页。

姜引《周易》曰："随，元、亨、利、贞，无咎。"她又解释元、亨、利、贞四德，"元，体之长也；亨，嘉之会也；利，义之和也；贞，事之干也。体仁足以长人，嘉德足以合礼，利物足以和义，贞固足以干事。然，故不可诬也，是以虽随无咎。今我妇人，而与于乱，固在下位，而有不仁，不可谓元；不靖国家，不可谓亨；作而害身，不可谓利；弃位而姣，不可谓贞。有四德者，随而无咎。我皆无之，岂随也哉？我则取恶，能无咎乎？必死于此，弗得出矣。"春秋时期的易占体例，大致不出变卦说、取象说、取义说三种，"但以物象和卦义解说各卦的性质，实际上是从自然现象和人类生活中的各种关系考察卦爻辞的吉凶。这样，便将六十四卦中的筮辞成分，开始逻辑化、系统化，从而使《周易》走上了哲理化的道路"；进入战国之后，易说的特点是以阴阳刚柔观念解释《周易》的卦象和卦爻辞的内容[1]。

将《周易》由卜筮之书提升为哲理之书的，就是后人所说的《易传》。《易传》的出现，是《易》学史上划时代的一件大事。环视东周禹域，足以胜膺此重任者，仅三数人而已；知识广大渊博、思维深邃敏锐、思想博大精深的孔子[2]，自然是最佳人选。上引"元，体之长也"四语，见于《周易·乾·文言》（文字小异）。金景芳分析说，这可能是孔子以前的成说，为孔子所吸收而将其写

---

1 朱伯崑：《易学哲学史》第一卷，北京：华夏出版社，1995年，第28、40页。
2 可参看本节上文"孔子思想的三个层面"。

入《易传》[1]。散见于他书的类似之例还不少，它们"可以证明孔子生时所见到的易学佚闻旧说尚多"；但它们均不足以推翻孔子乃《易传》作者这一说法，"正是由于孔子具备了这样多的优越条件，所以他能著成此书"[2]。

金景芳斩钉截铁地指出，"《周易》一书的精华所在在于思想，而思想则主要寓于六十四卦的结构之中"[3]。蕴藏于六十四卦结构之中的阴阳思想，就是《易经》的光辉思想之一；在嗣后成文的《易传》中，阴阳思想被精炼无比地提炼出来，被痛快淋漓地表述出来。故金景芳说，在《周易》一书里，阴阳说是"贯穿在一切方面的基本思想"[4]。

许多学者都指出，阴阳是贯穿于宇宙间的大道理，《周易》的卦符--、—正是阴阳的象征；因此，理解阴阳的内涵是读解《周易》的基本条例之一[5]。比如，八卦由阴阳爻组合而成，其象征旨趣在六十四卦大义中得到反复印证；八卦两两相重而成六十四卦，六十四卦的出现，形成了《周易》以阴阳爻象为核心、以八卦物象为基础的完整的符号象征体系。在《易传》十篇中，阴阳思想被传达得酣畅淋漓。

---

1 金景芳：《周易讲座》，长春：吉林大学出版社，1987年，第28页。
2 金景芳：《周易讲座》"序"，长春：吉林大学出版社，1987年，第5页。
3 金景芳、吕绍纲：《周易全解》，长春：吉林大学出版社，1989年，第2页（"序"）。
4 金景芳：《西周在哲学上的两大贡献——〈周易〉阴阳说和〈洪范〉五行说》，《古史论集》，济南：齐鲁书社，1981年，第172页。
5 如黄寿祺即力主此说（黄寿祺等：《周易译注》，上海：上海古籍出版社，1989年）。

先说阴阳相对相待（对待）思想。

《易传》认为，世间万事万物都具有相对相待的性质，一切现象概莫能外。《说卦》说："昔者圣人之作《易》也，将以顺性命之理，是以立天之道曰阴与阳，立地之道曰柔与刚，立人之道曰仁与义。兼三才而两之，故《易》六画而成卦。分阴分阳，迭用柔刚，故《易》六位而成章。"天地人"三才"之道分别以阴阳、柔刚、仁义三个相互对待的范畴来表示，用语虽不同，义理却一致，即万事万物均可以"一分为二"。就《说卦》看来，"阴阳"尚未凌驾于其他对待范畴之上，尚未取得独尊的地位。或谓《说卦》篇晚出[1]，但衡之以"阴阳"所居之地位及其抽象程度，笔者实不敢苟同晚出说，故持论恰好与之相反。马王堆汉墓帛书《要》篇亦有"一分为二"思想，且与《说卦》此说颇相似。其文云（释文采宽式）："子曰：……故易又（有）天道焉，不可以日月生（星）辰尽称也，故为之以阴阳。又（有）地道焉，不可以水火金土木尽称也，故律之以柔刚。又（有）人道焉，不可以父子君臣夫妇先后尽称也，故要之以上下。又（有）四时之变焉，不可以万勿（物）尽称也，故为之以八卦。"[2]《要》篇以"阴阳"、

---

[1] 认为《说卦》晚出者多有其人。杨伯峻说："《说卦》、《序卦》、《杂卦》三篇，写作更晚。三篇之中，《说卦》很可能较早。总之三篇或许在汉初，或许晚到汉宣帝。"（杨伯峻：《周易》，《经书浅谈》，北京：中华书局，1984年，第14页。）

[2] 陈松长、廖名春：《帛书〈二三子问〉、〈易之义〉、〈要〉释文》，《道家文化研究》第三辑，上海：上海古籍出版社，1993年，第435页；廖名春：《帛书〈要〉释文》，《国际易学研究》第一辑，北京：华夏出版社，1995年，第29页。

"柔刚"表天道、地道,此与《说卦》相同;但以"上下"表人道,则与《说卦》不同;而多出的四时,则以"八卦"表示。传世本《系辞上》则以"阖辟"、"乾坤"表示事物的相对相待,"阖户谓之坤,辟户谓之乾,一阖一辟谓之变"。在整部《十翼》中,用以表示相对相待的概念有数十种之多[1],堪与《老子》相媲美。和《老子》一样,《易传》最为钟情的仍然是"阴阳",最终将"阴阳"提炼为一对形而上的抽象的范畴[2]。

再说阴阳与气的关系。

在《老子》那里,阴阳和气的关系不是非常明晰;在《易传》这里,情形亦相仿佛。《易传》全文不见"阴气"一词,"阳气"仅仅出现过一次。《乾·文言》云:"'潜龙勿用',阳气潜藏。"除"阳气"一词外,"气"还出现过五次。《乾·文言》:"子曰:'同声相应,同气相求。水流湿,火就燥,云从龙,风从虎,圣人作而万物睹,本乎天者亲上,本乎地者亲下,则各从其类也。'"《咸·彖》:"咸,感也。柔上而刚下,二气感应以相与。"《说卦》:"天地定位,山泽通气,雷风相薄,水火不相射,八卦相错,数往者顺,知来者逆,是故易逆数也。"以上三例,强调的均是"气"的感应与沟通。它们认为,如此而为,方可使万事万物处于良性的运行状态;这实际上就是古人所说的"和",

---

1 据俞晓群统计,这样的概念不下于五十五对(《数术探秘:数在中国古代的神秘意义》,北京:生活·读书·新知三联书店,1994年,第43—44页)。
2 关于《老子》的阴阳思想及其贡献,请参看本章第二节《道家》。

故《乾·彖》说"保合大和，乃利贞"。这样一来，就不由得使人联想到以下二事。一是伯阳父以天地之气、阴阳二气的上升与下降、通达与壅塞来解释地震，"夫天地之气，不失其序；若过其序，民乱之也。阳伏而不能出，阴迫而不能烝，于是有地震"（《国语·周语上》）。《易传》说"同气相求"、"二气感应"、"山泽通气"，所秉持主旨与伯阳父如出一辙，而《易传》高明于伯阳父的地方就在于它突出了一个"和"字。因此，笔者又联想到第二件事，即"和""同"之辨。"和""同"之辨，首出史伯之口，"夫和实生物，同则不继。以他平他谓之和，故能丰长而物归之；若以同裨同，尽乃弃矣"（《国语·郑语》）。史伯认为，阴阳和而万物生、土气和而物生之（据韦昭注）。另据《左传》昭公二十年记载，晏子曾经以饮食、音乐为比方，跟齐景公谈论过"和"与"同"之异，"若以水济水，谁能食之？若琴瑟之专一，谁能听之？同之不可也如是"。史伯、晏子的"和""同"思想，后为《易传》所继承（孔子及其弟子又将其发扬光大于社会领域[1]）。《睽·彖》曰："睽，火动而上，泽动而下。二女同居，其志不同行。"《说卦》说："故水火相逮，雷风不相悖，山泽通气，然后能变化，既成万物也。"由此可以看出，《易传》文字中涌动着丰富

---

1 《论语·子路》："子曰：君子和而不同，小人同而不和。"《论语·学而》："有子曰：'礼之用，和为贵，先王之道斯为美。小大由之，有所不行，知和而和，不以礼节之亦不可行也。'"有子此说，当是孔子之说的发扬；而"先王之道斯为美"更表明，孔门"和""同"之说是源源有自。

的气论思想，强调气的感应与沟通及其和谐状态；虽然偶语"阳气"，但终究没有明确而完整地提出"阴气""阳气"概念，此与《老子》不谋而合，实乃"同归而殊涂，一致而百虑"（《系辞下》）之又一佳例。西汉孟喜、京房在解释《周易》一书的原理，发展了《易传》中的阴阳学说，鲜明地提出了阴阳二气说，是为"卦气说"。

次说阴阳与发展变化思想。

《系辞上》说："富有之谓大业，日新之谓盛德，生生之谓易，成象之谓乾，效法之为坤，极数知来之谓占，通变之谓事，阴阳不测之谓神。夫易，广矣大矣。……广大配天地，变通配四时，阴阳之义配日月，易简之善配至德。子曰：《易》，其至矣乎！夫《易》，圣人所以崇德而广业也。知崇礼卑，崇效天，卑法地。天地设位，而易行乎其中矣。成性存存，道义之门。"《系辞下》说，"天地之大德曰生，圣人之大宝曰位"，"乾，阳物也；坤，阴物也。阴阳合德而刚柔有体"，"阳卦奇，阴卦偶"。由此可以看出，《易传》肯定变化的普遍性和永恒性，肯定对立面的相互转化是最根本的规律，而变化的根源就在于对立面的相互作用（"刚柔相推而生变化"）。总之，《易传》视阴阳之间的相互作用为宇宙万物演化和运动的基本规律（"道"）；事物的发展变化既有客观的规律，又无固定不变的模式（"阴阳不测之谓神"）。

最后说阴阳与道的关系。

见诸《系辞上》的"一阴一阳之谓道"一语，既是《易传》辩证思维的核心命题，更是彪炳青史的千古绝唱。朱伯崑（1923—2007）极度褒扬"一阴一阳之谓道"命题，它"可以说是我国古代哲学中两点论的代表"，"是对先秦以来辩证思维发展的总结"[1]。

"一阴一阳之谓道"，究竟是什么含义呢？熏染玄学的晋人韩康伯，以"无"释"道"，"道者何？无之称也，无不通也，无不由也"；遵守"疏不破注"原则的唐人孔颖达，亦复如是，"一谓无也，无阴无阳，乃谓之道"，"云'道者何？无之称也'者，此韩氏自问其道而释之也。道是虚无之称，以虚无能开通于物，故称之曰道"[2]。宋代理学家程颐云："一阴一阳之谓道，道非阴阳也，所以一阴一阳，道也。"（《二程集·河南程氏遗书》卷三）又云："离了阴阳更无道，所以后阴阳者是道也。"（《二程集·河南程氏遗书》卷十五）这是古人对"一阴一阳之谓道"的解释，所说虽然大致不误，但尚未尽发沉覆。相较而言，今人朱伯崑的阐释则全面得多、深刻得多。朱伯崑认为，这一命题包含三个方面的深意：一是阴阳相依，阴阳相互依存、相互渗透，宇宙间并无孤阴孤阳的事物；二是阴阳相济，阴阳相通相资、相互补充、相反而相成；三是阴阳和谐，事物发展的最佳状态是对立

---

[1] 朱伯崑：《易学哲学史》第一卷，北京：华夏出版社，1995年，第80—81页。
[2] [魏]王弼、韩康伯注，[唐]孔颖达疏：《周易正义》卷七，北京：北京大学出版社，1999年，第268—269页。

面的和谐相处，而不是分崩离析，更不是同归于尽[1]。后来，朱伯崑又将《易传》的阴阳思想概括为"阴阳对待思维"或"两元互补原则"，以之为中华科技思维的一大特色[2]。可以毫不夸张地说，《易传》业已将"阴阳"上升为"范围天地"、"曲成万物"（《系辞上》）的最高的哲学范畴，并建立了一个完整的哲学思想体系。

老子说"道生一，一生二，二生三，三生万物。万物负阴而抱阳，冲气以为和"（《老子》第四十二章），赋予"阴阳"以高度抽象的哲学含义，将"阴阳"抽象为万物普遍具有的两种相反相成的对立的属性与作用，第一次将"阴阳"概念提升为一对哲学范畴，对中国古代文化做出了无比巨大的贡献[3]。

由上文可以看出，孔子作《易传》，将"阴阳"思想精炼无比地提炼出来、痛快淋漓地表述出来，对先秦辩证思想做了重大的总结和提升；孔子对"阴阳"思想的贡献，绝不在老子之下。二人交相辉映、光照千古。

1　朱伯崑：《朱伯崑论著》，沈阳：沈阳出版社，1998年，第705—706页。
2　朱伯崑：《易学与中国传统科技思想》，《哲学杂志》第16期，1996年。该文后收入《朱伯崑论著》，沈阳：沈阳出版社，1998年。
3　请参看本书第三章第一节。

第三节 "阴阳之和,莫不有也"
——《墨子》与阴阳

一、墨家概要

(一)墨子生平

墨子,姓墨,名翟,墨家学派的创始人。战国时期,墨家与儒家并称"显学";但关于墨子的身世,由于书阙有间,到司马迁时已是扑朔迷离。司马迁为墨子所写的"小传",仅有短短的二十四字,并且语焉不详,"盖墨翟,宋之大夫,善守御,为节用。或曰并孔子时,或曰在其后"[1]。

关于墨子的生卒年,学术界尚无统一的说法。一般认为,墨子约生活于春秋末年至战国初年(约公元前480—前376年间[2]),此无疑义。

关于墨子的籍贯,有宋人、鲁人、楚人、齐人诸说,以及印度人(婆罗门教徒、佛教徒)、阿拉伯人(回教徒)说[3]。张知寒

---

1 [汉]司马迁:《史记》卷七十四《孟子荀卿列传》,北京:中华书局,1982年第二版,第2350页。
2 关于墨子的生卒年,孙诒让(1848—1908)考证为约前468—前376年,钱穆(1895—1990)考证为前480—前390年,方授楚(1898—1965)考证为前490—约前403年(《墨学源流》,第10—14页),任继愈(1916—2009)认为是约前480—前420年(《墨子生卒年简考》,《文史哲》,1962年第2期;《墨子与墨家》,北京:商务印书馆,1998年,第327页)。
3 方授楚《墨学源流》下卷《墨子之姓氏国籍学说辩》对此二说痛加驳斥[《墨学源流》,"民国丛书"第四编第五册,上海:上海书店,1992年(据中华书局1937年版影印),1989年,第17—100页]。

(1928—1998)力主墨子鲁人说,考证墨子诞生地在今山东省滕州市境内[1]。其说圆融自洽,学者多从之。墨子诞生于鲁国,后来又长期居住在鲁国,自可以鲁人视之。

关于墨子的出身,基本无异议。多数学者认为,墨子出身贫贱而低微。墨子自称"贱人",又自述"上无君上之事,下无耕农之难"(《墨子·贵义》),此当属"自报家门"。

下面略述墨子之简历。《庄子·天下》篇说墨子过着清贫而简朴的生活,而墨子亦主张"量腹而食,度身而衣"(《墨子·鲁问》)。墨子是当时的能工巧匠,尝削木为鸢,"飞一日而败"(《韩非子·外储说左上》)[2];其技艺之高超,甚至不亚于巧匠公输般(《墨子·公输》、《淮南子·齐俗训》)。墨子尤善于制造防御器械,曾经止楚攻宋(《墨子·公输》)[3]。墨子又是博览群书、知识渊博的人,他曾经阅读过周、燕、宋、齐等国的《春秋》(《墨子·明鬼下》),——或谓墨子曾遍读"百国《春秋》"[4];《淮南子·主术训》将孔子与墨子并誉为"博通"之人,《修务训》美称

---

1 张知寒:《墨子里籍应在今之滕州说》,《滕州文史资料》第4辑,1988年;《墨子里籍新探》,《山东社会科学》,1988年第6期;《再谈墨子里籍应在今之滕州》,《文史哲》,1991年第2期。

2 《淮南子·齐俗训》说"鲁般、墨子以木为鸢而飞之,三日不集",与此略异。

3 此事又见《淮南子·修务训》、《吕氏春秋·开春论·爱类》等。

4 《隋书·李德林传》载李德林《答魏收书》说:"墨子又云:'吾见百国《春秋》。'"(《隋书》卷四十二,北京:中华书局,1973年,第1197页)。墨子此语,又见《史通·六家·春秋》([唐]刘知几撰、[清]浦起龙释:《史通通释》,上海:上海古籍出版社,1978年,第7页)。

二人为"通士",良有以也。墨子又是勤奋求知的人,纵使在出游卫国的途中,车中亦"载书甚多"(《墨子·贵义》)。墨子一生的足迹,以鲁国为中心,曾经北上齐国,西至宋卫,南下楚国,甚或涉足越国。

(二)墨家学派

先秦诸子"九流十家",唯有墨家以其创始人名家[1]。墨子以他毕生的精力创立了墨家学派,有弟子数百人(《墨子·公输》)。墨子死后,墨家有所分化,尝一分为三[2];但墨家根本的学术观点和团体组织仍大体保持一致,且队伍不断壮大。鼎盛时期的墨家,堪与儒家比肩而立,"孔、墨之弟子徒属充满天下"(《吕氏春秋·似顺论·有度》),"(孔、墨)从属弥众,弟子弥丰,充满天下。……孔、墨之后学显荣于天下者众矣,不可胜数"(《吕氏春秋·仲春季·当染》)。

信奉墨子学说的人称为"墨者",墨者有严密的组织,其领袖称"巨(钜)子";墨者内部有着严格的纪律,甚至还有一定法规,"墨者之法曰,杀人者死,伤人者刑"(《吕氏春秋·孟春纪·去私》);墨者的生活极为清苦,但他们都非常勇敢,"赴火

---

[1] 持此论的学者甚多,方授楚即其一,"墨学为墨子所独创。故九流多以其学术名家,而'墨'乃独举其倡导者一人之姓以名家,此与众不同者也"(《墨学源流》,第74页)。

[2] 《韩非子·显学》说"墨离为三","自墨子之死也,有相里氏之墨,有相夫氏之墨,有邓陵氏之墨"。关于墨家的分化情况,另可参看《庄子·天下》篇和《吕氏春秋·先识览·去宥》篇等。

蹈刃,死不还踵"(《淮南子·泰族训》)。

墨家在当时影响很大,与儒学并称"显学"(《韩非子·显学》)。除儒、墨二家外,当时影响很大的还有杨朱学派,"杨朱、墨翟之言盈天下。天下之言不归杨则归墨"(《孟子·滕文公下》),颇有与儒、墨鼎足而立之势。

(三)墨家思想

一般认为,墨子的思想代表了当时"农与工肆之人"的利益。司马谈《论六家之要指》(见《史记·太史公自序》)、班固《汉书·艺文志》都曾经概括过墨家的思想,但均不全面。综括而言,墨子提出了兼爱、非攻、尚贤、尚同、天志、明鬼、节葬、节用、非乐、非命等十大主张(人称"十论"),作为十大政治纲领宣传。其中,"兼爱"应当是墨子学说的核心与基础。《孟子·滕文公下》说:"墨氏兼爱。"《尸子·广泽》说:"墨子贵兼。"《吕氏春秋·审分览·不二》说:"墨翟贵廉。"(孙诒让说"廉"乃"兼"之借字[1]。)梁启超《墨子学案》也说,"墨学所标纲领,虽说十条,其实只从一个根本观念出发,就是兼爱","非攻是从兼爱衍生出来的","节用、节葬、非乐也出于兼爱","天志、明鬼是借宗教的迷信来推行兼爱主义"[2]。这是墨子的社会政治学说。

墨子的学说并没有深厚的理论基础,其主张是针对现实社会

---

[1] [清]孙诒让:《墨子间诂·墨子后语下》,《诸子集成》第四册,上海:上海书店出版社,1986年,第59页。

[2] 梁启超:《墨子学案》,《饮冰室合集》专集三十九,北京:中华书局,1989年。

存在的缺点有为而发，本身属于过渡性质的一种学说。荀子曾经批评墨子"蔽于用而不知文"（《荀子·解蔽》）、"有见于齐而无见于畸"（《荀子·天论》），可谓切中肯綮。

二、《墨子》说阴阳

据笔者统计，今本《墨子》五十三篇，"阴阳"连言三次；"阴"、"阳"分言二十五次（不含"阴阳"三例），其中"阴"字四次，"阳"字二十一次。其分布情况，可列表于下（见下页表）：

统计及分析结果显示，"阴"、"阳"分言时，一例表示天气（"阴雨"），七例表示地理方位，十七例作人名用（其中一例作神名，亦可划归此类）。以"阴"、"阳"表地理方位，均可以《说文解字》、《穀梁传》的释义通约之；即"水之南、山之北"为阴[1]，反之为阳[2]。总之，"阴"、"阳"分言之例显示：在《墨子》一书中，"阴"、"阳"并没有什么超经验的哲理含义。

至于"阴阳"连言的三例，则需要多费笔墨加以探讨。先看《辞过》篇的两个"阴阳"：

---

[1] 《说文解字·自部》："阴，闇也，水之南，山之北也。"
[2] 《穀梁传》僖公二十八年："水北为阳，山南为阳。"

第三章 阴阳学说的形成——春秋诸子时代

类别	句例	义类	出处	小计	总计
阴阳	凡回于天地之间，包于四海之内，阴阳之和，天壤之情，有也，虽至圣不能更也。	人类	辞过	一	三
	圣人有传：天地也，则曰上下；四时也，则曰阴阳。	自然	辞过	一	
	是以天之为寒热也节，四时调，阴阳雨露露也时，五谷孰，六畜遂，疾菑戾疫凶饥则不至。	自然	天志中	一	
阴	禹举益于阴方之中[1]	地理	尚贤上	一	四
	帝乃使阴暴[2]毁有夏之城	神名	非攻下	一	
	（尧）葬蛩[3]山之阴。	地理	节葬下	一	
	为卒千饭，人一二斗，以备阴雨。	天气	备城门	一	
阳	舜染于许由、伯阳	人名	所染	一	二十一
	尧举舜于服泽[4]之阳	地理	尚贤上	一	
	尧得之（舜）服泽之阳	地理	尚贤中	一	
	为卒千饭，人一二斗灰夺常阳[5]	地理	尚贤下	一	
	尧得之服泽之阳	地理	非攻下	一	
	（智伯）又围赵襄子于晋阳[6]	地理	非攻下	一	
	高阳乃命玄宫	人名			

续表

类别	句例	义类	出处	小计	总计
阳	阳货乱子齐	人名	非儒下	一	二十一
	鲁阳文君[7]	人名	耕柱	四	
	鲁阳文君	人名	鲁问	八	
	阳文君	人名	鲁问	一	

1 其地不详。《吴越春秋·越王无余传》曰:"禹让位商均,退处阳山之南,阴阿之北。"吴毓江引此文,并云:"此阴阳方名即所谓阴阳欤?"(《墨子校注》,北京:中华书局,1993年,第72页。)

2 昊(汶纶)云:阴暴,神名。(《墨子校注》,第233页。)

3 蛮,或作"邪""梁"。(《墨子校注》,第282页。)

4 "服泽"毕沅(1730—1797)疑即"蒲泽",吴毓江(1898—1977)疑即"顺泽"。(《墨子校注》,第72页。)

5 毕沅疑"常阳"即"恒山之阳",其说可参;另,俞樾(1821—1907)疑"反"乃"友"字之误,"友"即"販"之假字(《墨子校注》,第101—102页)。

6 孙诒让云:事在鲁悼公十五年(《墨子校注》,第216页)。

7 鲁阳,本为地名,在今河南省鲁山县,楚惠王授子公孙宽(楚平王之孙,司马子期之子)鲁阳之地,故称"鲁阳文君"(王焕镳:《墨子校释》,杭州:浙江文艺出版社,1984年,第337页),"《国语》所谓鲁阳文子也"(《淮南子·览冥训》高诱注)。又,在所出土的战国初期楚文献(如曾侯乙墓竹简、包山楚简等,兵器《如鲁阳公戟等》)中,有"鲁昜(阳)公",即楚国县大夫。《淮南子·览冥训》高诱注:"楚僭号称王,其守县大夫皆称公,故曰鲁阳公。"

凡回[1]于天地之间，包于四海之内，天壤之情，阴阳之和，莫不有也，虽至圣不能更也。何以知其然？圣人有传：天地也，则曰上下；四时也，则曰阴阳；人情也，则曰男女；禽兽也，则曰牝牡、雄雌也。真天壤之情，虽有先王，不能更也。虽上世至圣，必蓄私，不以伤行，故民无怨。官无拘女，故天下无寡夫。内无拘女，外无寡夫，故天下之民众。当今之君，其蓄私也，大国拘女累千，小国累百，是以天下之男多寡无妻，女多拘无夫。男女失时，故民少。君实欲民之众而恶其寡，当蓄私不可不节。

在本段引文中，第二个"阴阳"（"四时也，则曰阴阳"）的含义甚好确定，所指乃自然现象，即四时的阴阳变化（主要指寒暑的交替变易）。《辞过》此论，足可与《管子·四时》相发明，"四时者，阴阳之大经也"；亦可与郭店楚简《太一生水》相对照，"阴阳复相辅也，是以成四时"。相反，《辞过》此论却有别于《周易·系辞上》，"广大配天地，变通配四时，阴阳之义配日月"。相较而言，《辞过》和《太一生水》古义甚浓，而《系辞上》则当后

---

[1] 苏时学（1814—1874）云："回"当作"同"。王树枏（1851—1936）云：回与迥同物。《吕氏春秋·上德》篇"德迥乎天地"，高诱注云："迥，通也。"吴毓江案：《吕氏春秋》"德迥乎天地"之"迥"，王念孙（1744—1832）校为"週"字之误。若彼文依王校，则此"回"字当如苏校为"同"字之误。同、週字通（《墨子校注》，第59—60页）。

出。再看《墨子·天志中》篇的一个"阴阳","是以天之为寒热也节,四时调,阴阳雨露也时,五谷孰,六畜遂,疾菑戾疫凶饥则不至";此处所说"阴阳",与"四时也,则曰阴阳"几乎同出一辙,仍指自然界的阴阳变化,且"寒暑"之义更明。

综观《辞过》全篇,其所说"阴阳"("阴阳之和")还有男女、夫妇之义。该篇认为,"当今之王"[1]有"五者不可不节",即节宫室、节衣服、节饮食、节舟车、节蓄私,与《节用》等篇所持之旨一气贯通[2]。在阐述此五"节"时,所采取的思路是先述古之圣王如何"节",故古之民如何受"利",是以财用充足、霸业可成、民富国治、万民归顺、人口众多(依原文次序排列);在阐述五"节"的过程中,该篇在修辞上又采取了比较手法,论说"当今之王"如何不"节",故国、民如何承"弊"。两次出现的"阴阳"二字,恰好就在节"蓄私"部分。所谓"私",其义与《晏子春秋》相同,"且古圣王畜私不伤行"(《晏子春秋·内篇·谏下》);孙诒让(1848—1908)说,"私谓妾媵私人"[3],此

---

1 今本《墨子·辞过》篇用语极不统一,或作"当今之王",或作"当今之主",或作"当今之君"。此中差异,吴毓江有详细校勘(《墨子校注》,第50、54、59、60页)。古人著书注重相对为文,与古"圣王"相对者,"当今之王"也。故本处统称为"当今之王"。

2 王焕镳(1900—1982)说,《辞过》篇"无一语及于'辞过',而与《节用》上、中两篇内容全同,当为《节用下》篇原文",遂将此篇复其原名为《节用下》(《墨子校释》,杭州:浙江文艺出版社,1984年,第176—177页)。王氏此举,颇具参考价值。

3 [清]孙诒让:《墨子间诂》,《诸子集成》第四册,上海:上海书店出版社,1986年,第22页。

为的论。《辞过》本义是说古圣王在"蓄私"问题上节制而不泛滥，故未导致人口性别比失衡，从而影响人类自身的再生产，"内无拘女，外无寡夫，故天下之民众"；而"当今之王"则反其道而行之，"其蓄私也，大国拘女累千，小国累百，是以天下之男多寡无妻，女多拘无夫。男女失时，故民少"。最后总结全篇，"此五者不可不节"，并且特意点明"夫妇节而天地和"。由此可以看出，"阴阳之和"所述乃男女之和、夫妇之义。

以"阴阳"言男女、言夫妇，不但"古已有之"，而且"后亦承之"。马王堆帛书《黄帝四经·称》将天地万物划分为阴、阳两类，而人亦复如是，"男阳[女阴]"。西汉的董仲舒在分类时也踵武此道，"凡物必有合。……阴者阳之合，妻者夫之合，子者父之合，臣者君之合。物莫无合，而合各有阴阳。……君臣、父子、夫妇之义，皆取诸阴阳之道。君为阳，臣为阴。父为阳，子为阴。夫为阳，妇阴"（《春秋繁露·基义》）。东汉鲁丕（字叔陵）对策汉章帝时说："君为阳，臣为阴；君子为阳，小人为阴；京师为阳，诸夏为阴；男为阳，女为阴；乐和为阳，忧苦为阴。"（《后汉纪》卷十六《孝安皇帝纪上》）宋人朱熹的说法带有总结性质，"阴阳有相对言者，如夫妇男女、东西南北是也"（《朱子语类》卷六十五）。

第四章
阴阳学说的发展（一）——战国诸子时代

第一节 儒家："阴阳大化"——荀子说阴阳

一、荀子与《荀子》

荀子（前340—前238年之间）[1]，名况，又称荀卿、孙卿，战国时期赵国（今山西南部）人，先秦儒学的集大成者[2]。

据《史记·孟子荀卿列传》记载，荀子曾经游学于齐，三为稷下学宫"祭酒"；曾向秦昭王和赵孝成王推行他的政治主张，但未被采用；后至楚，被春申君任以为兰陵（今山东苍山县西

---

[1] 关于荀子的生卒年，异说颇多，或说前340—前245年，或说前328—前235年，或说前313—前238年，或说前298—前238年。本书此处采取的是折中的方法，即荀子生活于公元前340—前238年之间。

[2] 郭沫若说："荀子是先秦诸子中最后一位大师，他不仅集了儒家的大成，而且可以说是集了百家的大成的。"（《十批判书·荀子的批判》，北京：东方出版社，1996年，第218页。）

南）令，并终老于此。著名的法家人物韩非和李斯，都出自荀子之门。

关于荀子的著述，司马迁只有笼统的一句，"（荀卿）著数万言而卒"[1]。据西汉末年刘向《孙卿书书录》说，流传至西汉的《荀子》有三百二十二篇之多，刘向"除重复二百九十篇，定箸三十二篇"[2]；而《汉书·艺文志·诸子略》所著录的《孙卿子》，却是三十三篇。二说相较，当以刘向所说为是[3]。另外，《汉书·艺文志·诗赋略》又著录有《孙卿赋》十篇（盖十一篇之误[4]），即《荀子》三十二篇之《赋》篇和《成相》篇。唐朝元和年间，杨倞为《荀子》作注，改《孙卿新书》为《荀子》，并调整了原书篇目顺序，将三十二篇分为二十卷，大体相当于今天流传的本子。但即使是这三十二篇，也并非尽皆出于荀子之手。如《大略》、《宥坐》、《子道》、《法行》、《哀公》、《尧问》诸篇，杨倞谓系荀子弟子记述。但无论如何，《荀子》是研究荀子思想的第一手材料。

荀子的学说在周秦之际尝为儒者冠冕，名重一时，对汉代经学的传播影响很大。清人汪中（1744—1794）说，"荀卿之学出于孔氏，而尤有功于诸经"，"盖自七十子之徒既没，汉诸儒未兴，

---

1 《史记》卷七十四《孟子荀卿列传》，第2348页。

2 [战国]荀况撰，[唐]杨倞注：《荀子》附录《孙卿书书录》，上海：上海古籍出版社，1996年，第322页。

3 [清]王先谦《荀子集解·考证上》引王应麟《汉艺文志考证》："当云三十二篇。"（《诸子集成》第二册，上海：上海书店出版社，1986年，第4页。）

4 顾实：《汉书艺文志讲疏》，上海：上海古籍出版社，1987年，第177页。

中更战国、暴秦之乱，六艺之传赖以不绝者，荀卿也"[1]。严可均（1762—1843）亦云，"孔子之道在六经。自《尚书》外，皆由荀子得传"[2]。

二、荀子说阴阳

根据笔者的完全统计，在《荀子》一书中，"阴阳"连言共计六次，分别见于《王制》（一次）、《天论》（四次）、《礼论》（一次）三篇。"阴"单言无见，"阳"单言四次，或作地名，或作封君名，或谓阳光[3]；其义直而白，并无深刻的哲学含义。下面，笔者将结合这三篇中的六个"阴阳"，同时参照其他篇章，全面地阐述荀子的阴阳思想。

荀子的阴阳思想，集中体现在其思想体系的天道观（或自然观）一端。一般认为，荀子在论述天道问题时，所持的是唯物主义的立场。至于其思想渊源，则不尽出自儒家。郭沫若认为，荀子的天道思想融合了儒道两家，"这种思想和《易传》，特别是

---

[1] [清]王先谦:《荀子集解·考证下》引《荀卿子通论》,《诸子集成》第二册，上海：上海书店出版社，1986年，第14—15页。

[2] [清]严可均:《荀子当从祀议》,《铁桥漫稿》卷三。

[3] 《荀子·荣辱》："鯈鲢者，浮阳之鱼也。"杨倞注："浮阳，谓此鱼好浮于水上就阳也。……或曰，浮阳，渤海县名也。"《臣道》："韩之张去疾、赵之奉阳、齐之孟尝，可谓篡臣也。"此"奉阳"即"奉阳君"之省称（奉君名）。《强国》："楚人则乃有襄贲、开阳以临吾左，……听咸阳。"开阳、咸阳，均为地名。

《系辞传》的思想完全如出一范"[1]。郭说有理!

在宇宙本体论问题上,和古希腊的哲学家一样,中国先秦时期的思想家亦有一分野心;即试图回答世界多样性的统一问题,如世界的本原是什么,天地是如何构成的,万物是如何发生的,等等。但在荀子的思想体系里,诸如此类的问题显然不是他关心的焦点和探讨的重点。荀子在谈及"礼之三本"时,附带回答了个问题。《荀子·礼论》说:"礼有三本:天地者,生之本也;先祖者,类之本也;君师者,治之本也。无天地,恶生?无先祖,恶出?无君师,恶治?三者偏亡,焉无安人。故礼上事天,下事地,尊先祖,而隆君师。是礼之三本也。"又说:"天地合而万物生,阴阳接而变化起,性伪合而天下治。天能生物,不能辨物也;地能载人,不能治人也。宇中万物、生人之属,待圣人然后分也。"天地交合而化生万物,阴阳消长盈虚而产生变化;天地、阴阳是自在无为的,而人(圣人)则是积极有为的——"人"是被高扬的。在荀子这里,"阴阳"显然已被提升为一对抽象的范畴,而且所指并非阴气和阳气,此足可与《老子》第四十二章相对照[2]。追根溯源,荀子的这一思想来自《易传》。《周易·系辞下》说:"天地之大德曰生。……天地絪缊,万物化醇。"而《荀子·富国》亦云:"夫天地之生万物也,固有余足以食人也。"两

---

[1] 郭沫若:《青铜时代·先秦天道观之进展》,《郭沫若全集》历史编第一卷,北京:人民出版社,1982年,第371—375页。

[2] 参看本书第三章第一节的相关论述。

相对照，二者如出一辙。

　　附带说明的是，荀子在旁及宇宙生成问题时，合理吸收了"气"论思想。《荀子·王制》说："水火有气而无生，草木有生而无知，禽兽有知而无义，人有气、有生、有知，亦且有义，故最为天下贵也。"荀子此处所说水火、草木、禽兽、人等，是按照高低等级排列的（不由得使人联想到生物进化论），而且所说后一项"有某"均包括前项之"有"；其中最可注意者，恐莫过于说"水火有气而无生"。在荀子眼里，水火乃最低级之物（无生物），但它仍然有"气"。换言之，从水火乃至人，都是由"气"构成的。冯友兰分析此数句时说，"这就是说，气是万物的根本"[1]，约略近之。进而言之，万物虽然皆由"气"而生而成，但又有所差别（以生、知、义等相区别）。显然，荀子"不仅看到物质自然界统一性中的差别，也看到差别中的统一。换句话说，亦即既看到了矛盾的共性，也看到了矛盾的个性，以及两者间的区别和联系"[2]。

　　天地人三者之间的关系（尤其是天人关系），一直是先秦诸家致力探讨的一个大问题。《周易·系辞下》明言"三材（才）之道"，"《易》之为书也，广大悉备。有天道焉，有人道焉，有地道

---

[1] 冯友兰：《中国哲学史新编》第二册（1983年修订本），北京：人民出版社，1984年第二版，第368页。笔者在撰写"荀子论阴阳"部分时，借鉴了冯友兰的研究成果（同上，第368—377页）。

[2] 袁运开、周瀚光主编：《中国科学思想史（上）》，合肥：安徽科学技术出版社，2000年，第216页。

焉。兼三材而两之，故六。六者非它也，三材之道也"。郭店楚简《语丛一》说："易，所以会天道、人道也。"[1]《老子》强调"法自然"，"人法地，地法天，天法道，道法自然"（第二十五章）。孟子特别重视"人道"一端，故他说"天时不如地利，地利不如人和"（《孟子·公孙丑下》）；而荀子则是另外一番表述，"上得天时，下得地利，中得人和"（《荀子·富国》）。在天人问题上，荀子将其提到哲学的高度加以探讨，所获得的认识超迈前人、卓绝于世。

首先，荀子坚持了唯物主义立场，认为"天"是自然之天，并且有其自身的规律（"常"），"天"的运行不以人的意志为转移（"天人有别"）。换言之，"天"是自在自为的客观存在。因此，"天"之运行便和人类社会的治乱兴衰无关。这样，荀子便彻底破除了"天人感应"一类唯心的、迷信的说法。荀子说"天行有常，不为尧存，不为桀亡"，又说"天不为人之恶寒也辍冬，地不为人之恶辽远也辍广"（《荀子·天论》），指的就是这层意思。《荀子·天论》又云："不为而成，不求而得，夫是之谓天职。……列星随旋，日月递炤，四时代御，阴阳大化，风雨博施，万物各得其和以生，各得其养以成，不见其事而见其功，夫是之谓神。皆知其所以成，莫知其无形，夫是之谓天。"这是对"天道"的具体阐述，即"天道"是自然无为的（"不为而成"），"天"有生养万

---

[1] 李零：《郭店楚简校读记》（增订本），北京：中国人民大学出版社，2007年，第209页。

物的神妙（"神"）功能，而万物又各按其规律和谐地运行着。此处所说"阴阳"，实立足于物质性一端。杨倞说："阴阳大化，谓寒暑变化万物也。"[1] 同篇所云"天地之变，阴阳之化"，"阴阳"之义亦类此。

荀子认为，人也是自然界的一部分，人直接产生于自然界，人的各种活动体现着自然的规律。荀子说，"天职既立，天功既成，形具而神生，好恶、喜怒、哀乐臧焉，夫是之谓天情"，接下来又具体论说"天官"、"天君"、"天养"、"天政"诸问题；随后，荀子高扬起"人"之大旗，"圣人清其天君，正其天官，备其天养，顺其天政，养其天情，以全其天功。如是，则知其所为，知其所不为矣；则天地官而万物役矣。其行曲治，其养曲适，其生不伤，夫是之谓知天"（《荀子·天论》）。荀子所言"知其所为，知其所不为"，最可注意。第一点是该论深得孔子"中"的哲学[2]之个中三昧；而笔者最关心的是第二点，即决定是否"为"与"不为"的前提是"知天"——只有在知"天道"之后，才能顺"天"（或"天道"）而为。

荀子认为，不但天"有常"，而且地和人亦"有常"，只是各自表现的方式有别而已，"天有常道矣，地有常数矣，君子有常礼矣"，正因各自的规律（"常"）不同，故所为亦自当不同，"天有

---

1 [战国]荀况撰，[唐]杨倞注：《荀子》，上海：上海古籍出版社，1996年，第169页。
2 关于孔子"中"的哲学，吕绍纲有过非常精妙的论述（《论孔子"中"的哲学》，《庚辰存稿》，上海：上海古籍出版社，2000年，第40—53页）。

其时,地有其财,人有其治,夫是之谓能参"(《荀子·天论》)。荀子虽然说天地人"能参",但他并不是等量齐观天地人,而是高扬"人"之一端。《荀子·礼论》说:"天能生物,不能辨物也;地能载人,不能治人也。宇中万物、生人之属,待圣人然后分也。"

以上所述,便是荀子向为人所推崇的"明于天人之分"的内涵。荀子认为,能深谙此中大道的人,才能称之为"至人","故明于天人之分,则可谓至人矣"(《荀子·天论》)。

其次,在"明于天人之分"这一光辉的命题被明确地树立起来之后,荀子接下来便要论说人之所为了。世人似乎皆知荀子有"制天命而用之"的思想,但在理解上却多有偏差。《荀子·天论》说:"大天而思之,孰与物畜而制之!从天而颂之,孰与制天命而用之!望时而待之,孰与应时而使之!因物而多之,孰与骋能而化之!思物而物之,孰与理物而勿失之也!愿于物之所以生,孰与有物之所以成!故错人而思天,则失万物之情。"冯友兰说:"这是中国古代哲学中最明确、最响亮的以人力改造自然的口号。"[1]冯友兰此语,未能确切表达出荀子之深意。欲完整而正确地把握荀子之意,需要结合其知行观以相审视。

在知、行观上,荀子主张"知而行之","知之不若行之,学至于行而止矣。行之,明也,明之为圣人"(《荀子·儒效》)。荀

---

[1] 冯友兰:《中国哲学史新编》(1983年修订本)第二册,北京:人民出版社,1984年第二版,第373页。

子此说，与其"制天命"思想一以贯之。人们多把荀子的"制天命"思想简单地概括为"人定胜天"，其实这是对荀子的误解。荀子的本意应当是：人只有在认识事物规律（"天道"）的基础上，才有可能"制天命而用之"；人只有顺"道"而为，才能真正"制天命而用之"。

最后，荀子从其"明于天人之分"的立场出发，循着"制天命而用之"的思路走下去，毫不留情地批驳了当时的巫术和迷信。在《天论》篇中，荀子对灾异（不正常的自然现象）做了令人信服的解释，"星队木鸣，国人皆恐。曰：是何也？曰：无何也！是天地之变，阴阳之化，物之罕至者也。怪之，可也；而畏之，非也。夫日月之有蚀，风雨之不时，怪星之党见，是无世而不常有之。上明而政平，则是虽并世起，无伤也；上闇而政险，则是虽无一至者，无益也。夫星之队，木之鸣，是天地之变，阴阳之化，物之罕至者也；怪之，可也；而畏之，非也"。意思是说，像星队（坠）、木鸣这种罕见而怪异的现象也是可以解释的，乃"天地之变"、"阴阳之化"使然，故世人大可不必为之畏惧。在《非相》篇中，荀子专门批驳"相人"之术，"相人，古之人无有也，学者不道也"；为什么"相人"之术不可信，荀子不但举事实以批驳之，而且从道理上明辩之，"相形不如论心，论心不如择术；形不胜心，心不胜术；术正而心顺之，则形相虽恶而心术善，无害为君子也。形相虽善而心术恶，无害为小人也。君子之谓吉，小人之谓凶。故长短小大，善恶形相，非吉凶也"。在这里，荀子严格区分了人的自然生理属性与人为社会属性，认为前者不能决定后者。其说理之思路，一如"明于天人之分"，二者浑然贯通。

司马迁说荀子之著书立说乃有为而发，其一即针对战国浊世乱君"不遂大道而营于巫祝，信禨祥"（《史记·孟子荀卿列传》）[1]。由此看来，司马迁此说甚有据。

第二节　道家："阴阳调和"——庄子说阴阳

一、庄子与《庄子》

庄子，名周，战国时期宋国蒙（今河南商丘东北）人。据《史记·老子韩非列传》载，庄子和梁惠王、齐宣王同时，曾经做过蒙地的漆园吏，与惠施是好朋友，家境贫寒。相传，"楚威王闻庄子贤，使使厚币迎之，许以为相"，庄子婉言拒绝，"宁游戏污渎之中自快，无为有国者所羁"；其后，庄子"终身不仕"。

关于庄子的生卒年，闻一多（1899—1946）考订为公元前375—前295年，马叙伦（1884—1970）《庄子义证》考订为公元前369—前286年，钱穆（1895—1990）《先秦诸子系年》考订为公元前365—前290年，吕振羽（1900—1980）考订为

1　《史记》卷七十四，第2348页。

公元前355—前275年,范文澜(1893—1969)考订为公元前328—前286年[1]。

庄子是老子之后道家学派的重要代表,对道家学说发展甚多。这一点,司马迁早有认识,"其学无所不窥,然其要本归于老子之言"(《史记·老子韩非列传》)。但庄子朋友不多,门徒有限,所以朱熹(1130—1200)说"庄子当时也无人宗之,他只在僻处自说"(《朱子语类》卷一二五)。

《汉书·诸子略·艺文志》著录的《庄子》有五十二篇,今传本经过了向秀、郭象的整理和删定,仅有三十三篇;其中内篇七篇,外篇十五篇,杂篇十一篇。天宝元年(742),唐玄宗尊封庄子为"南华真人",《庄子》被尊称为《南华真经》。

一般认为,《庄子》是庄子及其后学的著作汇集,是"庄子学派的著作总集"[2]。许多学者认为,内篇是庄子所著,外篇、杂篇则出于庄子后学之手。因为内篇七篇思想一贯、风格一致,有典型的代表性(王夫之《庄子解》卷八);因为内篇文章好,除了庄子外别人做不出来("内篇断非庄子不能作,外篇、杂篇则后人窜入者多"[3])。但也有人认为,这些说法靠不住;相反,"庄子学派先具有外、杂篇所反映的思想,然后发展到内篇所反映的思想",

---

[1] 这是任继愈的归纳(《庄子探源》,《哲学研究》,1961年第2期),实际上不只这五种说法。

[2] 任继愈主编:《中国哲学发展史·先秦卷》,北京:人民出版社,1983年,第379页。

[3] [明]焦竑撰,李剑雄点校:《焦氏笔乘》正集卷二,北京:中华书局,2008年,第56页。

"可以说外、杂篇反映的基本思想是庄子的思想","内篇不是庄周的著作,它是后期庄学的作品,它的唯心主义已形成了相当完备的体系,它是研究后期庄学的资料"[1]。通过对《庄子》内篇与外、杂篇概念、词语的联系和变化的考察,可以看出它们之间源与流、先与后的关系是比较清晰的。即《庄子》一书确实是庄子及其后学的著作汇集,内篇系庄子自著,外篇、杂篇系庄子后学所著;其中杂篇的《说剑》当属庄子后学模拟策士之文,杂篇的《天下》是庄子后学中受到儒家思想影响较多的人所作,且其写成可能在《庄子》诸篇之后[2]。

二、《庄子》的阴阳学说

和老子一样,庄子亦以"道"为世界的最高原理、最高实体。在天道观上,庄子也一样认为天道"自然"而"无为"。但不同的是,《老子》的最高原则是"道法自然",而《庄子》的最高原则是"道即自然"("道兼于天")。"道法自然"与"道即自然"的区别,相当于《老子》"道"与"恒道"("常道")的区别;《庄子》的"道",相当于《老子》的"恒道",所以《庄子》不再提"恒

---

[1] 任继愈主编:《中国哲学发展史·先秦卷》,北京:人民出版社,1983年,第380—386页。

[2] 崔大华:《庄学研究——中国哲学一个观念渊源的历史考察》,北京:人民出版社,1992年,第73—103页。

道"。这是《庄子》对《老子》的发展,也是对《老子》的修正。换句话说,《庄子》不是照着《老子》讲,而是接着《老子》讲,《庄子》天才地、全面地、创造性地发展了《老子》[1]。

《庄子》哲学,都是从"道即自然"这个核心萌发出来、辐射开来的。《庄子·内篇·大宗师》:"夫道,有情有信,无为无形;可传而不可受,可得而不可见;自本自根,未有天地,自古以固存;神鬼神帝,生天生地;在太极之先而不为高,在六极之下而不为深,先天地生而不为久,长于上古而不为老。"此云"道"乃"有情有信"、"自本自根"、"自存",可见"道"即自然,以自为本,这是实实在在的。庄子所说的"道",具有明显的泛神论色彩。东郭子问于庄子曰:"所谓道,恶乎在?"庄子说,"道"是"每下愈况"而又"无所不在"的,"在蝼蚁"、"在稊稗"、"在瓦甓"、"在屎溺"(《庄子·外篇·知北游》)。

在《庄子》一书中,"阴阳"一词共出现约三十次。《庄子》认为,作为宇宙万物根源的"道",亦是一种阴阳之"气"。《天地》篇说"泰初有无,无有无名,一之所起,有一而未形",此语显然本《老子》第一章"无名,天地始"、第四十二章"道生一"之旨而抒发。《至乐》篇具体以"气"论说宇宙万物之生成,"察其始,而本无生;非徒无生也,而本无形;非徒无形也,而本无气。杂乎芒芴之间,变而有气,气变而有形,形变而有生"。《天

---

[1] 涂又光:《楚国哲学史》,武汉:湖北教育出版社,1995年,第367—372页。《老子》"道法自然"与《庄子》"道即自然"之别,本处借鉴自涂又光(1927—2012)此书。

运》篇说:"一清一浊,阴阳调和,流光其声;……吾又奏之以阴阳之和,烛之以日月之明。"成玄英疏:"阴升阳降,二气调和,故施生万物,和气流布,三光照烛,此谓至乐。"[1]《田子方》篇说:"至阴肃肃,至阳赫赫;肃肃出乎天,赫赫发乎地;两者交通成和而物生焉,或为之纪而莫见其形。消息满虚,一晦一明,日改月化,日有所为,而莫见其功。"意思是说,阴、阳分别从天、地出发,阳者上升、阴者下降,交通于中而又达于和谐状态,万物由是而生。此以"阴阳"探讨万物产生的直接依据,使"阴阳"具有形而上的意义,与《老子》如出一辙。《则阳》篇说,"阴阳相照、相盖、相治,四时相代、相生、相杀。欲恶去就,于是桥起;雌雄片合,于是庸有。安危相易,祸福相生,缓急相摩,聚散以成","今计物之数,不止于万,而期曰万物者,以数之多者号而读之也。是故天地者,形之大者也;阴阳者,气之大者也;道者为之公";其目的仍在以"气"阐说天道,而"阴阳"是作为自然之气的阴阳。在《大宗师》中,庄子径直称"天地之一气"。

《庄子》亦以"气"和"阴阳"阐说人道,与言天道一脉相承。《知北游》篇曰:"人之生,气之聚也。聚则为生,散则为死。……故曰:'通天下一气耳。'圣人故贵一。"李道纯曰:"道生一,虚无生一气;一生二,一气判阴阳。"赵志坚曰:"一,元气,道之始也,古昔天地万物同得一气而有生。"庄子意在告诫

---

[1] [清] 郭庆藩:《庄子集释》,《诸子集成》第三册,上海:上海书店出版社,1986年,第223页。

世人，气有聚散，人有生死，这是客观的自然规律，"阴阳四时运行，各得其序"（《知北游》）；因此，世人应该坦然接受，"知其不可奈何而安之若命，德之至也"（《人间世》）。《大宗师》篇又以形象的譬喻论说阴阳之气与人的关系，"父母于子，东西南北，唯命之从。阴阳于人，不翅于父母"。言下之意，世人对于阴阳（造化）的安排，应当随顺而从，一如子女对于父母的"唯命之从"。

《庄子》亦以阴阳说人之精神现象。在"乐天知命"、"安之若命"这一前提下，庄子认识到人的情绪（喜怒）与阴阳的相互关联。《在宥》篇曰："人大喜邪？毗于阳。大怒邪？毗于阴。阴阳并毗，四时不至，寒暑之和不成，其反伤人之形乎！"过分的喜怒（大喜与大怒），都会损伤阳气和阴气；阴阳相侵害，必然伤害身体。只有保持阴阳的平衡、和谐，才能免于"阴阳之患"，才能保持身体健康，有德者深谙此道。"事若不成，则必有人道之患。事若成，则必有阴阳之患。若成若不成，而后无患者，唯有德者能之"（《人间世》）。因此，庄子提出"阴阳调和"的重要命题，"一清一浊，阴阳调和，流光其声"（《天运》）。

庄子对阴阳的探讨，有其重要贡献。庄子将世界万物的产生看作是阴阳互相对待统一的作用，以及与四时相配的结果，探索万物产生的直接依据，使阴阳具有形而上的意义；庄子把人作为一个整体看待，说明物质实体、精神情感与阴阳的联系，将阴阳的解释范围扩展到精神世界；继世人对阴阳范畴作对待统一理解之后，庄子提出"阴阳调和"的重要命题，具有重大意义[1]。

第三节　新道家："阴阳大义"——帛书说阴阳

本节标题所说的"新道家"，指的是道家的一个分支——黄老学派。战国中期出现的黄老学派，对后世有一定的影响。该派假托黄帝的名义，吸收并改造了老子的"虚静"、"无为"等思想，同时兼采阴阳、儒、墨、名、法诸家学说，形成一个新的道家理论体系[2]。汉朝初年，统治者以其为指导思想，实行"清静无为"、"与民休息"的政策。其代表性的文献，便是马王堆汉墓出土的帛书《黄帝四经》。

一、《黄帝四经》的基本情况

1973年，湖南长沙马王堆三号汉墓出土了大批帛书，《老子》乙本卷前有四种帛书——《经法》、《十六经》、《称》、《道原》[3]。

---

[1] 张立文：《中国哲学范畴发展史（天道篇）》，北京：中国人民大学出版社，1988年，第269页。

[2] [汉]司马谈《论六家之要指》："道家使人精神专一，动合无形，赡足万物。其为术也，因阴阳之大顺，采儒、墨之善，撮名、法之要，与时迁移，应物变化，立俗施事，无所不宜，指约而易操，事少而功多。"（《史记》卷一百三十《太史公自序》）

[3] 马王堆汉墓帛书整理小组编：《马王堆汉墓帛书》[壹]，北京：文物出版社，1980年；马王堆汉墓帛书整理小组编：《经法》，北京：文物出版社，1976年。说明：《十六经》，或隶定作《十大经》。

马王堆帛书整理小组拟名为《经法》；裘锡圭、吴光、丁原明等称之为《黄老帛书》或《帛书黄老》[1]；唐兰、余明光等定名为《黄帝四经》[2]。学术界多从《黄帝四经》说，笔者也基本上赞同此说。

帛书《黄帝四经》的抄写时间，学术界一般认为抄写于汉文帝初年（公元前179年至前169年）。关于帛书《黄帝四经》的写作年代，意见比较分歧。概括而言，主要有六种说法，时间跨度上起战国中期，下讫西汉初年。唐兰（1901—1979）认为，帛书《黄帝四经》写作于战国前期之末到中期之初，即公元前四世纪前后[3]。陈鼓应也认为，《黄帝四经》早于《管子》四篇，成书于战国中期或以前[4]。余明光认为，《黄帝四经》成书于战国中期左右[5]，并逐条批驳"晚出说"的证据[6]。李学勤、王博、白奚等认

---

[1] 裘锡圭：《马王堆〈老子〉甲乙本卷前后佚书与"道法家"》，《中国哲学》第二辑，北京：生活·读书·新知三联书店，1980年；吴光：《黄老之学通论》，杭州：浙江人民出版社，1985年，第129页。

[2] 唐兰：《〈黄帝四经〉初探》，《文物》，1974年第10期；唐兰：《马王堆出土〈老子〉乙本卷前古佚书的研究》，《考古学报》，1975年第1期；余明光：《黄帝四经今注今译·前言》，《黄帝四经今注今译》（余明光等），长沙：岳麓书社，1993年，第7—8页。

[3] 唐兰：《马王堆出土〈老子〉乙本卷前古佚书的研究》，《考古学报》，1975年第1期。

[4] 陈鼓应：《序》，《黄帝四经今注今译》，长沙：岳麓书社，1993年，第3页。

[5] 余明光：《黄帝四经与黄老思想》，哈尔滨：黑龙江人民出版社，1989年，第17—20页；余明光：《〈黄帝四经〉书名及成书年代考》，《道家文化研究》第一辑，上海：上海古籍出版社，1992年，第188—197页。

[6] 余明光：《黄帝四经今注今译》"前言"，长沙：岳麓书社，1993年，第9—20页。

为，帛书成于公元前四世纪左右的战国中期，早于《庄子》、《孟子》，至少与《孟子》同时[1]。熊铁基认为《黄帝四经》成书于秦汉之际[2]，姜广辉认为《黄帝四经》成书于西汉初年[3]。笔者认为，战国中期说可信。

关于帛书《黄帝四经》的作者及其产生地域，大致有四说：（1）郑（韩）国说。唐兰推测，《黄帝四经》可能是郑国的隐者所作[4]。（2）齐国说。郭沫若（1892—1978）认为，《管子》的《心术》上下、《白心》和《内业》所反映的"黄老之术，值得我们注意的，事实上培植于齐、发育于齐、而昌盛于齐"[5]。胡家聪、黄钊亦主此说[6]。（3）楚国说。龙晦（1924—2011）从方言、用韵等方面断定，《黄帝四经》是西楚淮南人的作品[7]。李学勤、余明光、吴

---

1 李学勤：《范蠡思想与帛书〈黄帝书〉》，《浙江学刊》，1990年第1期；李学勤：《〈管子·心术〉等篇的再考察》，《管子学刊》，1991年第1期；王博：《〈黄帝四经〉和〈管子〉四篇》，《道家文化研究》第一辑，上海：上海古籍出版社，1992年，第198—213页；白奚：《稷下学研究——中国古代的思想自由与百家争鸣》，北京：生活·读书·新知三联书店，1998年，第96—114页。
2 熊铁基：《〈经法〉四篇的再研究》，《秦汉新道家略论稿》，上海：上海人民出版社，1984年。
3 姜广辉：《试论汉初黄老思想——兼论马王堆汉墓出土四篇古佚书为汉初作品》，《中国哲学史研究集刊》第二辑，上海：上海人民出版社，1982年。
4 唐兰之文，出处见前。
5 郭沫若：《十批判书·稷下黄老学派的批判》，《郭沫若全集》历史编第二卷，北京：人民出版社，1982年，第155—156页。
6 黄钊：《关于〈黄老帛书〉之我见》，《管子学刊》，1989年第4期。胡家聪：《稷下争鸣与黄老新学》，北京：中国社会科学出版社，1998年，第103—142页。
7 龙晦：《马王堆出土〈老子〉乙本卷前古佚书探原》，《考古学报》，1975年第2期。

光等人亦主此说[1]。(4)越国说。王博认为,《黄帝四经》当产生于战国早中期之际的楚国,可能和吴起变法的背景有关,之后由一些学者带入稷下学宫,对《管子》四篇产生了很大的影响[2]。魏启鹏亦主此说[3]。本书认为,《黄帝四经》乃南方淮楚道家之作品,而稷下道家曾经接受过《黄帝四经》的影响。

《黄帝四经》之隶属道家,是因为它仍然以"道"为最高哲学范畴,坚定地以"道"为申说事理的理论依据。《道原》篇详细论述"道"的本原、性质和作用,是道家黄老之学的理论基础。《道原》认为,"道"是无名、无形、无为而无不为的,世界万物皆生成于"道","万物得之以生,百事得之以成"[4]。和《文子》几乎如出一辙的是,《道原》认为"道"又可称之为"一","一者其号也,虚其舍也,无为其素也,和其用也"。称"道"为"一",这是出于方便,但绝不可在"一"与"道"之间画等号,因为"一"仅是"道"之"号"而已,而且"一"

---

1 李学勤:《新出简帛与楚文化》,《楚文化新探》,湖北省社会科学院历史研究所编,武汉:湖北人民出版社,1981年;李学勤:《马王堆帛书与〈鹖冠子〉》,《江汉考古》,1983年第2期。
2 王博:《〈黄帝四经〉和〈管子〉四篇》,《道家文化研究》第一辑,上海:上海古籍出版社,1992年,第198—213页。
3 魏启鹏:《〈黄帝四经〉思想探源》,《中国哲学》第四辑,北京:生活·读书·新知三联书店,1980年,第179—191页。
4 本章所引《黄帝四经》释文,采自以下三书:(1)马王堆汉墓帛书整理小组编:《经法》,北京:文物出版社,1976年;(2)余明光等:《黄帝四经今注今译》,长沙:岳麓书社,1993年。(3)陈鼓应注译:《黄帝四经今注今译:马王堆汉墓出土帛书》,北京:商务印书馆,2007年。凡引自《黄帝四经》者,仅标注篇名,不再单独出注。

要以"道"为根本,"一者,道其本也"(《十六经·成法》)。天地间的各种奇妙作用都本原于"道","道者,神明之原也"(《经法·名理》)。

《黄帝四经》第一次明确提出"道生法"。《经法·道法》开篇第一句话、第一个命题就是"道生法"[1],认为"法"(法令制度)是由"道"这个最高的存在产生的,只有执"道"者才有资格制作"法";这样,就使"法"具有了至高的理论依据和无上的神圣性、权威性。"法"之所以能够成为判定是非、曲直的准绳与尺度,就在于它体现了"道"的公正性,"法度者,正之至也"(《经法·君正》)。可以说,这是《黄帝四经》对老子学说的最大的创造性发展,也是《黄帝四经》法理学说的核心内容。这一思想直接影响了战国末期的《鹖冠子》。《鹖冠子·兵政》说"贤生圣,圣生道,道生法",所本即帛书《道法》。

二、《黄帝四经》的阴阳学说

通览全文,《黄帝四经》贯穿着丰富的阴阳思想,但却没有出现五行思想。见诸《黄帝四经》的阴阳思想,已经很成熟、很完善了,业已蔚为一时大观;《黄帝四经》将阴阳范畴引入社会领域,用于解释和论证社会现象,特别是政治与伦理;由此而提出

---

[1] 其文云:"道生法。法者,引得失以绳,而明曲直者殹(也)。[故]执道者,生法而弗敢犯殹(也),法立而弗敢废殹(也)。"

了四时教令思想，创立了阴阳刑德理论[1]。下面，就此分而述之：

（一）阴阳大观

道家对宇宙生成问题似乎情有独钟，举凡道家诸子，无一不着墨于宇宙的本原、发展、演化诸问题。帛书《黄帝四经·道原》是这样描述宇宙的发生及其发展过程的，"恒先之初，迥（通）同大（太）虚。虚同为一，恒一而止。湿湿梦梦，未有明晦"。这就是说，宇宙未形成之前，整个天地万物处于混沌之中，无所谓光明与黑暗（明晦），是"道"创生了万事万物，"万物得之以生，百事得之以成"。《十六经·观》又认为，黄帝始将混沌一分为二，至此才有昼夜、阴阳、天地、四时、牝牡、刚柔等。《十六经·观》云："黄帝曰：群群□□□□□为一囷。无晦无明，未有阴阳。阴阳未定，吾未有以名。今始判为两，分为阴阳，离为时（时乃衍文）四［时］，□□□□□□□□［德虐之行］，因以为常，其明者以为法而微道是行，行法循□□牝牡，牝牡相求，会刚与柔。刚柔相成，牝牡若刑（形），下会于地，上会于天，得天之微。"正因为阴阳是生于"道"的，所以阴阳自然也是合乎天道的，"夫天有［恒］榦（干），……合□□常，是以有晦有明，有阴有阳。……两若有名，相与则成"（《十六经·果童》）。

---

1 笔者在撰写《黄帝四经》的阴阳观时，综合参考了以下三书：（1）余明光等：《黄帝四经今注今译》，长沙：岳麓书社，1993年；（2）白奚：《稷下学研究——中国古代的思想自由与百家争鸣》，北京：生活·读书·新知三联书店，1998年，第92—153页；（3）孙以楷、陈广忠等：《道家文化寻根——安徽两淮道家九子研究》，合肥：安徽人民出版社，2001年，第165—199页。

《黄帝四经》将宇宙万物、人间万事区分为阴阳两大类,认为阴阳这两种属性是万事万物运动变化的依据,既支配着宇宙万物的发展变化,也调节着各种社会政治问题。《称》篇云:"凡论必以阴阳[明]大义。天阳地阴。春阳秋阴。夏阳冬阴。昼阳夜阴。大国阳小国阴。重国阳轻国阴。有事阳而无事阴。信(伸)阴(阳)者而屈于阴。主阳臣阴。上阳下阴。男阳[女阴]。[父]阳[子]阴。兄阳弟阴。长阳少[阴]。贵[阳]贱阴。达阳穷阴。取(娶)妇姓(生)子阳,有丧阴。制人者阳,(制人者,衍文)制于人者阴。客阳主人阴。师阳役阴。言阳黑(默)阴。予阳受阴。诸阳者法天,天贵正,过正曰诡□□□□祭乃反。诸阴者法地,地[之]德安徐正静,柔节先定,善予不争。此地之度而雌之节也。"[1](非常巧合的是,《春秋繁露·基义》亦言父子、夫妇、君臣为阴阳。)天地、春秋—冬夏、昼夜、大小、轻重、君臣、父子、兄弟、长少、贵贱、达穷、客主等等,举凡天、地、人"三才"之道,无一不可纳入阴阳范畴,阴阳业已成为宇宙间一对最基本的矛盾范畴。阴阳既相互对立,又相互依存、相互统一,"夫天地之道,寒涅(热)燥湿,不能并立。刚柔阴阳,固不两行。两相养,时相成"(《十六经·姓争》);阴阳还可互相转化,"阴阳备物,化变乃生"(《十六经·果童》)。个中道理,就在于阴阳亦遵循着物极必反的"天地之道"。《经法·四度》说:"极而反,盛而

---

[1] 陈鼓应注译:《黄帝四经今注今译:马王堆汉墓出土帛书》,北京:商务印书馆,2007年,第394页。

衰，天地之道也，人之李（理）也。"

由此可以看出，《黄帝四经》的阴阳学说已经非常成熟、非常系统、非常庞大，蔚为大观，有集阴阳学说之大成的风貌。因此，余明光认为阴阳学说最早发源于楚国，马王堆帛书《黄帝四经·称》最后一段"凡论必以阴阳[明]大义"即为明证[1]。但笔者认为，说阴阳学说成熟于《黄帝四经》尚可，说阴阳学说发源于以《黄帝四经》为代表的楚国则不可。

（二）四时教令

《黄帝四经》用阴阳观念解释季节的变化，把四季的推移看成是阴阳消长的结果，进而主张因天地阴阳之序来安排农业生产。"把先民在长期的生产实践中达成的关于季节变化同农业生产的关系的朴素的规律性认识上升到天人关系的高度，使之理论化、系统化为顺天授时或敬授民时的思想"[2]。正是基于这样的理论认识，所以《黄帝四经》一再强调要"因天时"，反之，"动静不时胃（谓）之逆，生杀不当胃（谓）之暴"（《经法·四度》）。《经法·君正》特别强调要得天时、因地宜、节民力，"人之本在地，地之本在宜，宜之生在时，时之用在民，民之用在力，力之用在节。知地宜，须时而树，节民力以使，则财生"，尤其是要"毋夺民时"。只要"静作得时，天地与之"（《十六经·果童》）；相反，

---

1 余明光等：《黄帝四经今注今译》，长沙：岳麓书社，1993年，第201页。
2 白奚：《稷下学研究——中国古代的思想自由与百家争鸣》，北京：生活·读书·新知三联书店，1998年，第133—134页。

如果不"因天时",必受其殃,"动静不时,种树失地之宜,[则天]地之道逆矣"(《经法·论》)。就政治而言,为王者不应"以幸治国",而应以"道"作为前进的引导("前道"),即"上知天时,下知地利,中和人事"(《十六经·前道》)。

"四时教令"的思想在《黄帝四经》中尚未完全成熟,但已基本确立,后来的《管子》将其进一步发挥发展,成为邹衍学说的重要理论来源。秦汉时期的重要著作如《吕氏春秋》、《淮南子》和《春秋繁露》等,都深受其影响。

(三)阴阳刑德

《黄帝四经》将阴阳思想应用于社会政治,首创了"阴阳刑德"的理论。在《黄帝四经》看来,"法"虽由"道"而生,其至上性、权威性和公正性不容置疑,但在社会政治上不能单纯依靠法治,而应文武并行、刑德兼用。《经法·君正》从天人关系角度论证文武并行的理据,"天有死生之时,国有死生之正(政)。因天之生也以养生,胃(谓)之文;因天之杀也以伐死,胃(谓)之武。[文]武并行,则天下从矣。……审于行文武之道,则天下宾矣"。对"文武并行"论做理论上的提升,《黄帝四经》由此提出阴阳刑德理论。

《称》篇说"凡论必以阴阳[明]大义",此乃《黄帝四经》阴阳说之大纲,不但文武如此,刑德亦如此。具体而言,刑属阴、德属阳,"刑晦而德明,刑阴而德阳,刑微而德章(彰)"(《十六经·姓争》)。《十六经·观》提出了先德后刑、刑德兼用的治国方针,"春夏为德,秋冬为刑","先德后刑以养生";总之,"凡谌[1]之极,在刑与德"。换言之,"刑德相养,逆顺若〈乃〉成"(《十六经·姓争》)。正如有些学者所指出的那样,刑德与文武有着密切的内在联系,刑德是文武的基础,文武又是刑德的体现;刑包含着武,德包含着文[2]。

基本上可以这么说,正是《黄帝四经》第一次把德治(德)与法治(刑)这两种原本对立的学说结合了起来,从而提出了"刑德"并用的政治主张;进而言之,《黄帝四经》所主张的这两种政治主张(文武并行、刑德兼用),正是以阴阳学说为理论根据的。按照《黄帝四经》的理论体系,国君之所以要刑德相辅、文武并用,就是因为人事必须符合天道;天道有"阴"有"阳",为政自然就要有"刑"有"德",实际上也就是"推天道以明人事"(《四库全书总目》卷一《易类一》),即以"天道"推演"人事"。这是"天人合一"的表现之一,也是中华文化的一大特色。

(四)等级恒常

《黄帝四经》将阴阳思想运用于社会政治伦理,对阴阳思想

---

[1] 谌,读为"戡",意为戡乱(余明光等:《黄帝四经今注今译》,长沙:岳麓书社,1993年,第128页)。

[2] 孙以楷、陈广忠等:《道家文化寻根——安徽两淮道家九子研究》,合肥:安徽人民出版社,2001年,第181页。

第四章
阴阳学说的发展（一）——战国诸子时代

还有另外一项重大发展，那便是以阴阳思想论证等级制度的必然性和合理性。此中典型，恐怕非《称》篇莫属（见上文）。《经法·道法》亦云："天地有恒常，万民有恒事，贵贱有恒立（位），畜臣有恒道，使民有恒度。天地之恒常，四时、晦明、生杀、柔刚。万民之恒事，男农、女工。"[1] 其意思就是说，"生杀"是阴阳二气的作用，"柔刚"是阴阳表现出来的两种相反的气质或特性，"四时"和"晦明"都是阴阳二气的运动变化，《黄帝四经》的作者将这些同男农、女工等农业生产对应起来，表明他们业已认识到二者之间遵循着共同的规律[2]。故《十六经·果童》特意指出，"[贵]贱必谌，贫富又（有）等，前世法之，后世既员"，也就是说，贵贱的等级是必然的，贫富的差别也是自然的，此已为前世所效法，后世只好遵循。

到了汉代的董仲舒，遂将此思想纳入儒家学说的理论体系，发展成整套的纲常名教学说，成为两千年来维护封建等级制度的重要理论支柱[3]。

---

1 陈鼓应注译：《黄帝四经今注今译：马王堆汉墓出土帛书》，北京：商务印书馆，2007年，第25页。
2 白奚：《稷下学研究——中国古代的思想自由与百家争鸣》，北京：生活·读书·新知三联书店，1998年，第134页。
3 参看本书第五章第一节《"阳贵而阴贱，天之制也"——董仲舒说阴阳》。

第四节　阴阳家:"阴阳消息"——邹衍说阴阳

一、阴阳家要略

阴阳家,或称"五行家",而其全称应该是"阴阳五行家"。战国以降、秦汉之后,举凡言"阴阳"者必及"五行",言"五行"者亦必及"阴阳",故其规范的全称应该是"阴阳五行家"。

《汉书·艺文志》在论说阴阳家的思想渊源时,依然遵循"诸子出于王官"这一思路,认为阴阳家"盖出于羲和之官","敬顺昊天,历象日月星辰,敬授民时"。观测天象、制订历法,这是阴阳家的看家本领,也是阴阳家的学派特色之一。

就学术渊源而言,"历数"之学是阴阳家的"总根源"。对于以"阴阳"名"家"之后的阴阳家(如邹衍)而言,其思想渊源则不尽仅此一端,还有来自儒家、道家的元素。司马迁在概述邹衍的思想学说时,特意点明邹衍与儒家的关系,"然要其归,必止乎仁义节俭,君臣上下六亲之施,始也滥耳"(《史记·孟子荀卿列传》)。《盐铁论·论儒》亦云:"邹子以儒术干世主,不用;即以变化终始之论,卒以显名。……邹子之作变化之术,亦归于仁义。"所谓"仁义",所谓"君臣",是儒家的看家法宝之一;邹衍止乎此,显然有归宗儒家的韵味。由此可见,儒家思想对阴阳家有过比较重大的直接的影响。

就系统而言,阴阳五行家有两大类别:仅有其"术"而无其

"道"者[1]（仅有实用的形式化的操作技术而无哲理化的系统理论者），被《汉书》归入"数术略"；既有其"术"而又有其"道"者（既有实用的形式化的操作技术又有哲理化的系统理论者），被《汉书》归入"诸子略"。先秦的"日者"、秦汉以降的"阴阳先生"，属于前者；先秦的"阴阳家"（如邹衍、邹奭等）、秦汉以降的"理论家"（如张苍以及董仲舒等），属于后者。

就流派而言，阴阳家可约略分为七大流派：

（1）天文学派。《汉书·艺文志·诸子略》阴阳家类所列《宋司星子韦》三篇可以归入该派，马王堆帛书《五星占》、《天文气象杂占》、《星占书》亦属此类。

（2）五德终始派。五德终始派是理论化的阴阳家的嫡系流派，以言说王朝政权的德运为正宗内容。《汉书·艺文志·诸子略》所列《邹子》四十九篇、《邹子终始》五十六篇、《公梼生终始》十四篇（传邹奭《终始》书）、《张苍》十六篇等，均属于该派作品。

（3）月令派。月令派以阴阳消息、五行相生来解说每年十二月的气候、物候及时令等，一一比附自然现象与人事活动，对政治活动、宗教祭祀、日常生活、农事活动等都做了具体的安排，

---

[1] "道"、"术"二字，笔者借鉴自《庄子·杂篇·天下》；本处所说"道"、"术"之内涵，约略近于前人所言之"理"与"术"、"理"与"数"、"义"与"数"。在《庄子》的话语体系里，"方术"是与"道术"相对立的。笔者认为，"数术"之被称为"方术"，是非常贴切的称谓。后世之道教典籍，多以"道"、"术"对举，如《云笈七籤》卷四十五《秘要诀法·序事》云："道者虚无之至真也，术者变化之玄伎也。道无形，因术以济人；人有灵，因修而会道。"

具有高度的可操作性。《管子》的《幼官》、《四时》、《五行》诸篇,《吕氏春秋》的"十二纪",《礼记》的《月令》篇,《淮南子》的《时则训》等,都属于月令一派。

(4)方仙派。方仙派(古称"方仙道"),是一个具有浓郁宗教色彩的学派,其目标是追求长生不死而最终成为仙人。《史记·封禅书》记载,"燕齐海上之方士"、"怪迂阿谀苟合之徒"如宋毋忌、正伯侨、充尚、羡门高等,"为方仙道,形解销化,依于鬼神之事",这是典型的方仙派。

(5)素问派。素问派是阴阳五行学说应用于中医学而形成的一个派别,以《黄帝内经·素问》为代表。在《黄帝内经》中,阴阳五行学说得到了出色的运用[1]。

(6)兵阴阳派。阴阳五行理论运用于军事领域,遂衍生出了兵阴阳家。《汉书·艺文志》说,"(兵)阴阳者,顺时而发,推刑德,随斗击,因五胜,假鬼神而为助者也"。张家山汉简《盖庐》、银雀山汉简《地典》,可作为兵阴阳派的代表作。

(7)数术派。数术派以阴阳家的理论为指导,用观察到的种种自然现象和社会现象,来推测人与政权的命运与气数。《汉书·艺文志·数术略》分数术为天文、历谱、五行、蓍龟、杂占、形法六家,其中与阴阳家关系密切的是天文、历谱、五行、形法四家。长沙楚帛书《月忌》、秦汉简《日书》等,可作为数术派的代表作。

---

[1] 可参看本书第六章第一节《"人生有形,不离阴阳"——中医与阴阳》。

二、邹衍的思想

邹衍（约公元前350—前270年，或约前305—前240年，或约前324—约前250年[1]），一作驺衍，战国齐人。邹衍"深观阴阳消息"而又推演"五德转移"（《史记·孟子荀卿列传》），并以"阴阳《主运》显于诸侯"（《史记·封禅书》），故被推举为正宗的"阴阳五行家"。毫无疑问，邹衍是先秦阴阳家的集大成者，也是中国历史上最负盛名的阴阳家的代表。

邹衍曾经游学稷下学宫，备受尊重，齐人颂曰"谈天衍"。离开齐国后，邹衍先后游历过魏、赵、燕诸国，受到各国君主的高度礼遇。其中，尤以在燕国的礼遇最为尊崇。根据《史记·孟子荀卿列传》记载，邹衍到燕国之时，"（燕）昭王拥彗先驱，请列弟子之座而受业"，并特意为邹衍筑造了碣石宫。燕惠王时，邹衍被诬下狱，传说有"有霜陨之异"（《后汉书·刘瑜传》）[2]。邹衍出狱后，飘然而去，不知所终。

邹衍的著述，《汉书·艺文志·诸子略》著录有《邹子》四十九篇、《邹子终始》五十六篇，可惜均已亡佚。《史记·孟子荀

---

[1] 孙开泰：《邹衍事迹考辨》，《管子学刊》，1989年第3期；《邹衍年谱》，《管子学刊》，1990年第2期；《邹衍与阴阳五行》，济南：山东文艺出版社，2004年。

[2] 李贤注："《淮南子》曰：'邹衍事燕惠王尽忠，左右谮之，王系之，（衍）仰天而哭，五月天为之下霜。'"李白《古风》之三七："燕臣昔恸哭，五月飞秋霜。"所说即邹衍此事。

卿列传》也列举了邹衍的著作，"《终始》、《大圣》之篇，十余万言"，"邹子书有《主运篇》"（索隐引刘向《别录》）。清人马国翰（1794—1857）《玉函山房辑佚书》卷十七辑有《邹子》一卷。

邹衍的思想学说，大致包括以下四方面：

（一）天道观——"谈天衍"

邹衍游学齐国稷下之时，获得一个美称——"谈天衍"[1]，这是邹衍明于天文历法之学的证据。梁人刘勰说"驺子养政于天文"（《文心雕龙·诸子》），良有以也。晋武帝太康二年（公元281年），汲郡人不準盗发魏襄王墓（或言安釐王冢），得竹书数十车，中有《大历》二篇，"邹子谈天类也"（《晋书·束皙传》）[2]。

据此，我们完全可以大胆推想，邹衍在天文历法上的修养和造诣应当是极其可观的，其宏富的著作中当有相当部分是专门论说"天道"的；只是由于书缺有间，后人已经无缘获知其详了。

据《史记·孟子荀卿列传》所述，邹衍似乎将宇宙的发展分为两大阶段：第一个阶段是"天地未生"，该时期的宇宙"窈冥不可考"；第二个阶段是"天地剖判以来"，该时期的宇宙万物和人类历史，可据阴阳消息、五行生胜等来论说其演化机制。

邹衍"养政于天文"，并非仅仅为了"谈天"（谈资之一）而

---

1 《太平御览》卷二引刘向《五经通义》："邹衍大言天事，曰'谈天衍'。"刘向《别录》："驺衍之所言五德终始，天地广大，尽言天事，故曰'谈天'。"（《史记》卷七十四《孟子荀卿列传》集解引）

2 此事《晋书·武帝纪》系年于咸宁五年（279年），《晋书·荀勖传》系年于咸宁初，杜预《春秋经传集解后序》系年于太康元年（280年）。

已,其目的在于引出"地"和"人"——即"谈天"是为了论"地"(地道)和说"人"(人道)。比如在天人关系上,邹衍力主天人相应、灾祥徵应之说。邹衍虽骛心闳远,其语虽闳大不经,但其落脚点仍在一个"人"(人世)字,其终极指归仍在"欲以致治"。司马谈云百家"殊涂"实"同归",即"此务为治"[1]。阴阳家亦不例外,"要其归,必止乎仁义节俭,君臣上下六亲之施"[2]。近人吕思勉(1884—1957)亦云:"邹子之学,非徒穷理,其意亦欲以致治"[3]。此为的论。

(二)地道观——"大九州"说

邹衍之所以要创立"大九州"学说,是因为他鄙夷儒、墨"不知天地之弘、昭旷之道",故创"大九州"说"以喻王公"(《盐铁论·论邹篇》)。《史记·孟子荀卿列传》、《盐铁论·论邹》、《论衡·谈天》《难岁》等都叙述过"大九州"说,而《孟子荀卿列传》的概述比较完整:

> 先列中国名山、大川、通谷、禽兽、水土所殖,物类所珍,因而推之,及海外人之所不能睹。(称引天地剖判以来,五德转移,治各有宜,而符应若兹[4]。)以为儒

---

[1] [汉]司马谈:《论六家之要指》,《史记·太史公自序》,第3288页。
[2] 《史记》卷七十四《孟子荀卿列传》,第2344页。
[3] 吕思勉:《先秦学术概论》,上海:东方出版中心,1985年,第143页。
[4] 吕思勉说此二十一字当在"大并世盛衰"下,且"大"当作"及"(《先秦学术概论》,第142页)。

者所谓中国者,于天下乃八十一分居其一分耳。中国名曰赤县神州。赤县神州内自有九州,禹之序九州是也,不得为州数。中国外如赤县神州者九,乃所谓九州也。于是有裨海环之,人民禽兽莫能相通者,如一区中者,乃为一州。如此者九,乃有大瀛海环其外,天地之际焉。

按照邹衍的"大九州"理论,儒(墨)者所谓"中国",实际上只一个"赤县神州"而已;"赤县神州"内又有"九州",此即大禹所序"九州"(《禹贡》九州);九个像"赤县神州"这样大的州合成一个大州(亦名"九州"),周围有裨海环绕着,彼此不能相通("人民禽兽莫能相通")[1];这样的大州又有九个,周围又有大瀛海环绕着,"此所谓八极"。在那里,才有"天下"八个方面的终极之处("天地之际")。因此,常言所说的"中国",只是整个"大九州"中的八十一分之一而已。

邹衍"大九州"说的推论理路,司马迁归纳为"必先验小物,至于无垠",但因"其语闳大不经","王公大人初见其术,惧然顾化"(《史记·孟子荀卿列传》)。换句话说,邹衍在创立"大九州"说时,方法论上采用了"以小见大"、"由近及远"的推衍方法[2]。

---

1 《说文解字·水部》:"水中可居曰州。"《尔雅·释天》:"水中可居曰洲。"邹衍所说"九州"之"州",恪守的仍然是"州"字的古训。
2 王梦鸥:《邹衍遗说考》,台北:台湾商务印书馆,1966年,第120页。

（三）人道观——五行之相生与相胜

1. 五德终始——五行相胜说

"五德终始"，又称"五德转移"，简称"终始"，是邹衍的历史哲学，也应该是《终始》一篇的中心主旨。邹衍以"五行相胜"作为推论的理论基石，用"五德终始"说来解释历史上朝代更替兴废的原因和规律性。邹衍认为，往古之王朝都有自己所对应和符合的"德"（五德之德），它决定着该王朝的"运"（命运）；"五德"（五行之德运）"终始"处于"转移"不居之中，"五德"是按照"五行相胜"的序列运行的；往古王朝的事实证明，"五德"之转移完全吻合于"终始"说（"符应若兹"）。（参看《史记·孟子荀卿列传》、《封禅书》、《吕氏春秋·有始览·应同》等的记述。）

"五德终始"说在历史上的影响重大而深远。邹衍认为，"五德终始"说所揭示的内容，就是历史上黄帝、禹、汤、文所由以兴替的原因之所在——乃"五德转移"使然。客观而言，此说在一定程度上适应了建立新的统一王朝的政治需要。秦始皇统一中国后，即采用了这一学说，"自齐威、宣之时，驺子之徒论著终始五德之运，及秦帝而齐人奏之，故始皇采用之"（《史记·封禅书》）。

2. 四时月令——五行相生说

《史记·封禅书》说邹衍"以阴阳《主运》显于诸侯"，集解引如淳曰："今其书有《主运》，五行相次转用事，随方面为服。"李约瑟说："五行交替地在统治着。（相继的帝王）随着方向选用

（他们）官服（的颜色，以使该色与占统治地位的'行'一致）。"[1] 李约瑟之译文大致不误，但未引证古籍。饶宗颐（1917—2018）说，《礼记·礼运》篇有"五色、六章、十二服还相为质"语，而"服"当指"服色"；"秦汉以来，众所讨论之'改正朔易服色'，似即承袭邹氏主运之观点也"[2]。白奚分析说，《主运》所论乃"四时教令"（笔者按：名曰"四时月令"最贴切）的政治思想，其理论基础是"五行相生"说。《主运》的内容包括两个方面："五行相次转用事"和"随方面为服"。"五行相次转用事"，是说五行按相"次"的顺序转相用事，转到哪一"行"便用哪一"行"之事。其所谓"事"，《管子·四时》所论"务时而寄政"的"四时教令"思想，颇可用作参考。"随方面为服"，显然是指与五方相配，随五行的运转而改换方位，转到哪一"方面"便随哪一"方面"为"服"，这种转移也是以四时相随即"五行相生"为序的。白奚所说"服"之内涵，较李约瑟和饶宗颐更为宽泛。他认为，所谓"服"，可依据《管子》和《吕氏春秋》有关材料推知，即根据不同季节对君主的服饰、饮食、起居等做出规定（笔者按：实际上可以"服色数度"四字正确概括[3]）。《主运》之"主"，表明

---

1 [英]李约瑟：《中国科学技术史》第二卷《科学思想史》，北京·上海：科学出版社、上海古籍出版社，1990年，第260页。

2 饶宗颐：《五德终始说新探》，《中国史学上之正统论》，上海：上海远东出版社，1996年，第13页。

3 《汉书·郊祀志·赞》云："太初改制，而兒宽、司马迁等犹从臣、谊之言，服色数度，遂顺黄德。"

该篇是为君主立说；"运"的含义即"五行相次转用事"之"转"和"随方面为服"之"服"；"主运"即是要求君主要"随"五行之"转"，在四时教令和方物服色诸方面使"人事"符合"天道"。《主运》的理论基础是五行相生序，内容是建立在自然规范人事、"人与天调"的天人关系论基础上的四时教令的政治学说及其向日常生活领域的膨胀[1]。

笔者推测，广见于《吕氏春秋》"十二纪"以及《礼记·月令》《淮南子·时则训》等书的"明堂月令"之说（遵循五行相生说），大概借鉴了阴阳家的"四时月令"之说。阴阳家的"四时月令"之说，在邹衍手里恐怕只是粗具规模而已（邹衍特别注重从极大处落墨）；光大师门的邹奭、淳于髡等阴阳家人士，最终完善了其细枝末节，从而在操作技术上大大地推进了一步。《史记·孟子荀卿列传》说"驺衍之术迂大而闳辩；（驺）奭也文具而难施"，又说齐人颂扬邹奭为"雕龙奭"。由"雕龙奭"一语，约略可以揣测其情。

三、后学与末流

（一）一般情形

邹衍之后学及阴阳家之末流，《史记·封禅书》记述过其大

---

1 白奚：《稷下学研究——中国古代的思想自由与百家争鸣》，北京：生活·读书·新知三联书店，1998 年，第 261—265 页。

略,"自齐威、宣之时,驺子之徒论著《终始》五德之运。及秦帝而齐人奏之,故始皇采用。而宋毋忌、正伯侨、充尚、羡门高最后皆燕人,为方仙道,形解销化,依于鬼神之事。驺衍以阴阳《主运》显于诸侯,而燕齐海上之方士传其术不能通,然则怪迂阿谀苟合之徒自此兴,不可胜数也"。司马迁说"燕齐海上之方士传其术不能通",谓方士有"术"(实用的形式化的操作技术)而无"道"(哲理化的系统理论),且传驺衍之"术"不能通;鉴于驺衍"以阴阳《主运》显于诸侯","燕齐海上之方士"遂援引驺衍之说以文饰其"术"。故吕思勉云:"邹子之学,谓其骛心闳远可,谓其徒骛心于闳远,则不可也。"[1]

由《封禅书》的记载可知,"燕齐海上之方士"抛弃了邹衍借以"显于诸侯"的"大道"("阴阳主运"),而专事于"方仙道";他们置"人道"大要于不顾,全然"依于鬼神之事",强劲宣扬"形解销化",梦想长生成仙,一味求索所谓仙人、仙药、仙方,业已下降为"方士"(方术之士)。

(二)炼丹术

阴阳家对中国古代科学技术影响甚大,其中对炼丹术(alchemy)的影响尤巨。李约瑟认为,经过邹衍综合整理发展出来的阴阳五行学说,已经具备了"原始科学"的风貌(proto-science),而嗣后的自然主义者(phenomenalism,一译谶

---

[1] 吕思勉:《先秦学术概论》,上海:东方出版中心,1985年,第143页。

纬说者或唯象说者）则将这一"原始科学"渐变为"伪科学"（pseudo-science）[1]。李约瑟又认为，阴阳家（以及道家）与炼丹和化学有关：炼丹术起源于道家和与道家有密切关联的阴阳家[2]；"此外，还有许多证据把自然主义学派（阴阳家）与练（炼）丹术的起源联系在一起。我们可以看到，邹衍曾编出天然产物，大概是矿物、化学物质和植物的各种目录"[3]。

第五节　纵横家："变动阴阳"
——《鬼谷子》说阴阳

一、纵横家与《鬼谷子》

纵横家之"纵横"，又写作"从横"、"从衡"，乃同音通假使然。在司马谈的《论六家之要指》中，纵横家榜上无名（《史

---

1 [英]李约瑟：《中国科学技术史》第二卷《科学思想史》，北京·上海：科学出版社、上海古籍出版社，1990年，第270页。特别说明的是，笔者在引述李约瑟此说时，在译文上参照了台湾译本，在表述上参考了史华慈的理解（[英]李约瑟著，陈立夫等译：《中国古代科学思想史》，南昌：江西人民出版社，1999年第二版，第313页；[美]史华慈著，程钢译：《古代中国的思想世界》，南京：江苏人民出版社，2004年，第375页）。
2 [英]李约瑟：《中国科学技术史》第二卷《科学思想史》，北京·上海：科学出版社、上海古籍出版社，1990年，第93页。
3 [英]李约瑟：《中国科学技术史》第二卷《科学思想史》，北京·上海：科学出版社、上海古籍出版社，1990年，第262页。笔者按：中文译文作"练丹"，实属笔误，当作"炼丹"。

记·太史公自序》)。《汉书·艺文志》在司马谈"六家"(阴阳、儒、墨、名、法、道德)之说的基础上,增补了纵横、杂、农、小说四家,遂有"九流十家"之说。

纵横家兴盛于战国中后期(秦末汉初仍然十分活跃),从事着"合纵连横"的外交活动和军事活动。若追根溯源,纵横家亦与"王官之学"有着莫大的关系。《汉书·艺文志·诸子略》云:"从横家者流,盖出于行人之官。孔子曰:'诵《诗》三百,使于四方,不能专对,虽多亦奚以为?'又曰:'使乎!使乎!'言其当权事制宜,受命不受辞,此其所长也。及邪人为之,则上诈谖而弃其信。"[1]据《周礼·秋官》载,行人之官掌宾客之礼仪、礼籍以及朝觐聘问之事。吕思勉说,"盖古者外交,使人之责任甚重,后遂寖成一种学问。此学盖至战国而后大成。《汉志》所谓邪人为之者,正其学成立之时也"[2]。《淮南子·要略》云:"晚世之时,六国诸侯,谿异谷别,水绝山隔,各自治其境内,守其分地,握其权柄,擅其政令,下无方伯,上无天子,力征争权,胜者为右,恃连与国,约重致,剖信符,结远援,以守其国家,持其社稷,故纵横修短生焉。"[3]析而言之,战国时期各大国纷纷拉拢与国,开展激烈的斗争,于是在外交和军事上就产生了合纵、连横的活动。所谓纵横家,就是适应这种政治斗争的需要而产生的。纵横家的

---

[1] 《汉书》卷三十,第1740页。
[2] 吕思勉:《先秦学术概论》,上海:东方出版中心,1985年,第129页。
[3] 刘文典撰,冯逸、乔华点校:《淮南鸿烈集解》,北京:中华书局,1989年,第711页。

缺点是，他们重视依靠外力，不是像法家那样从改革政治、经济和谋求富国强兵入手；还过分夸大计谋策略的作用，把它看作国家强盛的关键[1]。

纵横家的鼻祖，向推世外高人"鬼谷子"[2]。关于鬼谷子的身世，甚为扑朔迷离而又神秘莫测。一般认为，鬼谷子乃战国楚人。至于其姓名，则说法不一。隐于鬼谷（在今河南登封北，一说在今陕西石泉），因以为号（一说自号），长于养性持身和纵横捭阖之术。根据《史记》记载，苏秦（？—前284）、张仪（？—前310）"俱事鬼谷先生学术"（《苏秦列传》、《张仪列传》），是鬼谷子最杰出的两大弟子[3]。另外，《孙庞演义》又说孙膑和庞涓（？—前341）亦为鬼谷子弟子，但揆诸年世，显与历史不符。世所传《鬼谷子》一书，旧题鬼谷子撰。

《鬼谷子》，《汉书·艺文志》没有著录，至《隋书·经籍志》始见著录。《隋书·经籍志三》著录《鬼谷子》三卷，列于纵横家，自注云："皇甫谧注。鬼谷子，周世隐于鬼谷。"又列《鬼谷子》三卷，乐一注[4]。今本系南朝陶弘景（456—536）注，内容多

---

[1] 杨宽：《战国史》（增订本），上海：上海人民出版社，1998年，第351页。

[2] 《史记·苏秦列传》集解引《风俗通义》曰："鬼谷先生，六国时纵横家。"（第2241页）

[3] 关于苏秦之事迹，可参看彭华：《燕国史稿》（修订版）第六章《强盛时期》以及第十四章《人物》之苏秦小传，新北：花木兰文化出版社，2013年；彭华：《燕国八百年》第五章《强盛时期》以及第十二章《燕国人物》，北京：中华书局，2018年，第105—124、337页。

[4] [唐]魏徵、令狐德棻：《隋书》三十四，北京：中华书局，1973年，第1005页。笔者按："乐一"当系"乐壹"之误，《史记·苏秦列传》索隐正作"乐壹注《鬼谷子》书云"（第2241页）。

述"知性寡累"和揣摩、捭阖等术。

《鬼谷子》一书,旧说多以为系后人伪托(如柳宗元、胡应麟等[1]),而四库馆臣并不完全认同旧说[2]。余嘉锡(1884—1955)广引古典,证明《汉书·艺文志》虽未著录其书名,但西汉实已有《鬼谷子》其书;刘向合编于《苏子》三十二篇,故《鬼谷子》不别著录[3]。此说第一点可信,第二点则可商。长沙马王堆汉墓帛书出土后,唐兰曾经指出《鬼谷子·符言》有与帛书文字共通之处[4]。何如璋(1838—1891)《管子析疑》认为,《鬼谷子·符言》乃剿袭《管子·九守》而成[5]。李学勤对照《鬼谷子》与简帛佚籍(如马王堆帛书《黄帝四经》),认为《鬼谷子》与黄老道家有关系,而《鬼谷子》的一部分也是真古书[6]。据郑杰文考证,《鬼谷子》是张仪、苏秦受业于鬼谷先生时的课业记录,后经苏秦等

---

1 柳宗元(773—819)之说见《辨鬼谷子》(《柳河东集》卷四),胡应麟(1551—1602)之说见《读鬼谷子》(《少室山房集》卷一百三)、《四部正讹》卷中(《少室山房笔丛正集》卷十五),文渊阁四库全书本。

2 《四库全书总目提要》卷一一七云,(胡应麟等)"其言颇为近理,然亦终无确证","盖其术虽不足道,其文之奇变诡伟,要非后世所能为也"。

3 余嘉锡:《古书通例》卷一,《余嘉锡说文献学》,上海:上海古籍出版社,2001年,第201—202页。余嘉锡自注云,此即其《四库提要辨证》之说。

4 唐兰:《马王堆出土〈老子〉乙本卷前古佚书的研究》附"《老子》乙本卷前古佚书与其他古籍引文对照表",《考古学报》,1975年第1期。

5 郭沫若等《管子集校》引,《郭沫若全集》历史编第七卷,北京:人民出版社,1984年,第256页。

6 李学勤:《〈鬼谷子·符言篇〉研究》,《中国史研究》,1994年第4期;收入《古文献丛论》,上海:上海远东出版社,1996年,第205—211页。

补充写定，成书于公元前 4 世纪末[1]。

《鬼谷子》共有十四篇，其中第十三、十四篇已失传。《鬼谷子》的版本，常见者有《道藏》本及嘉庆十年（1805）江都秦氏刊本。

二、《鬼谷子》的阴阳观

纵横家的阴阳观，深受《老子》哲学和《易传》哲学的影响[2]。

先说《鬼谷子》受《老子》哲学之影响。在天道观上，《老子》以高度抽象的语言申说宇宙万物之生成，"无，名天地始；有，名万物母"（第一章），"天下万物生于有，有生于无"（第四十章），"道生一，一生二，二生三，三生万物。万物负阴而抱阳，冲气以为和"（第四十二章）。《老子》这几句话表明，"道"生万物（中间经历了"一"、"二"、"三"几个环节），万物是"无"中生"有"的，故"道"有时又可姑称"无"。纵横家继承了《老子》的这一思想，将《老子》之"道"直接解说为"无形"，认为天地万物自"无形"而生，"古之大化者，乃与无形俱生"（《鬼谷子·反应》）。所谓"大化"，即一种演化机制。在混沌一片的"无

---

[1] 郑杰文：《鬼谷子天机妙意》，海口：南海出版公司，1993 年，第 29—35 页。
[2] 本小节的撰写，参考了郑杰文的两篇论文：(1)《纵横家的阴阳转化哲学观》，《齐鲁学刊》，1997 年第 6 期；(2)《〈鬼谷子〉哲学与〈老子〉哲学》，《齐鲁学刊》，1999 年第 1 期。

形"世界，这种机制既已存在。其后，由"无形"经"大化"而为"有形"，"有形"即世界。世界有形之万物，皆生于"无形"。

至于"阴"、"阳"与"道"、"一"、"二"、"三"、"万物"的关系究竟如何，《老子》没有明言。或者说，《老子》没有正面回答"阴"、"阳"在宇宙生成问题上的角色及地位诸问题。到《鬼谷子》成书时，这一问题被正式提上了议事日程。《鬼谷子·本经阴符》说："道者，天地之始，一其纪也。物之所造，天之所生，包宏无形，化气先天地而成，莫见其形，莫知其名，谓之神灵。"其说显然袭自《老子》，是以陶弘景注云："无名，天地之始，故曰'道者，天地之始也'。道始所生者一，故曰'一其纪也'。言天道混成，阴阳陶铸，万物以之造化，天地以生成，包容弘厚，莫见其形，至于化育之气，乃先天地而成，不可以状貌诘，不可以名字寻。妙万物而为言者也，是以谓之'神灵'。"《本经阴符》又云："故道者，神明之源，一其化端。是以德养五气，心能得一，乃有其术。"陶弘景注："神明禀道而生，故曰'道者，神明之源也'。化端不一，有时不化，故曰'一其化端也'。循理有成谓之'德'，五气各能循理，则成功可致，故曰'德养五气'也。一者，无为而自然者也。心能无为，其术自生，故曰'心能得一，乃有其术也'。"

由此可知，《鬼谷子》亦认为"道"生万物，并且万物依然是由"无"而生"有"，但明畅地融入了"气"论学说；万物生成的过程，始于"一"（"一其纪也"），"一"化而为"气"（阴气、阳气以及五气)——是称"化气",使"一"由"无形"而落实为"有形",而"化气先天地而成";化气造分阴阳,"阴阳陶铸,万物以之造化,天地以生成"。

次说《鬼谷子》受《易传》哲学之影响。《易传》所阐述的宇宙生成论,与《老子》相较,则又自成一大独立的体系。《系辞上》说:"易有太极,是生两仪。两仪生四象,四象生八卦。八卦定[1]吉凶,吉凶生大业。"由此可以看出,《易传》在阐说宇宙生成问题时,特别强调"二分","悬置"之"易"中包含着"太极",随后下生宇宙万物,由"太极"而生"两仪"(天地),由"两仪"而生"四象"(四时),由"四象"生"八卦","八卦定(生)吉凶,吉凶生大业";"吉凶"一词,表明的是对立统一,直可与"阴阳"相媲美。是以《系辞上》又说,"一阴一阳之谓道","阖户谓之坤,辟户谓之乾,一阖一辟谓之变"。也就是说,"阴阳"处于相反相成、对立统一之中,它们的相互作用体现的是宇宙万物演化和运动的基本规律("道")。阴、阳之关系,一如乾、坤,一如阖、辟,始终处于对立统一之中。这一精辟的辩证思想,几乎为纵横家全盘继承。《鬼谷子·捭阖》说:"观阴阳之开阖以名命物。"陶弘景注云:"阳开以生物,阴阖以成物,生成既著,须立名以命之也。"《捭阖》篇又云:"捭阖者,天地之道。捭阖者,以变动阴阳,四时开闭,以化万物。"陶弘景径直以《易传》之说

---

[1] 马王堆帛书《系辞》"定"作"生"。李学勤认为,就文例观之,似较胜(《帛书〈系辞〉析论》,《江汉考古》,1993年第1期;后收入其《古文献丛论》,第46页)。

释《鬼谷子》,"阖户谓之坤,辟户谓之乾,故谓天地之道","阴阳变动,四时开闭,皆捭阖之道也。纵横,谓废起也。万物,或开以起之,或阖而废之"。从用语到思路,《鬼谷子》均承袭自《易传》,其理甚明。

业已生成的天地宇宙和万事万物,实际上亦可分为相反(辅)相成、对立统一的两大类。道、儒、纵横三家均作如是观。《老子》第二章:"有无相生,难易相成,长短相形,高下相盈,音声相和,前后相随。恒也。"第三十六章:"柔弱胜刚强。"《易传·说卦》:"昔者圣人之作《易》也,将以顺性命之理,是以立天之道曰阴与阳,立地之道曰柔与刚,立人之道曰仁与义。兼三才而两之,故《易》六画而成卦。分阴分阳,迭用柔刚,故《易》六位而成章。"《鬼谷子·捭阖》:"故圣人之在天下也,自古及今,其道一也。变化无穷,各有所归。或阴或阳,或柔或刚,或开或闭,或弛或张。"

在《老子》的思想体系里,"阴阳"主要用于天道一端;在《易传》的思想体系里,"阴阳"则已遍及天地人"三才"之道;在《鬼谷子》的思想体系里,"阴阳"则集中于人道一端,具有浓郁的人文色彩。

《鬼谷子·捭阖》云:"故言长生、安乐、富贵、尊荣、显名、爱好、财利、得意、喜欲,为阳,曰始。故言死亡、忧患、贫贱、苦辱、弃损、亡利、失意、有害、刑戮、诛罚,为阴,曰终。"将社会事物区分为阴阳、终始两大类,而且特别注重阴阳、终始之转化。该篇接着说:"诸言法阳之类者,皆曰始,言善以始其事;诸言法阴之类者,皆曰终,言恶以终其谋。捭阖之道,以阴阳试之,故与阳言者,依崇高,与阴言者,依卑小。"事物之所以能实现转化,是因为事物内部的阴阳因素本来就是相互对立而又相互统一、相互排斥而又相互依存的。《捭阖》篇云:"益损、去就、倍反,皆以阴阳御其事。阳动而行,阴止而藏;阳动而出,阴隐而入。阳还终阴,阴极反阳。以阳动者,德相生也;以阴静者,形相成也。以阳求阴,苞以德也;以阴结阳,施以力也。阴阳相求,由捭阖也。此天地阴阳之道,而说人之法也,为万事之先,是谓圆方之门户。"所谓"阳还终阴,阴极反阳",实即"物极必反",此说颇开后世"阴极而阳,阳极而阴"之先河[1]。

纵横家对实践的重视远远超过对理论的探索,故纵横家的阴阳思想体现在其纵横"捭阖"的社会活动之中。依照《鬼谷子·本经阴符七篇》的说法,天道的关怀是为了人事的践履,"以观天地开辟,知万物所造化,见阴阳之终始,原人事之政理,不出户而知天下,不窥牖而见天道。不见而命,不行而至,是谓道。知以通神明,应于无方,而神宿矣"。纵横家从事社会斗争,是为了使己方获得较多的社会利益;为达此目的,就必须变动阴阳,

---

[1] 成书于汉代的《太平经》,亦有明确的"物极必反"(矛盾转化)思想。它认为,矛盾双方在一定条件下("极")便会向其相反的方面转化,即所谓"极即还反"是也,"极上者当反下,极外者当反内;故阳极当反阴,极于下者当反上;故阴极反阳,极于末者当反本"(王明:《太平经合校》,北京:中华书局,1960年,第94—96页)。

促阴转阳，因势而利导之。为促使阴阳变动，就要对阴阳事物施加外力，就要对阴阳形势施予人为影响。纵横家把这种促阴转阳的努力称之为"捭阖"，其方式方法即称为"捭阖之术"，并且认为"捭阖"体现的是"天地之道"。《鬼谷子·捭阖》说："捭阖者，天地之道。捭阖者，以变动阴阳，四时开闭，以化万物。纵横反出、反覆、反忤，必由此矣。捭阖者，道之大化、说之变也，必豫审其变化。……捭之者，开也、言也、阳也；阖之者，闭也、默也、阴也。阴阳其和，终始其义。"该篇又认为，只要遵循"捭阖之道"，便可"无所不出，无所不入，无所不言可。可以说人，可以说家，可以说国，可以说天下。为小无内，为大无外"；并以总结性的话语说，"此天地阴阳之道，而说人之法也，为万事之先，是谓圆方之门户"。用"捭阖之术"去变动社会事件的阴阳形态，其关键点是掌握社会事件的"几微之"，抓住事件内部的"几微之动"(《鬼谷子·本经阴符》)；即发现不利于自己的阴性事件内部的柔弱的阳性因子，培植之使其成长壮大，并压倒事件内部的阴性因素而占主导地位，使此事件成为利于自己的阳性事件，此即《战国策·赵策三》所云"微之为著者强"。其权术有四：一是以静制动；二是守弱用柔；三是导人自败；四是深藏不露。

纵横家人士如此而为，自然有其迫不得已的内因和外因。纵横策士大都出身于平民，自身是弱小而无助的。而他们游说的对象，则是强大而尊贵的帝王将相、王亲权臣。这种力量对比悬殊的局势，促使他们在斗争实践中摸索出一种以弱胜强的方法，这就是《老子》的"柔弱胜刚强"说。《老子》第七十八章说:"天下莫柔弱于水,而攻坚强者莫之能胜,以其无以易之。弱之胜强,柔之胜刚,天下莫不知,莫能行。"第七十六章又说:"人之生也柔弱,其死也坚强。草木之生也柔脆,其死也枯槁。故坚强者死之徒,柔弱者生之徒。"

走笔至此,顺便补充一个生动而真实的"变动阴阳"、"柔弱胜刚强"的历史事件,且此事例早已突破纵横策士的个人命运,一跃而升为国家命运。燕王哙行禅让,几致燕亡国(敌手是强大的齐国)。借助于秦、赵二国,流亡国外的燕昭王即位于"破燕之后"。即位之后,燕昭王"卑身厚币,以招贤者",得到郭隗、乐毅、苏秦、邹衍、剧辛等人的鼎力辅佐。随后,苏秦为间于齐,在诸侯间施展纵横捭阖之术,离间齐赵关系,诱使齐灭宋而激起众怒。公元前284年,乐毅率五国攻齐,大军所至,势如破竹,终使燕昭王雪耻[1]。

---

1 此事之详情,请参看彭华:《燕国史稿》(修订版)第六章《强盛时期》,新北:花木兰文化出版社,2013年;彭华:《燕国八百年》第五章《强盛时期》,北京:中华书局,2018年,第105—124页。

第五章

阴阳学说的发展（二）——中古经学时代

第一节 "阳贵而阴贱，天之制也"
——董仲舒说阴阳

一、生平事迹

董仲舒（约前179—约前104，或说约前197—约前106），广川（今河北枣强东）人。西汉哲学家，今文经学家，儒学大师。

董仲舒少治《春秋公羊传》，其师承不明。以"公羊学"闻名，汉景帝时立为博士。汉武帝诏举贤良文学之士，董仲舒上策三篇——即后世所谓"天人三策"[1]，建议"诸不在六艺之科、孔子之术者，皆绝其道，勿使并进"，为武帝所采纳，以后在公孙弘等人的具体计划下逐步得以实施，最终形成"罢黜百家，独尊儒

---

1 董仲舒对策之年，《资治通鉴》卷十七作建元元年（前140），《汉书补注》引齐召南（1703—1768）作建元五年（前136），苏诚鉴作元朔五年（前124）(《董仲舒对策在元朔五年议》,《中国史研究》，1984年第3期)，《汉书·武帝纪》作元光元年（前134）。

术"的政治格局。其后，董仲舒被任命为江都王刘非之相（刘非以"素骄"、"好勇"而闻名），"仲舒以礼谊匡正，王敬重焉"。其后，董仲舒"中废为中大夫"。董仲舒因辽东高庙、长陵高园殿灾而上书言阴阳灾异，由此触怒汉武帝，并险些送命，"遂不敢复言灾异"[1]。董仲舒"为人廉直"，后遭公孙弘（前200—前121）嫉恨、排挤，被故意任命为胶西王刘端之相（刘端以纵恣不法、屡杀大臣而闻名），胶西王"善待之"。董仲舒恐日久获罪，遂称病辞职。"去位归居，终不问家产业，以修学著书为事"，"朝廷如有大议，使使者及廷尉张汤就其家而问之，其对皆有明法"。后终老于家（《汉书·董仲舒传》）。

董仲舒著述宏富，"（董）仲舒所著，皆明经术之意，及上疏条教，凡百二十三篇。而说《春秋》事得失，《闻举》、《玉杯》、《蕃露》、《清明》、《竹林》之属，复数十篇，十余万言"（《汉书·董仲舒传》）。今存有《贤良对策》三篇、《春秋繁露》八十二篇（其中三篇有目无文）；另有《春秋决狱》，今存部分；其余遗文，后人编辑为《董子文集》。《春秋繁露》集中体现了董仲舒的儒学思想。该书重要的注本，有凌曙（1775—1829）的《春秋繁露注》、苏舆（1873—1914）的《春秋繁露义证》。

---

[1] 《汉书·董仲舒传》："仲舒治国，以《春秋》灾异之变推阴阳所以错行，故求雨，闭诸阳，纵诸阴，其止雨反是；行之一国，未尝不得所欲。中废为中大夫。先是辽东高庙、长陵高园殿灾，仲舒居家推说其意，草稿未上，主父偃候仲舒，私见，嫉之，窃其书而奏焉。上召视诸儒，仲舒弟子吕步舒不知其师书，以为大愚。于是下仲舒吏，当死，诏赦之，仲舒遂不敢复言灾异。"

董仲舒之学，以儒家思想为主体，杂以阴阳五行说和道家、法家思想，着力阐发"《春秋》大一统"的思想，将神权、君权、父权、夫权贯串为一，从理论上论证封建统治制度的合理性和合法性，形成了一套比较完整的封建神学体系，适应了巩固大一统中央集权的需要，成为汉代的官方统治哲学。

董仲舒在汉代颇有时誉。刘向（前77—前6）称赞董仲舒有"王佐之材"，刘歆（？—23）美誉董仲舒为"群儒首"（《汉书·董仲舒传》），班固（32—92）盛誉董仲舒为"儒者宗"（《汉书·五行志上》），王充（27—约97）推许董仲舒为汉代的孔子[1]。在汉代，董仲舒虽为"群儒首"、"儒者宗"，但他的儒学与先秦儒学已有很大不同，是经过重新构思而成的神学化的政治儒学[2]。

董仲舒是西汉最重要的政治哲学家，也是中国历史上影响极大的重要思想家之一。董仲舒上承孔子[3]，下启朱熹，是儒学发展史上的关键人物。董仲舒的思想学说，在中国思想文化史上具有重大的影响，为此后两千余年间封建统治者所沿袭，为中华民族传统精神的奠定做出了重要贡献。在阴阳学说的发展史上，董仲舒也起到了继往开来、承前启后的作用。

---

1 《论衡·超奇》："文王之文在孔子，孔子之文在仲舒。"
2 徐复观说："儒家思想发展到董仲舒，在许多方面变了形。"（徐复观：《两汉思想史》第二卷，上海：华东师范大学出版社，2001年，第183页。）
3 宋人孙复（992—1057）说，"暴秦之后，圣人之道晦矣；晦而复明者，仲舒之力也"（《董仲舒论》）。

二、阴阳学说

在天道观上，董仲舒认为"天"是宇宙万物的缔造者、主宰者与支配者，"天"的地位与权威是至高无上的，"天者，万物之祖，万物非天不生"（《春秋繁露·顺命》），"天地者，万物之本，先祖之所出也"（《春秋繁露·观德》），"天者，百神之大君也"（《春秋繁露·郊语》），"天者，百神之君也，王者之所最尊也"（《春秋繁露·郊义》）。"天"是人格化的至上神，"天"通过阴阳五行的变化显示其主宰作用，"天意难见也，其道难理，是故明阳阴、入出、实虚之处，所以观天之志；辨五行之本末、顺逆、小大、广狭，所以观天道也"（《春秋繁露·天地阴阳》），"阳者，天之宽也；阴者，天之急也"（《春秋繁露·循天之道》）。天体运行成为一种道德意识和目的的体现，"阳，天之德；阴，天之刑也"（《春秋繁露·阳尊阴卑》），"阳为德，阴为刑；刑主杀而德主生。是故阳常居大夏，而以生育养长为事；阴常居大冬，而积于空虚不用之处。以此见天之任德不任刑也"（《汉书·董仲舒传》）。"'天'是董仲舒唯心主义世界观的最高范畴，也是他的思想体系的基石"[1]。董仲舒如此论说"天"，是为"天人感应"、"三纲五常"、"阳尊阴卑"、"阳贵阴贱"等寻找理论的依据与形上的本原。

---

[1] 葛荣晋：《先秦两汉哲学论稿》，北京：中国人民大学出版社，2014年，第290页。

在天人关系上，董仲舒提出"天人感应"说。董仲舒认为天人同类，"人之为人本于天，天亦人之曾祖父也，此人之所以上类天也"（《春秋繁露·为人者天》），"以类合之，天人一也"（《春秋繁露·阴阳义》）。董仲舒甚至认为，人的形体、情感、道德等无一不是天的副本，他称之为"人副天数"，"天地之符，阴阳之副，常设于身。身犹天也，数与之相参，故命与之相连也"（《春秋繁露·人副天数》）。比如说，"人之身，首妢而员，象天容也；发，象星辰也；耳目戾戾，象日月也；鼻口呼吸，象风气也；胸中达知，象神明也；腹胞实虚，象百物也；百物者最近地，故要以下，地也。天地之象，以要为带，颈以上者，精神尊严，明天类之状也；颈而下者，丰厚卑辱，土壤之比也；足布而方，地形之象也"（《春秋繁露·人副天数》）。当然，"人副天数"也包括阴阳与五行，"内有五脏，副五行数也"，"乍哀乍乐，副阴阳也"（《春秋繁露·人副天数》），"身之有性情也，若天之有阴阳也"（《春秋繁露·深察名号》）。凡是同类的事物，彼此能互相感应，"故气同则会，声比则应。……美事召美类，恶事召恶类。类之相应而起也"，"天有阴阳，人亦有阴阳。天地之阴气起，而人之阴气应之而起；人之阴气起，而天地之阴气亦宜应之而起，其道一也"（《春秋繁露·同类相动》）。董仲舒的"天人感应"论，为盛行于两汉的谶纬神学提供了理论基础，实为汉儒"宇宙论中心思想之总枢"[1]。

在伦理思想上，董仲舒提出"三纲五常"说；董仲舒对"三

---

1 劳思光：《新编中国哲学史》，桂林：广西师范大学出版社，2005年，第25页。

纲五常"进行论证的思想武器,便是阴阳学说。董仲舒认为,三纲(君臣、父子、夫妇)、五常(仁、义、礼、智、信)皆出自天道,"王道之三纲,可求于天"(《春秋繁露·基义》)。董仲舒将"三纲"解释为阴阳关系,"天道之大者在阴阳"(《汉书·董仲舒传》),故"君臣、父子、夫妇之义,皆取诸阴阳之道。君为阳,臣为阴;父为阳,子为阴;夫为阳,妻为阴"(《春秋繁露·基义》)。三纲五常是永恒不变的神圣的人类律条,"道之大原出于天,天不变,道亦不变"(《汉书·董仲舒传》)。

但是,董仲舒又有其最深沉的考虑,即希望利用天的权威来制约君权,"《春秋》之法:以人随君,以君随天。……屈民而伸君,屈君而伸天,《春秋》之大义也"(《春秋繁露·玉杯》)。因为"天"是最尊的,"人"皆受命于天,"天子受命于天,诸侯受命于天子,子受命于父,臣妾受命于君,妻受命于夫,诸所受命者,其尊皆天也,虽谓受命于天亦可"(《春秋繁露·顺命》)。

需要特别强调的是,董仲舒所说的阴阳并非平等的自然关系,而是有差别的主从关系。具体而言,阴阳有尊卑、贵贱之别,即"阳尊阴卑"、"阳贵阴贱"。在董仲舒看来,这是天经地义的"天道","天道大数,相反之物也,不得俱出,阴阳是也"(《春秋繁露·阴阳出入上下》),"天之常道,相反之物也,不得两起,故谓之一。一而不二者,天之行也。阴与阳,相反之物也"(《春秋繁露·天道无二》),"阳贵而阴贱,天之制也"(《春秋繁露·天辨在人》)。阴阳之所以有尊卑、贵贱之别,是因为"凡物必有合",

"物莫无合，而合各有阴阳"，"阴者，阳之合"；因此，"合必有上，必有下，必有左，必有右，必有前，必有后，必有表，必有里"(《春秋繁露·基义》)。

以君臣、父子、夫妇三纲而论，"妻者，夫之合；子者，父之合；臣者，君之合"，君、父、夫为阳，而臣、子、妇为阴(《春秋繁露·基义》)。由此，君臣、父子、夫妇遂有尊卑、贵贱之别，在权利与义务上亦截然分殊，"不当阳者，臣子是也；当阳者，君父是也。故人主南面，以阳为位也"(《春秋繁露·天辨在人》)，"丈夫虽贱皆为阳，妇人虽贵皆为阴"(《春秋繁露·阳尊阴卑》)，"阳为夫而生之，阴为妇而助之"(《春秋繁露·基义》)，"子受命于父，臣妾受命于君，妻受命于夫，诸所受命者，其尊皆天也"(《春秋繁露·顺命》)。在董仲舒看来，这是合乎天地之道的，"下事上，如地事天也，可谓大忠矣"(《春秋繁露·五行对》)。这样一来，阴阳关系便成为等级伦理、纲常名教的关系。

降而至于《白虎通义》，遂对"三纲"说予以权威性的解释，"三纲者何谓也？谓君臣、父子、夫妇也。六纪者，谓诸父、兄弟、族人、诸舅、师长、朋友也。故《含文嘉》曰：'君为臣纲，父为子纲，夫为妻纲。'"(《三纲六纪》)但是，《白虎通义》已然没有董仲舒当年的深沉关怀。

顺便说明，董仲舒的"阳尊阴卑"、"阳贵阴贱"思想以及"阴阳刑德"理论，应当来源于马王堆帛书《黄帝四经》[1]。这是董

1　参看本书第四章第三节《新道家："阴阳大义"——帛书说阴阳》。

仲舒对先前思想资源的继承。同时，董仲舒的阴阳学说又开启后学。东汉前期结集的官方文献《白虎通义》[1]，便沿袭了董仲舒的阴阳学说及论证方式；同时又大量援引谶纬（"《白虎通义》的宗教神学体系，直接出自谶纬"[2]），利用阴阳说论证封建等级关系的合理性，使阴阳学说的神学色彩更加浓厚。王弼（226—249）注释《周易》，也吸收了"阳尊阴卑"观念，"位有尊卑，爻有阴阳。尊者，阳之所处；卑者，阴之所履也。故以尊为阳位，卑为阴位"（《周易略例·辩位》）

同时又有必要指出的是，董仲舒所说的阴阳是"气"，是"阴阳之气"，是"天地之气"。"阳，天气也；阴，地气也"（《春秋繁露·人副天数》），"天地之气，合而为一，分为阴阳，判为四时，列为五行"（《春秋繁露·五行相生》），"阴阳之气，在上天，亦在人"（《春秋繁露·如天之为》），"天地之间，有阴阳之气，常渐人者，若水常渐鱼也。所以异于水者，可见与不可见耳。……是天地之间，若虚而实"（《春秋繁露·天地阴阳》），"是故惟天地之气而精，出入无形，而物莫不应，实之至也"（《春秋繁露·循天之道》）。构成天地的"气"，是一种无处不在、无形而实的客观存在；而且以"气"为本原的自然的运动变化，有一定的秩序规律，

---

[1] 东汉建初四年（79），汉章帝仿西汉石渠阁故事，在洛阳北宫白虎观召开会议，讲论五经异同。汉章帝亲临裁决。会后，由班固整理奏议论辩之纪要，是为《白虎奏议》，亦称《白虎通德论》、《白虎通义》、《白虎通》。会议详情，见《东观汉记·明帝纪》。

[2] 钟肇鹏：《谶纬论略》，沈阳：辽宁教育出版社，1991年，第145页。

从阴阳消长而"判为四时"的变化中,形成时间上的不同节令,并且有"终而复始"的周期性[1]。

不仅自然现象如此,而且社会现象亦复如是。作为社会现象的刑德,其实也是"气","阴,刑气也;阳,德气也"(《春秋繁露·王道通三》)。社会之有刑德,一如自然之有阴阳,"天地之常,一阴一阳。阳者,天之德也;阴者,天之刑也"(《春秋繁露·阴阳义》),"阳,天之德;阴,天之刑也"(《春秋繁露·阳尊阴卑》),"任德远刑,若阴阳"(《春秋繁露·天地阴阳》)。《黄帝四经·姓争》亦云:"刑晦而德明,刑阴而德阳,刑微而德彰。"

《春秋繁露》中的阴阳对待关系,可列表如下[2]:

阳	尊、天气、东、左、顺、上、经、南、暖、生、贵、德、君、父、夫、仁、爱
阴	卑、地气、西、右、逆、下、权、北、寒、杀、贱、刑、臣、子、妻、戾、恶

诚如今人所言,董仲舒综合熔铸先秦以来的儒家和名、法、阴阳五行等家的思想,巧妙地把天道运转(天)和王道政治(人)

---

1 萧萐父、李锦全主编:《中国哲学史》(上卷),北京:人民出版社,1982年,第317—318页。
2 本表采自张立文:《中国哲学范畴发展史(天道篇)》,北京:中国人民大学出版社,1988年,第280页。

联结在一起。而其用以联结的桥梁，便是阴阳五行这个中间环节，因为自然、社会、人事以至人的道德、感情、心态都包含着阴阳的属性。董仲舒根据"同类相动"的思想方法，把天道与王道自身所具有的阴阳属性作为沟通天人之间的中介，从而构筑了他以"天人感应"为主要特征的哲学逻辑结构[1]。

史书记载，"汉兴，承秦灭学之后，景、武之世，董仲舒治《公羊春秋》，始推阴阳，为儒者宗"（《汉书·五行志上》）。所谓"始推阴阳"，即董仲舒首次以阴阳学说阐释宇宙万物、论证世界万事，如政治的三纲、自然的天地、人的性情等。自董仲舒以后，儒家哲学很少不谈阴阳的，而所论阴阳的基调也不出董仲舒的论说。诚如徐复观（1903—1982）所言："两千余年，阴阳五行之说，深入于社会，成了广大的流俗人生哲学，皆可追溯到董仲舒的思想上去。"[2]

第二节 "无极而太极"——周敦颐说阴阳

一、生平事迹

周敦颐（1017—1073），原名敦实，因避宋英宗（1032—

---

[1] 张立文：《中国哲学范畴发展史（天道篇）》，北京：中国人民大学出版社，1988年，第280—281页。
[2] 徐复观：《两汉思想史》第二卷，上海：华东师范大学出版社，2001年，第183页。

1067）旧讳而改[1]，字茂叔，道州营道（今湖南道县）人。因晚年筑室庐山莲花峰下，"前有溪"，取故乡营道之"濂溪"以名之，后人遂称其为"濂溪先生"。"北宋五子"之一[2]，哲学家，理学的开创者之一，"濂学"的创立者。

周敦颐曾任分宁主簿、南安军司理参军、大理寺丞、国子博士、虔州通判、知郴州、广东转运判官、知南康军等职。勤勉公务，多有治绩。初任分宁主簿，即出手不凡。"有狱久不决，敦颐至，一讯立辨"。邑人惊曰："老吏不如也。"其后，"为广东转运判官，提点刑狱，以洗冤泽物为己任。行部不惮劳苦，虽瘴疠险远，亦缓视徐按"（《宋史》卷四二七《道学传·周敦颐》）。

周敦颐在政治上倾向旧党，反对王安石变法，与赵抃（1008—1084）、司马光（1019—1086）、吕公著（1018—1089）、吕陶（1028—1104）等人关系密切。

周敦颐为人光明磊落，人格高风亮节。黄庭坚（1045—1105）称赞周敦颐，"人品甚高，胸怀洒落，如光风霁月。廉于取名而锐于求志，薄于徼福而厚于得民，菲于奉身而燕及茕嫠，陋于希世而尚友千古"（《宋史》卷四二七《道学传·周敦颐》）。

周敦颐不但颇有时誉，而且死后备受哀荣。南宋宁宗嘉定十三年（1220）赐谥曰元公。淳祐元年（1241）封汝南伯，从祀于孔子庙庭。元仁宗延祐六年（1319），改封道国公。明世宗嘉靖

---

[1] 宋英宗原名赵宗实，后改名赵曙。
[2] 北宋五子，即周敦颐、程颢、程颐、邵雍、张载五人。

年间，祀称先儒周子。

周敦颐喜谈名理，精于《易》学，著有《太极图说》、《通书》等，后人编为《周子全书》。《太极图说》和《通书》是周敦颐的代表作，前者"明天理之根源，究万物之终始"，后者"发明太极之蕴"。序者谓，"其言约而道大，文质而义精，得孔、孟之本源，大有功于学者也"（《宋史》卷四二七《道学传·周敦颐》）。

北宋理学大师程颢（1032—1085）、程颐（1033—1109）曾从周敦颐问学，朱熹《伊洛渊源录》即以周敦颐为首，张栻（1133—1180）更推其为"道学宗主"，《宋史·道学传》列周敦颐为第一人。

周敦颐继承了儒家《易传》的哲学和《中庸》"诚"的思想，又兼采佛、道之说（尤其是道家和道教思想），建立了一套虽然尚属简单而又不失系统的理学体系。周敦颐的学说对后世理学发展有极大影响[1]。

二、阴阳学说

周敦颐的阴阳学说，主要见于《太极图》和《太极图说》。关

---

[1] 今人指出，"二程的'扩大'，朱熹的'集大成'，就一定意义说，都不过是在周敦颐原有的思想基础上使道学理论更加完善化、系统化而已"。（萧萐父、李锦全主编：《中国哲学史》下卷，北京：人民出版社，1983年，第15页。）

于《太极图》的来源，尚有争议[1]；《太极图说》是周敦颐为其《太极图》写的一篇说明文字，全文仅250余字。为便于阅读和理解，现将图、文迻录如下[2]：

《太极图》（见右图）：

《太极图说》：

无极而太极[3]。太极动而生阳，动极而静，静而生阴。静极复动。一动一静，互为其根；分阴分阳，两仪立焉。阳变阴合，而生水、火、木、金、土。五气顺布，四时行焉。五行，一阴阳也；阴阳，一太极也；太极，本无极也。五行之生也，各一其性。无极之真，二五之精，妙合而凝。"乾道成

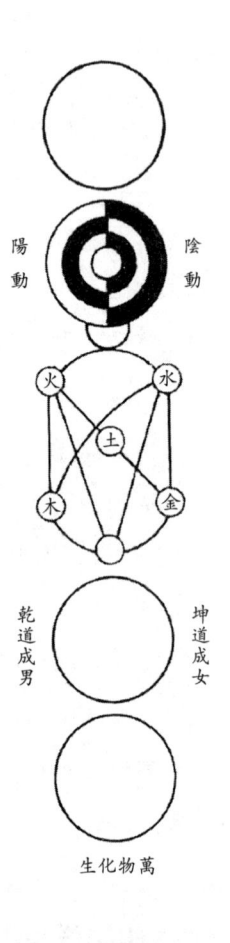

1　按照朱震（1072—1138）《汉上易传》的说法，太极图由道士陈抟（871—989）传出。陈抟以太极图授种放，种放授穆修，穆修授周敦颐（《宋史·朱震传》所引《汉上易解》的传授谱系有所不同）。朱彝尊（1629—1709）《经义考·太极图授受考》则认为，"无极图乃方士修炼之术，……周子取而转易之为图，……更名之曰太极图"。

2　[宋]周敦颐著，陈克明点校：《周敦颐集》，北京：中华书局，1990年，第1、3—7页。

3　"无极而太极"，宋代史馆所撰国史的《周敦颐传》作"自无极而为太极"。朱熹手定《太极图说》，认为当作"无极而太极"。毛奇龄（1623—1716）著《太极图说遗议》，认为宋代国史所载方可信。

男，坤道成女"，二气交感，化生万物。万物生生，而变化无穷焉。惟人也，得其秀而最灵。形既生矣，神发知矣，五性感动，而善恶分，万事出矣。圣人定之以中正仁义，圣人之道，仁义中正而已矣。而主静，无欲故静。立人极焉。故"圣人与天地合其德，日月合其明，四时合其序，鬼神合其吉凶"。君子修之吉，小人悖之凶。故曰："立天之道，曰阴与阳；立地之道，曰柔与刚；立人之道，曰仁与义。"又曰："原始反终，故知死生之说。"大哉《易》也，斯其至矣！

周敦颐认为，"太极"是宇宙的根源，"无极"是世界的本体，由此而提出"无极而太极"学说。

从生成论而言，"太极"一动一静而生"阴阳"，而生"五行"。阴阳与五行相互作用（"二五之精，妙合而凝"），进而产生男女与万物（"二气交感，化生万物"）。而"万物"又生生不息，变化于是无穷无尽（"万物生生，而变化无穷焉"）。其公式为：太极→阴阳→五行→万物。这是从本体到现象，从"一"到"万"。

从本体论而言，"五行"又统一于"阴阳"（"五行，一阴阳也"），"阴阳"又统一于"太极"（"阴阳，一太极也"），"太极"又本于"无极"（"太极，本无极也"）。"无极"无形无象[1]，不可名

---

[1] 朱熹说："无极者无形，太极者有理也。周子恐人把作一物看，故云无极。"（《朱子语类》卷九十四）

状(《通书·动静》说太极"混兮辟兮")。其公式为：万物→五行→阴阳→太极。这是从现象到本体，从"万"到"一"。

周敦颐《太极图说》提出的"无极而太极"并不是客观的物质实体，而是虚无的绝对观念。《老子》说，"天下万物生于有，有生于无"(第四十章)。显然，周敦颐"无极而太极"学说是从老子的"有生于无"思想演化而成的，实际上也是一种"贵无"说。周敦颐把本原的实体规定为"实有而非物、本无而不空的绝对体"，这是对以往哲学思辨的理论总结，"为唯心主义在本体论上开辟新的途径"[1]。

虽然如此，但我们也不得不承认，周敦颐所说的阴阳是"气"，即阴气与阳气。包括人在内的万物，都是阴气与阳气交感的产物。统而言之，"二气交感，化生万物"；分而言之，"以阳生万物，以阴成万物"(《通书·顺化》)。不但阴阳是"气"，五行也是"气"。水、火、木、金、土五行之气("五气")的有序分布，由此产生时间("四时")，"五气顺布，四时行焉"。阴阳、五行的交感作用，产生万物，"二气五行，化生万物"(《通书·理性命》)。

周敦颐所说的阴阳，有时指的是两种性质。"水阴根阳，火阳根阴。五行阴阳，阴阳太极"(《通书·动静》)。水火属于五行，水是阴性，而根于阳气；火是阳性，而根于阴气。阴阳之间，表现了交参互函的关系[2]。

---

1 萧萐父、李锦全主编：《中国哲学史》下卷，北京：人民出版社，1983年，第17页。
2 张岱年：《中国古典哲学概念范畴要论》，北京：中国社会科学出版社，1989年，第86页。

第三节 "太虚即气","气有阴阳"
——张载说阴阳

一、生平事迹

张载（1020—1077），字子厚，凤翔郿县（今陕西眉县）横渠镇人，世称"横渠先生"。"北宋五子"之一，哲学家，理学的代表人物之一。(有的学者认为，张载为宋明理学奠定了理论基础，张载才是理学真正的开山人物[1]。)因讲学关中，其学派被称为"关学"。

张载青年时代曾习兵法（"少喜谈兵"），尝欲结客收复洮西失地。二十一岁时，以书谒范仲淹（989—1052）。范仲淹"一见知其远器"，于是警励引导："儒者自有名教可乐，何事于兵。"因劝张载读《中庸》。张载读其书，"犹以为未足"，又访诸释、老，"累年究极其说，知无所得，反而求之《六经》"。尝与二程语道学之要，涣然自信曰："吾道自足，何事旁求。"于是尽弃异学，淳然归于理学。张载生活艰苦朴素，"敝衣蔬食"，而立意高明、追求高远，"与诸生讲学，每告以知礼成性、变化气质之道，学必如

---

[1] 李泽厚（1930—2021）说："周（敦颐）、邵（雍）都不过是开端发引，真正为宋明理学奠定基础的，是……张载。"韦政通（1927—2018）说："横渠才是理学真正的开山人物。"（李泽厚：《宋明理学片论》，《中国古代思想史论》，北京：人民出版社，1985年，第223页。韦政通：《中国思想史》，上海：上海书店出版社，2003年，第759页。）

圣人而后已。以为知人而不知天，求为贤人而不求为圣人，此秦汉以来学者大蔽也"(《宋史·张载传》)。

张载曾任祁州司法参军、云岩令、崇文院校书等职。在政治上，张载倾向于保守。他虽然不像旧党那样竭力反对王安石（1021—1086），但也不赞成王安石的变法措施，认为变法变得太快（"顿革"）。张载主张恢复井田制，并且计划"买田一方，画为数井"(《宋元学案·横渠学案》)，进行小规模的试验。

张载"恬于进取"，不事生产。中年患病，中道而卒。家贫，无以为敛，"门人共买棺奉其丧还"。翰林学士许将（1037—1111）等上疏进言，"乞加赠恤"，"诏赐馆职半赙"。嘉定十三年（1220），赐谥曰明公。淳祐元年（1241）封郿伯，从祀于孔子庙庭。(《宋史·张载传》)

张载之学，"尊礼贵德、乐天安命，以《易》为宗，以《中庸》为体，以《礼》为用，以孔、孟为法，黜怪妄，辨鬼神"(《宋史·张载传》)。

著有《正蒙》、《经学理窟》、《横渠易说》、《语录》等，后人编为《张子全书》。今有校勘标点本《张载集》(中华书局1978年版)。

二、阴阳学说

张载虽然与周敦颐、程颢、程颐、邵雍等人并称为"北宋五子",但在哲学自然观上与另外四人则判然有别[1]。当周敦颐、程颢、程颐、邵雍等人忙于吸收佛教、道教理论以构建自己的体系时,张载却在批判佛教、道教理论的基础上,把王充的元气自然论发展为气一元论,创立了以"气"为本的宇宙论和本体论,即"气化论"的唯物主义体系,由此而成为中国古代朴素唯物主义哲学思想史上最杰出的代表之一。

在哲学上,张载认为"气"是宇宙万物的最高实体和最初始基,提出"太虚即气"(或"虚空即气")的学说。《正蒙·乾称》:"凡可状,皆有也;凡有,皆象也;凡象,皆气也。"也就是说,凡是可以摹写认识的("状"),就是存在("有");凡是存在的,就有其表象("象");凡是有表象的,无一例外的都是"气"。张载认为,不仅实存之物是"气","虚空"其实也是"气"。"太虚者,气之体"(《正蒙·乾称》),"虚空即气","太虚即气,则无无"(《正蒙·太和》)。"太虚实际上不是绝对真空;它只是气处于散的状态,再也看不见而已"[2],"太虚无形,气之本体。其聚其散,变化之客形尔"(《正蒙·太和》),"形聚为物,形溃反原"(《正蒙·乾称》)。在张载看来,"气"本身就是有无、虚实的统一体,"诸子浅妄,有有无之分,非穷理之学也"(《正

---

[1] 《宋元学案·横渠学案》:"(全)祖望谨案:横渠先生勇于造道,其门户虽微有殊于伊洛,而大本则一也。"

[2] 冯友兰著,涂又光译:《中国哲学简史》,北京:北京大学出版社,1996年第二版,第237页。

蒙·太和》)。由此，张载反对佛教、道教关于"空"、"无"的观点，"彼语寂灭者，往而不反；徇生执有者，物而不化。二者虽有间矣，以言乎失道则均焉"(《正蒙·太和》)。总之，"太虚即气"，"虚空即气"，"由气化，有道之名"(《正蒙·太和》)，"气之生即是道是易"(《横渠易说·系辞上》)。这样的"气"，多少摆脱了具体实物的观念，具有更大的普遍性。如果与西方古典哲学相对照，张载所说的"气"接近于柏拉图（Plato，前427—前347）、亚里士多德（Aristoteles，前384—前322）的"质料"（material）概念[1]。张岱年（1909—2004）指出，"唯气的本根论之大成者，是北宋横渠（载）。张子认为气是最根本的，气即是道，非别有道。宇宙一切皆是气，更没有外于气的；气自本自根，更没有为气之本的"[2]，"总而言之，一切都是气。而气是不依赖于人的感觉而独立存在的客观存在"[3]。

张载接着指出，"气"可一分为二——阴气与阳气。"气有阴阳，屈伸相感之无穷，故神之应也无穷；其散无数，故神之应也无数。虽无穷，其实湛然；虽无数，其实一而已。阴阳之气，散

---

[1] 亚里士多德认为，要说明事物的存在，必须在现实事物之内寻求原因。质料因、形式因、动力因、目的因，是事物产生、变化和发展的四个最基本原因。第一种是质料因（Material Cause），即形成物体的主要物质。第二种是形式因（Formal Cause），即主要物质被赋予的设计图案和形状。第三种是动力因（Efficient Cause），即为实现这类设计而提供的机构和作用。第四种是目的因（Final Cause），即设计物体所要达到的目的。

[2] 张岱年：《中国哲学大纲》，北京：中国社会科学出版社，1982年新1版，第42页。

[3] 张岱年：《张岱年全集》第三卷，石家庄：河北人民出版社，1996年，第247页。

则万殊，人莫知其一也；合则混然，人不见其殊也"（《正蒙·乾称》)。也就是说，阴阳二气处于对立依存、相反相成、升降互变的关系，在这种关系的交互运动（"相感"）中产生了无穷无数的人和万物（"万殊"）。

张载又进一步提出"一物两体"说，深刻论述事物内部矛盾的对立统一关系；并用"一物两体"的气化论论证"太虚即气"的唯物主义气本论，试图将唯物论与辩证法结合起来。这是张载思想的光辉一面，也是张载在哲学理论上的突出贡献。

《正蒙·参两》："一物两体，气也；一故神，两故化；此天之所以参也。"《正蒙·参两》："性其总，合两也。"这里的"两体"指的是阴阳两个对立面；"一"指的是对立面的统一；"参"是"合两"，指的是矛盾的既对立又统一；"神"指的是气化运动的潜能；"化"指的是阴阳相互作用引起的变化；"性"是"气"的运动变化的本质属性，即事物固有的对立统一（"合两"）。张载认为，有对立面的统一，才有运动的性能；有对立面，才有运动变化的过程。一切事物都是矛盾统一体，对立和统一不可分割；其相互作用存在于统一体中。

张载在揭示事物的这种对立统一性时，其用语不尽相同。除上文所说的"阴阳"、"两"、"两体"外，他有时候也称之为"两端"、"二端"。《正蒙·太和》："游气纷扰，合而成质者，生人物之万殊；其阴阳两端，循环不已者，立天地之大义。……造化所成，无一物相肖者，以是知万物虽多，其实一物；无无阴阳者，以是知天地变化，二端而已。"张载所说的"两端"、"二端"，指阴阳两种对立的势力。统一的"气"，分为阴阳，表现为虚实、动静、聚散、清浊等形态。诚如王夫之《张子正蒙注·太和》所说："惟两端迭用，遂成对立之象，于是可知所动所静，所聚所散，为虚为实，为清为浊，皆取给于太和絪缊之实体。"

张载的"气化论"学说，恢复了气一元论的权威，并作出了新的发挥。张载的气一元论学说，对明代和清代的王廷相、王夫之、戴震等人有很大影响，并为其所继承和发展。

第四节 "天地之间，无往而非阴阳"
——朱熹说阴阳

一、生平事迹

朱熹（1130—1200），字元晦、仲晦，号晦庵、遯翁，别称紫阳、考亭。祖籍徽州婺源（今属江西），出生于南剑州尤溪（今福建尤溪），侨寓建阳（今属福建）。南宋哲学家、教育家、诗人，南宋"闽学"的创始人。

绍兴十八年（1148），中进士。曾任同安县主簿、知南康军、提举浙东常平茶盐公事、知漳州、知漳州、知潭州，后任焕章阁待制兼侍讲等职。主张抗金，并强调备战[1]。平生不喜为官（在

---

[1] 在《上孝宗封事》中，朱熹力言对金有不共之仇，万无可和之理。

朝廷和地方任官时间不长）[1]，一生主要以讲学、著述为主，孜孜不倦。

嘉定二年（1209），诏赐遗表恩泽，谥曰文，寻赠中大夫，特赠宝谟阁直学士。宋理宗宝庆三年（1227），赠太师，追封信国公，改徽国公。宋理宗淳祐元年（1241），从祀孔庙。明世宗嘉靖年间（1522—1566），祀称先儒朱子。

朱熹早年出入佛、道，后正式拜程颐三传弟子李侗（1093—1163）为师，专心儒学。朱熹以继承程颢、程颐理学为己任，广泛吸收了周敦颐、张载、邵雍[2]等北宋理学家的思想养分，构建了一个规模庞大而又不失缜密精致的思想体系，成为宋代理学的集大成者，是中国封建社会后期影响最大的思想家。

朱熹学识渊博，于学无所不窥，对经学、史学、文学、乐律、佛学、道教以至自然科学均有所涉猎和贡献，是继孔子之后最博学的大儒。

朱熹著述极丰，是中国历史上著作最多的儒家学者之一。朱熹广注儒学典籍，重要著作有《周易本义》、《易学启蒙》、《诗集传》、《仪礼经传通解》、《四书章句集注》、《四书或问》、《楚辞集注》等，后人所编纂的有《朱子语类》、《朱文公文集》、《朱子遗

---

1 《宋史·朱熹传》："（朱）熹登第五十年，仕于外者仅九考，立朝才四十日。"说明：本小节关于朱熹的生平事迹，主要参考此书而成。
2 邵雍（1011—1077），字尧夫，范阳（今河北涿州市）人。因隐居苏门山，后人称其为"百源先生"，卒谥"康节"。北宋哲学家。著有《皇极经世》、《伊川击壤集》等，今有整理本《邵雍集》（北京：中华书局，2010年）。

书》等。2002年，上海古籍出版社、安徽教育出版社联合出版了《朱子全书》（朱杰人、严佐之、刘永翔主编），共计27册，1350万字，这是到目前为止最完备的"全书"[1]。

朱熹的学说在元明清三代被确立为儒学正宗，成为中国的官方哲学[2]。朱熹的影响还远播海外，在李朝时期的朝鲜、德川时代的日本，"朱子学"都颇为流行。在世界文化史上，朱熹的学术思想也有重要影响。

二、阴阳学说

朱熹哲学的最高范畴是"理"（或"无极"、"太极"）。朱熹认为，"宇宙之间，一理而已"。天地万物、三纲五常，"盖皆此理之流行"（《读大纪》，《朱文公文集》卷七十）。也就是说，"理"是唯一的最高存在。朱熹把"理"的总和称之为"太极"，"总天地万物之理，便是太极"（《朱子语类》卷九四）。

在理气（道器）观上，朱熹认为"理"和"气"是不能分离的，既要有"理"，也要有"气"，"理在气中"、"理气相依"。但是，"理"和"气"不可等量齐观。"理"是形而上的，"气"是形而下的；"理"在先，"气"在后。总之，"理是本"，"理为主"。

---

[1] 2010年，《朱子全书》修订本出版，共约1436万字。
[2] 元仁宗皇庆二年（1313），复科举，诏定以朱熹《四书章句集注》试士子，朱学定为科场程式。明太祖洪武二年（1369），科举以朱熹等"传注为宗"。

朱熹认为"理"和"气"是不能分离的,"天下未有无理之气,亦未有无气之理"(《朱子语类》卷一)。朱熹说:"天地之间,有理有气。理也者,形而上之道也,生物之本也。气也者,形而下之器也,生物之具也。"(《答黄道夫》,《朱文公文集》卷五八)"理"是形式因,"气"是质料因,"朱熹这种分析和古希腊哲学家亚里士多德很相似"[1]。就时间关系而已,"理"在先,"气"在后。朱熹说,"未有天地之先,毕竟也只是理。有此理,便有此天地;若无此理,便亦无天地,无人无物,都无该载了!有理,便有气流行,发育万物"(《朱子语类》卷一),"有是理,后生是气"(《读大纪》,《朱文公文集》卷七十)。并且,"理"是永恒的存在,"自未始有物之前,以至人消物灭之后"(《读大纪》,《朱文公文集》卷七十),"理"都是存在的,"理为不生不灭"(《朱子语类》卷一二六)。总之,"有是理,便有是气,但理是本"(《朱子语类》卷一)。

在阴阳观上,朱熹继承了张载"阴阳两端"和二程"无独有对"的思想[2],将阴阳对立统一思想作了更加充分的发挥。而在"太极"与"阴阳"的关系上,朱熹的思想与陆九渊判然有别[3]。

---

[1] 冯契:《中国古代哲学的逻辑发展》下册,上海:上海人民出版社,1985年,第826—827页。

[2] 张载的"阴阳两端"思想,请参看本书第五章第三节。

[3] 陆九渊(1139—1193),字子静,自号存斋,自称象山居士,抚州金溪(今江西金溪)人。陆九渊从不著书,后人将其书信、语录等文字材料汇编为《象山先生全集》(又称《象山集》)。今有校勘标点本《陆九渊集》(中华书局1980年版)。

二程认为，阴阳具有对立统一的属性（"对"），这种对立统一是天地间最普遍的现象。"道无无对，有阴则有阳，有善则有恶，有是则有非，无一亦无三。"（《河南程氏遗书》卷十五）"万物莫不有对，一阴一阳，一善一恶，阳长而阴消。"（《河南程氏遗书》卷十一）"天地之间皆有对，有阴则有阳，有善则有恶，有是则有非，无一亦无三"（《河南程氏遗书》卷十五），"天下之物，无独必有对"（《朱子语类》卷六十二引程颢语），"离了阴阳更无道，所以阴阳者是道也。阴阳，气也"（《河南程氏遗书》卷十五）。

朱熹认为，一切自然现象都是由阴阳构成的，自然、社会、人生都存在着阴阳的属性（"对"）。"天地之间，无往而非阴阳，一动一静，一语一默，皆是阴阳之理"（《朱子语类》卷六十五），"诸公且试看，天地之间，别有甚事？只是阴与阳两个字，看是甚么物事，都离不得。只就身上体看，才开眼，不是阴，便是阳，密拶拶在这里，都不著得别物事"（《朱子语类》卷六十五），"天地之化，包括无外，运行无穷，然其所以为实，不越乎一阴一阳两端而已"（《金华潘集序》，《朱文公文集》卷七十六），"如天之生物，不能独阴，必有阳；不能独阳，必有阴；皆是对"（《朱子语类》卷九十五）。总之，"天地间只有一个阴阳"（《朱子语类》卷七十四）。

朱熹进一步指出，阴阳其实不可截然区分为二橛，因为阴阳之中各有阴阳；并且，阴阳既是相生相成的，也是渗透转化的。朱熹说，"阳中有阴，阴中有阳，错综无穷是也"，"统言阴阳，只是两端，而阴中自分阴阳，阳中亦有阴阳"（《朱子语类》卷九十四），这是就阴阳不可截然区分为二橛、阴阳之中各有阴阳而言。朱熹又说，"阳在阴中，阳逆行；阴在阳中，阴逆行。阳在阴中，阴在阳中，则皆顺行"（《易学启蒙》卷二），"譬如阴阳，阴中有阳，阳中有阴，阳极生阴，阴极生阳，所以神化无穷"（《朱子语类》卷九十八），这是就阴阳的渗透转化而言。

在朱熹的哲学体系、逻辑结构中，"道"（太极）是形而上的，"气"（阴阳）是形而下的，"阴阳"是与"气"相当的。对此，陆九渊表示异议，"《易》之《大传》曰'形而上者谓之道'，又曰'一阴一阳之谓道'，一阴一阳，已是形而上者，况太极乎"？（《与朱元晦》，《陆九渊集》卷二）在陆九渊看来，"阴阳"是形而上者，并且"太极"就是"阴阳"，"太极判而为阴阳，阴阳即太极也"（《大学春秋讲义》，《陆九渊集》卷二十三）。朱熹写信辩白，"至于《大传》既曰'形而上者谓之道'矣，而又曰'一阴一阳之谓道'，此岂真以阴阳为形而上者哉！正所以见一阴一阳虽属形器，然其所以一阴而一阳者，乃道体之所为也。故语道体之至极，则谓之太极；语太极之流行，则谓之道。虽有二名，初无两体"（《答陆子静》，《朱文公文集》卷三十六）。朱熹坚持己见，认为形而上的"道"和"太极"同体而异名，"道"（太极）是形而下的"气"（阴阳）的根据。

第五节 "阴阳者，造化之橐钥也"
——王廷相说阴阳

一、生平事迹

王廷相（1474—1544），字子衡，号浚川，仪封（今河南兰考）人。明代思想家、文学家，文坛"前七子"之一[1]。

王廷相自幼聪慧，文才显现。弘治八年（1495）举人，弘治十五年（1502）进士，授庶吉士。曾任兵科给事中，辅助处理奏章。王廷相富有正义感，反对宦官专政，为宦官刘瑾（1451—1510）、廖鹏和权臣严嵩（1480—1567）、张瓒（1473—1542）等所忌，被贬谪为地方官（亳州判官），甚至一度入狱。曾任都察院副都御史并巡抚四川，后升迁为兵部左、右侍郎，最后升任南京兵部尚书。隆庆初，复官，赠少保，谥肃敏。

王廷相的著作主要有《慎言》、《雅述》、《太极辩》、《性辩》、《横渠理气辩》、《答何伯斋造化论》等，编入《王氏家藏集》、《王浚川所著书》中。1989年，中华书局出版《王廷相集》（全四册）。

---

[1] "前七子"，指的是明朝弘治、正德年间（1488—1521）的七位文学之士——李梦阳（1473—1530）、何景明（1483—1521）、徐祯卿（1479—1511）、边贡（1476—1532）、康海（1475—1540）、王九思（1468—1551）和王廷相，以李梦阳、何景明为代表。前七子在文学上反对当时流行的台阁体诗文，主张"文必秦汉、诗必盛唐"，以复古求革新。

王廷相对经术很有研究，对一些经学家特别是理学家的论点提出了许多批评，发表了他的独立见解[1]。王廷相对自然科学也很有研究，对天文、地理、音律、农学都有贡献。

王廷相推进了唯物主义的气一元论、反映论的发展，其思想成为从张载到王夫之哲学的一个重要环节，在哲学史上占有一定地位。

二、阴阳学说

在哲学上，王廷相主张"元气论"，认为"元气"是宇宙的本体。他继承和发展了张载的气一元论，明确提出"元气之上无物、无道、无理"的命题，"愚谓天地未生，只有元气。元气具，则造化人物之道理即此而生，故元气之上无物、无道、无理"（《雅述》上篇），"天内外皆气，地中亦气，物虚实皆气，通极上下，造化之实体也"（《慎言·道体》）。人和万物都是由物质性的"元气"产生的，只是"气"有所别而已，"天地之间无非气之所成，故人有人之气，物有物之气"（《答顾华玉杂论》）。总之，"气者，造化之本"（《慎言·道体》），"元气者，天地万物之宗统。有元气则有生，有生则道显"（《慎言·五行篇》）。

对于理气（道器）关系，王廷相明确指出，"气载乎理，理

---

1 《明史》卷一百九十四本传：王廷相"博学好议论，以经术称"，"于星历、舆图、乐律、河图、洛书及周、邵、程、张之书，皆有所论驳"。

出于气","万理皆出于气，无悬空独立之理"(《太极辩》),"非元气之外又有物以主宰之也"(《答薛君采论性书》)。三言以蔽之,"气，物之原也；理，气之具也；器，气之成也"(《慎言·道体》)。很明显,这是同陆王的"心外无物"说、程朱的"理在气先"说相对立的。更为精彩的是,王廷相对"理一分殊"作了极为合理的解释,"天地之间,一气生生,而常而变,万有不齐,故气一则理一,气万则理万。世儒专言理一而遗理万,偏矣"(《雅述》上篇)。很清楚,王廷相已经意识到了"理一"与"分殊"的辩证统一。

王廷相认为,太极、元气、阴阳三者异名同实,"元气之外无太极,阴阳之外无气。以元气之上不可意象求,故曰太极；以天地万物未形,浑沦冲虚,不可以名义别,故曰元气；以天地万物既形,有清浊、牝牡、屈伸、往来之象,故曰阴阳。三者,一物也,亦一道也"(《太极辩》)。王廷相同时又明确指出,"阴阳,气也"(《慎言·道体》),"阴阳者,气之名义也"(《太极辩》)。

王廷相对阴阳作了明确的规定,"阴阳在形气,其义有四：以形言之,天地、男女、牝牡之类也；以气言之,寒暑、昼夜、呼吸之类也；总言之,凡属气者皆阳也,凡属形者皆阴也；极言之,凡有形体以至氤氲葱苍之气可象者皆阴也,所以变化、运动、升降、飞扬之不可见者皆阳也。"(《慎言·道体》)从形、气、总、极四个方面、层次对阴阳做了自觉的分析解释,从具体上掌握了阴阳的内容。

王廷相认为，阴阳是相对相待的，可以一分为二而不可一分为三，"天地也，阴阳也，牝牡也，昼夜也，不可以三者也"（《慎言·五行》）。何以如此？"天地道化不齐，故数有奇耦之变，自然之则也"（《慎言·五行》）。阴阳既是相对相待的，又是互相统一的，"阴不离于阳，阳不离于阴，曰道"（《慎言·乾运》）。王廷相接着进一步指出，阴阳虽然相对相待而又是互相统一，但阴与阳是不平衡的，"阴阳之合，有宾主偏胜之义。而偏胜者恒主之，无非道之形体也"（《慎言·乾运》）。阴阳的不平衡形成了运动，于是"有聚气，有游气，游聚合"，而"物以之而化"（《慎言·道体》）。质言之，"阴阳者，造化之橐钥也"（《慎言·道体》）。毋庸置疑，这是王廷相在阴阳学说上的特殊贡献。

第六节 "阴阳二气，充满太虚"
——王夫之说阴阳

一、生平事迹

王夫之（1619—1692），字而农，号薑斋，衡阳（今属湖南）人。因晚年隐居于衡阳之石船山，学者称"船山先生"。明清之际的著名思想家，中国古代最伟大的哲学家之一，中国古代哲学思想的批判的总结者和最高发展者，中国古代历史观和社会政治思想的批判的总结者，近代启蒙思想的先驱者。

明末，张献忠（1606—1647）陷衡州，邀其入伍，王夫之"自引刀遍刺肢体"，以示拒绝（《清史稿·王夫之传》）。明亡，曾在衡山举兵起义，阻击清军南下。战败退肇庆，任南明桂王政权行人司行人。以反对王化澄（？—1652），几陷大狱。后至桂林依瞿式耜（1590—1651），瞿氏殉难，乃决心隐遁。辗转湘西以及郴、永、涟、邵间，窜身瑶洞，伏处深山，刻苦研究，勤恳著述，历四十年"守发以终"（始终未薙发），其爱国气节和刻苦精神，至死不渝。

王夫之学识渊博，对哲学、史学、文学、政治、经济、天文、历法、数学、地理均有研究，尤精于经学、史学、文学。善诗文，工词曲，论诗多独到之见。王夫之的著述极其丰富，共计有一百多种、四百多卷，后人编为《船山遗书》，其中《周易内传》、《周易外传》、《尚书引义》、《张子正蒙注》、《船山思问录》、《读四书大全说》、《读通鉴论》、《宋论》、《黄书》、《噩梦》、《老子衍》、《庄子解》等，在思想史上尤具重要意义。1988年至1996年，岳麓书社出版标点本《船山全书》（全十六册）。

王夫之的思想，特别是他的社会历史思想，对十九世纪末的维新运动和二十世纪初的革命运动，都产生过积极的广泛的影响。章太炎（1869—1936）甚至说："当清之季，卓然能兴起顽懦，以成光复之绩者，独赖而农一家而已！"（《船山遗书序》）

二、阴阳学说

在哲学上，王夫之继承和发展了张载、王廷相的气一元论，对中国古代的唯物主义哲学进行了批判的总结，达到了朴素唯物主义与朴素辩证法的统一，使中国古代唯物主义哲学取得了完备的形态，把中国古代哲学的发展推向了高峰。

王夫之认为，"气"是宇宙的本体，"太虚即气，絪缊之本体"（《张子正蒙注·太和篇》），"尽天地之间，无不是气，即无不是理也"（《读四书大全说》卷十）。"太和之中，有气有神。神者非他，二气清通之理也"，"阴阳二气充满太虚，此外更无他物，亦无间隙，天之象，地之形，皆其所范围也"（《张子正蒙注·太和篇》）。也就是说，"气"是宇宙的本体，也是唯一的实体。于此，可谓"气外无物"。

王夫之认为，"气"是永恒存在的，"气"是不会消灭的，"生非创有，死非消灭，阴阳自然之理也"（《周易内传》卷五）。因此，王夫之否定有与"气"相对立的绝对的虚无，"气外更无虚托孤立之理"（《读四书大全说》卷十），"虚空者，气之量。……凡虚空，皆气也"（《张子正蒙注·太和篇》）。具体来说，宇宙万物"散而归于太虚，复其絪缊之本体，非消灭也。聚而为庶物之生，自絪缊之常性，非幻成也"（《张子正蒙注·太和篇》）。

至于"道"与"阴阳"的关系，王夫之也做了考察。王夫之认为,"道"与"阴阳"是相依不离与相分不杂的关系,"阴也,阳也,道也,相与为三而一其三","于阴而道在,于阳而道在,于阴阳之乘时而道在,于阴阳之定位而道在。……道不行而阴阳废,阴阳不具而道亦亡"(《周易外传》卷五)。从相依不离来说,"阴阳"的乘时、定位等均有"道"在,"道"与"阴阳"相与而行、相与而具;从相分不杂来说,"道"与"阴阳"不是同一个东西,"阴归于阴,阳归于阳,而道在其中"(《周易外传》卷五)。总之,需要辩证地看待"道"与"阴阳"的关系——既要承认"道"与"阴阳"相依不离的统一性,也要承认"道"与"阴阳"相分不杂的对待性[1]。

王夫之又用"絪缊生化"的命题来说明"气"变化日新的性质,指出阴阳二气的对立统一,引起事物的运动变化。王夫之指出,阴阳的对立统一是普遍存在的,"无孤阳之物,亦无孤阴之物"(《张子正蒙注·太和篇》);阴阳行乎万事万物之中,"物物有阴阳,事亦如之"(《张子正蒙注·动物篇》),"阴阳具于太虚絪缊之中"(《张子正蒙注·太和篇》)。正是由于阴阳二气("二端")的矛盾作用("相为对"、"相为仇"),才有运动变化的可能性,而动静是阴阳矛盾作用的表现。"一气之中,二端既肇,摩之荡之而变化无穷","以气化言之,阴阳各成其象,则相为对,刚

---

[1] 张立文:《中国哲学范畴发展史(天道篇)》,北京:中国人民大学出版社,1988年,第313页。

柔、寒温、生杀，必相反而相为仇；乃其究也，互以相成，无终相敌之理，而解散仍返于太虚"，"盖阴阳者气之二体，动静者气之二几，体同而用异则相感而动，动而成象则静，动静之几，聚散、出入、形不形之从来也"，"阴阳之消长隐见不可测，而天地人物屈伸往来之故尽于此"(《张子正蒙注·太和篇》)。总之，所有的一切变化（聚散、出入、形不形）都是由"动静之几"产生的，运动的总原因（"天地人物屈伸往来之故"）就是气所固有的矛盾。

由此，王夫之对于理气、道器问题做出了与程朱和陆王不同的解释。在理气观上，王夫之批评程朱"理在气先"的观点，提出"理在气中"命题，认为"气"是物质实体，而"理"则是客观规律，"气者，理之依也"(《船山思问录·内篇》)，"理在气中，气无非理，气在空中，空无非气，通一而无二者也"(《张子正蒙注》卷一《太和篇》)。在道器观上，王夫之提出"道在器中"的观点，强调"天下惟器而已矣"，"道者器之道"，"无其器则无其道"(《周易外传》卷五)，"统此一物，形而上则谓之道，形而下则谓之器，无非一阴一阳之和而成。尽器，则道在其中矣"(《船山思问录·内篇》)。

第七节 "阴阳五行，道之实体也"
——戴震说阴阳

一、生平事迹

戴震（1724—1777），字慎修，一字东原，号杲溪，休宁隆阜（今安徽屯溪）人。清代思想家、著名学者，皖派经学创始人，卓然为一代宗师[1]。

戴震大器晚成，10岁时才开始说话。乾隆二十七年（1762），举乡试。其后科考多次均不售，未能中进士。乾隆三十八年（1773），诏开四库馆，征海内淹贯之士司编校之职，总裁荐戴震充纂修。乾隆四十年（1775），特命与会试中式者同赴殿试，赐同进士出身，改翰林院庶吉士。在四库馆期间，"经进图籍，论次精审"，而"所校《大戴礼记》、《水经注》尤精核"。乾隆四十二年（1777），积劳成疾，卒于官。

戴震少通《说文》，"读书好深湛之思"。与郡人郑牧（1714—1792）、汪肇龙（1721—1780）、方矩（1729—1789）、程瑶田（1725—1814）、金榜（1735—1801）从婺源江永（1681—1762）游，"惟震能得其全"。与惠栋（1697—1758）、沈彤（1688—1752）为忘年友。以避仇入都，纪昀（1724—1805）、

---

[1] 本小节关于戴震的生平、著述、学术等，主要参考《清史稿》卷四八一《儒林传二·戴震》而成。

朱筠（1729—1781）、钱大昕（1728—1804）、王鸣盛（1722—1797）、卢文弨（1717—1796）、王昶（1724—1806）等，"皆折节与交"。秦蕙田（1702—1764）纂《五礼通考》，"（戴）震任其事焉"。

戴震博闻强记，学识渊博，识断精审。戴震学淹四部，尤精于小学、测算、典章制度。戴震之学，"由声音、文字以求训诂，由训诂以寻义理"。戴震卒后，王念孙（1744—1832）、段玉裁（1735—1815）传其小学，孔广森（1752—1786）传测算之学，任大椿（1738—1789）传典章制度之学。

著有《诗经二南补注》、《毛郑诗考》、《尚书义考》、《仪经考正》、《考工记图》、《春秋即位改元考》、《大学补注》、《中庸补注》、《孟子字义疏证》、《经说》、《原善》、《六书论》、《声韵考》、《声类表》、《尔雅文字考》、《方言疏证》、《原象》、《古历考》、《句股割圜记》、《九章补图》、《屈原赋注》、《文集》等，后人编为《戴氏遗书》。1994年至1997年，黄山书社出版《戴震全书》（全七册）。其中，《孟子字义疏证》最为重要、最有价值[1]，而《原善》也是戴震思想的代表作。

戴震在学术上的卓越建树、在思想上的启蒙批判，在他所生活的时代（清代中叶）已经具有较大影响，在后世则产生了巨大

---

[1] 戴震尝云："仆生平著述之大，以《孟子字义疏证》为第一。"（《戴东原集》卷首段玉裁序引）梁启超评价，《孟子字义疏证》"字字精粹"，"实三百年间最有价值之奇书也"。（梁启超：《清代学术概论》，上海：上海古籍出版社，1998年，第41、42页。）

影响，而对戴震的评价也随之光芒万丈。梁启超（1873—1929）甚至认为：“苟无戴震，则清学能否卓然自树立，盖未可知也。”[1]

二、阴阳学说

在哲学上，戴震基本上继承和发展了张载、王廷相等人的气一元论，提出"气化即道"的观点，认为阴阳五行是"道之实体"。

戴震认为，宇宙的本原是物质性的"气"，世界是"气"的变化过程（"气化流行"）。戴震说："道，犹行也；气化流行，生生不息，是故谓之道。……行，亦道之通称。"（《孟子字义疏证》卷中）人、物就是由"气化"生生而成，"气化之于品物，可以一言尽也，生生之谓欤"（《原善》上），"人物之生，分于阴阳气化"（《孟子私淑录》卷上），"人物以类滋生，皆气化之自然"（《孟子字义疏证》卷中）。一言以蔽之，"凡有生，即不隔于天地之气化"（《孟子字义疏证》卷中）。

戴震认为，"气"的内容是"阴阳五行"，亦即"道"的实体。"阴阳五行，道之实体也"，"天道，阴阳五行而已矣"（《孟子字义疏证》卷中）。天地间的人与物，皆推本于阴阳五行之气。"天地间百物生生，无非推本阴阳"（《孟子字义疏证》卷上），"阴

---

[1] 梁启超：《清代学术概论》，上海：上海古籍出版社，1998年，第34页。

阳五行之运而不已，天地之气化也，人物之生生本乎是"（《孟子字义疏证》卷中），"人物之初，何尝非天之阴阳絪缊凝成"（《绪言》下）。在戴震看来，阴阳、五行互相涵摄，可谓二而一、一而二，"举阴阳则赅五行，阴阳各具五行也；举五行即赅阴阳，五行各有阴阳也"（《孟子字义疏证》卷中）。所谓"气化"，即阴阳之化、五行之化；天地人物的产生，都是阴阳五行气化的自然结果，而非人为或主宰者的创造。诚如《孟子字义疏证》卷中所说："在气化曰阴阳，曰五行，而阴阳五行之成化也，杂糅万变，是以及其流形，不特品物不同，虽一类之中又复不同。凡分形气于父母，即为分于阴阳五行，人物以类滋生，皆气化之自然。"

这就是说，"道"不是实体，而以"阴阳五行"之气为其体。所谓"道"，只是对"阴阳五行"之气流行不已、生生不息这一过程的表述而已，"道，言乎化之不已也"（《原善》上）。换句话说，阴阳五行之"气"是宇宙的"实体"，"道"是"实体"的运动（"流行"），"气"与"道"的关系是体用关系。这是对"道"的合理的新的解释。戴震的这一思想，"旨在反对程朱派以'理'为实体，别为一物，在'气'之先的唯心论说教"[1]。

戴震接着指出，"实体"的运动不是杂乱无章的，而是有其"必然"的条理和规则，亦即"理"（或"则"）。戴震说，"阴阳流行，其自然也；精言之，期于无憾，所谓理也。理非他，盖其必

---

[1] 萧萐父、李锦全主编：《中国哲学史》下卷，北京：人民出版社，1983年，第282页。又，下段关于"形而上"与"形而下"的论述，参考了此书此页。

然也","举凡天地、人物、事为,不闻无可言之理者也,《诗》曰'有物有则'是也。就天地、人物、事为,求其不易之则,是谓理"(《绪言》上)。总之,"生生者,化之原;生生而条理者,化之流","失条理而能生生者,未之有也"(《原善》上)。

更进一步,戴震又对"道"和"器"的关系,即"形而上"与"形而下"的问题,做了新的说明。《易·系辞上》:"形而上者谓之道,形而下者谓之器。"朱熹《答黄道夫》:"天地之间有理有气。理也者,形而上之道也,生物之本也;气也者,形而下之器也,生物之具也。"戴震不同意朱熹等人的解释,"形谓已成形质。形而上犹曰形以前,形而下犹曰形以后。阴阳之未成形质,是谓形而上者也,非形而下明矣。器言乎一成而不变,道言乎体物而不可遗。不徒阴阳是非形而下,如五行水火木金土,有质可见,固形而下也,器也;其五行之气,人物咸禀受于此,则形而上者也"(《孟子字义疏证》卷中)。也就是说,"形而上"指的是成形以前,"形而下"指的是成形以后。所谓"形而上"与"形而下",只是说明"气化流行"的不同状态、不同阶段。气化在"阴阳之未成形质"的阶段,是"形而上"的;"有质可见"的器物,才是"形而下"的。显然,世界并非如程朱学派所诡称的那样,在阴阳气化之上、之先另有一个"道"。因此,戴震被今人推许为"继颜元、李塨后又一位反理学的杰出思想家"[1]。

---

[1] 朱贻庭主编:《中国传统伦理思想史》,上海:华东师范大学出版社,1989年,第494页。

第六章
阴阳学说的影响

第一节 "人生有形,不离阴阳"
——中医与阴阳

中医学理论体系,是包括理、法、方、药在内的整体,是关于中医学的基本概念、基本原理和基本方法的科学知识体系。它是以整体观念为主导思想,以精气、阴阳、五行学说为哲学基础和思维方法,以脏腑经络及精气血津液为生理病理学基础,以辨证论治为诊治特点的独特的医学理论体系。

先秦时期出现的精气、阴阳、五行学说,作为思维方法渗透到中医学,对中医学理论体系的形成产生了积极而重要的影响,并逐渐与医学的理论与实践相结合,最终熔铸为一体,成为中医学理论体系中的一个重要组成部分。

中医学的阴阳学说,是古代哲学的阴阳学说与医学理论和实践相结合的产物,是将阴阳的运动规律和运动形式作为一种思维方法来阐释人体的生命活动规律、指导临床诊疗实践的一种有关中医学的基本理论。

因此,当代著名中医学家任应秋(1914—1984)明确指出,"学习祖国医学,如不首先贯通阴阳五行的道理,便无从升堂入室"[1]。

一、《黄帝内经》的基本情况

中医学理论体系,形成于战国至两汉时期。《黄帝内经》、《难经》、《伤寒杂病论》、《神农本草经》等医学专著的成书,标志着中医学理论体系的初步形成。其中,《黄帝内经》的作用尤其重要,地位尤其突出。

《黄帝内经》分《灵枢》、《素问》两部分,是我国现存最早的一部医学著作。全书以医药理论为主,兼及针灸、方药的治疗。在朴素的唯物主义观点指导下,《黄帝内经》阐述了中医基础理论、辨证论治规律、病证等多方面内容,奠定了中医学的理论基础。

《汉书·艺文志·方技略》医经类著录有《黄帝内经》十八卷、《外经》三十七卷。皇甫谧(215—282)《甲乙经·序》说:"今有《针经》九卷,《素问》九卷,二九十八卷,即《内经》也。"一般认为,《针经》即今流传的《灵枢经》。

---

1 任应秋编著:《阴阳五行》,上海:上海科学技术出版社,1960年,第28页。

《隋书·经籍志》始著录《黄帝素问》九卷。唐王冰注。王冰（约710—805）以《素问》九卷、《灵枢经》九卷，当《汉书·艺文志》的十八卷。此说为后人所认可，所继承。当然，也有人对此表示异议。

另外，还有一本名为《黄帝内经太素》（或简称作《太素》）的医书，一般认为是隋杨上善（约575—670）校注的《素问》本。《素问》在宋时曾经失传，清朝同治年间从日本访求回国。

不管是《灵枢》还是《素问》，都不是战国秦汉时期的原本，而是经过宋人整理的本子。南宋绍兴二十五年（1155），史崧（籍贯锦官，今四川成都）将其家藏旧本《灵枢》九卷改编为二十四卷本，成了现存最早和唯一行世的《灵枢》版本。清代编《四库全书》时，将其并为十二卷。而《素问》的版本，则要复杂一些。有记载表明，《素问》至少经历了四次重大的、有决定意义的整理与版本变迁。第一次整理，是在西汉后期（前32—1），整理者是侍医李柱国。这次整理使《素问》传本定型化。后来流传于齐梁间的《素问》，应当说就是李柱国整理本。第二次整理，是在隋代（581—618），全元起对流传的《素问》残本加以整理注释。第三次整理，是在唐代中期，王冰对《素问》进行了全面的整理。王冰的整理，实际上是对《素问》的重编和改编。此后，王本出而众本亡。第四次整理，是在北宋中期（1057—1070），由林亿等人主持整理。这次整理，为《素问》的流传提供了定本。后世出现的各种版本，无论是影刻本、翻刻本，还是校本、注释本，都是在这一版本基础上进行的。《素问》现存主要版本，有宋刊本、金刊本、元刊本、明刊本、清刊本以及日本刊本和敦煌残本[1]。

关于《黄帝内经》的作者和成书年代，大致有五帝（黄帝）、战国、秦汉之际、西汉四说。其实，《黄帝内经》非成于一时、非作于一手，是战国秦汉时期医者陆续所作。就《素问》而言，其内容大致可以分为三部分：第一部分是《素问》的前期作品，其著作时代上不能早于扁鹊、下不能晚于仓公，即战国时期。其中，不讲阴阳五行的大概是公元前 4 世纪的作品，讲阴阳五行的大概是公元前 3 世纪中期或后期的作品。第一部分是《素问》的后期作品，即《六节藏象论》的第一段和七篇大论；其著作时代较晚，大概在公元 2 世纪左右。第三部分是《素问》的个别作品，如《灵台秘典论》等；《灵台秘典论》的著作时代更晚，肯定是公元 3 世纪以后的作品。《灵枢》中有相当一部分篇章是战国秦汉之际的作品，甚至有些篇章比《素问》更早[2]。

关于《黄帝内经》的组成结构，也有争议。姚际恒（1647—约 1715）、吴考盘（1903—1993）、范行准（1906—1998）、廖育群等均认为，《素问》、《灵枢》必定不是《汉书·艺文志》所

---

[1] 王瑞来：《〈黄帝内经素问〉版本源流考》，《仇雠相对：版本校勘学述论》，太原：山西教育出版社，2015 年，第 21—51 页。

[2] 陈利国：《中医基础理论研究》，北京：高等教育出版社，2007 年，第 144—146 页。

著录的"《黄帝内经》十八卷"[1]。山田庆儿有一个工作假说,认为《黄帝内经》可以说是集黄帝学派之论文的大成,既不是出自一人之手,也不是写于同一时代;他还认为,隋或唐初杨上善编集的《太素》保留着比《黄帝内经》更古老的形式[2]。廖育群认为,二书并不存在统一的、贯彻全书的理论核心;不过是由一些不同观点、不同派别的不同著作汇集而成,在某一历史时期由某人或某些人加以改编,冠之以黄帝诸臣问答的形式而成书;二书是两部独立的著作。自战国邹衍等人提倡五行学说,直到西汉初时所用,一般来说均属"五行相克"说,"五行相生"的理论要到董仲舒的《春秋繁露》才可谓完备;因此,今本《黄帝内经》中许多大谈五行相生的篇节,理应是在此之后才能完成。他又认为,实际上西汉以前的医学著作并无整部保存下来的例子,后世所见者均是东汉之书(如《难经》、《神农本草经》、《伤寒论》),而现在应该再加上《素问》、《灵枢》这样两部独立著作[3]。

时至今日,关于《黄帝内经》的作者、成书年代、组成结构等,仍然难以取得一致意见。但是,这并不影响我们对《黄帝内经》的评价,更没有动摇《黄帝内经》的经典地位。

---

1 姚际恒:《古今伪书考》;吴考槃:《〈黄帝内经〉·〈素问〉·〈灵枢〉考》,《中华医史杂志》,1983,(2):85;范行准:《中国医学史略》,北京:中医古籍出版社,1986年,第27页;廖育群:《岐黄医道》,沈阳:辽宁教育出版社,1991年,第53—56页。

2 [日]山田庆儿:《〈黄帝内经〉的成书》,《科学史译丛》,1987,(3):1;后收入《古代东亚哲学与科技文化:山田庆儿论文集》,沈阳:辽宁教育出版社,1996年,第234—254页。

3 廖育群:《岐黄医道》,沈阳:辽宁教育出版社,1991年,第64—76页。

二、《黄帝内经》的阴阳学说

在《黄帝内经》中，阴阳学说得到了出色的运用，由此确立了中医阴阳学说的理论框架，形成了中医阴阳学说的基本内容。

按照任应秋的总结与归纳，以《黄帝内经》为代表的中医阴阳学说，主要说明了以下四个方面的问题[1]：

1. 说明各种事物之间存在着普遍联系和事物变化的复杂性、多样性。比如，"阳中有阴，阴中有阳"(《素问·天元纪大论》)，说明了事物的永久可分性。"阴阳者，天地之道也"(《素问·阴阳应象大论》)，说明了事物有普遍联系的规律。五脏为阴，六腑为阳，心肺在上为阳，肺为阳中之太阴，心为阳中之太阳；肝肾在下为阴，肝为阴中之少阳，肾为阴中之少阴，则又说明了事物的复杂性，多样性。诚如《素问·金匮真言论》所说："夫言人之阴阳，则外为阳，内为阴。言人身之阴阳，则背为阳，腹为阴。言人身之脏腑中阴阳，则脏者为阴，腑者为阳。肝心脾肺肾五脏皆为阴，胆胃大肠小肠膀胱三焦六腑皆为阳。"

2. 说明事物平衡与不平衡的辩证关系。如《素问·生气通天论》说"阴平阳秘，精神乃治"，是事物的平衡性；"阴阳离决，精气乃绝"，是事物的不平衡性。又《素问·调经论》说"阴阳匀

---

[1] 任应秋：《关于中医有没有理论的问题》，《任应秋论医集》，北京：人民军医出版社，2008年，第16—17页。说明：本书校对了原书引文，并且补充了部分缺失的出处。

平,以充其形,九候若一,命曰平人",这是阴阳的平衡性;《素问·阴阳应象大论》说"阴胜则阳病,阳胜则阴病",这是阴阳的不平衡性。所以医生治病的唯一手段,就是通过种种方法,以调治阴阳的不平衡性。正如《素问·阴阳应象大论》所说:"审其阴阳,以别柔刚,阳病治阴,阴病治阳,定其血气,各守其乡。"

3. 说明事物之间是相互转化的。《灵枢·论疾诊尺》说:"重阴必阳,重阳必阴,……寒甚则热,热甚则寒,故曰寒生热,热生寒,此阴阳之变也。"物极必反,阴可变为阳,阳可变为阴,事物之间的相互转化,往往如此。

4. 阴阳是一对矛盾,但却有主次之分。阴阳平衡的概念,并不是一个半斤,一个八两,矛盾双方,总有一方是主要的。所以《素问·生气通天论》说:"阴阳之要,阳密乃固。"正因为阳是主要的方面,故《素问·生气通天论》更形象地说:"阳气者,若天与日,失其所,则折寿而不彰,故天运当以日光明。"意思是说要正确处理好人体阴阳对立统一的关系,首先要保护阳气,使其能够致密,起到护卫和调节机体的作用,这是使身体强健的关键。如果阳气不足,便会"折寿而不彰",维持不了对立的统一。

任应秋接着指出:从以上几个方面来看,阴阳学说在祖国医学的生理病理各方面是很紧要的。但我们不要夸大它,不能提为中医理论的核心。……祖国医学中的阴阳学说,对矛盾的相互依存,相互转化,相互斗争,有一定的认识,但只限于天才的想象,直观的范畴,不可能概括出矛盾统一性的相对性和斗争性的绝对性这一原理，不可能懂得同一性和斗争性的辩证关系。祖国医学所说的阴阳转化，只局限在周期性的循环方面，也就是囿于直观的狭小天地，不曾明确提出事物由低级向高级发展的前进过程。

三、阴阳学说在中医学中的应用

阴阳学说贯穿在中医学理论体系的各个方面，广泛用来说明人体的组织结构、生理功能、病理变化，并指导养生保健以及疾病的诊断和治疗[1]。

（一）说明人体的组织结构

中医学认为，人体是一个有机整体，人体内部充满着阴阳的对立统一关系。诚如《素问·宝命全形论》所说："人生有形，不离阴阳。"

组成人体的所有脏腑、经络形体组织，都可以根据其所在部位、功能特点划分为相互对立而又统一的阴阳两部分。

以脏腑及形体组织的阴阳属性而言，就大体部位来说，上部为阳，下部为阴；体表属阳，体内属阴。就其腹背四肢内外侧来说，则背为阳，腹为阴；四肢外侧为阳，四肢内侧为阴。以脏腑

---

[1] 本部分的文字与内容，直接采自以下三书：（1）孙广仁主编：《中医基础理论》第三章第一节，北京：科学出版社，1994年。（2）孙广仁主编：《中医基础理论》第一章第二节，北京：中国中医药出版社，2002年。（3）王新华主编：《中医基础理论》第二篇第二章，北京：人民卫生出版社，2001年。说明：以上章节的写作者都是孙广仁。

来分，五脏属里，藏精气而不泻，故为阴；六腑属表，传化物而不藏，故为阳。由于阴阳之中复有阴阳，所以分属于阴阳的脏腑形体组织还可以再分阴阳。如体表组织属阳，然皮肉为阳中之阳，筋骨为阳中之阴。再继续分，则皮肤为阳中之阳，肌肉为阳中之阴；筋为阴中之阳，骨为阴中之阴。再如五脏分阴阳：心肺居于上属阳，而心属火，主温通，为阳中之阳；肺属金，主肃降，为阳中之阴。肝、脾、肾居下属阴，而肝属木，主升发，为阴中之阳；肾属水，主闭藏，为阴中之阴；脾属土，居中焦，为阴中之至阴。故《素问·金匮真言论》说："背为阳，阳中之阳，心也；背为阳，阳中之阴，肺也。腹为阴，阴中之阴，肾也；腹为阴，阴中之阳，肝也；腹为阴，阴中之至阴，脾也。"

　　分布于全身的经络系统，也有阴阳之分。其中，十二正经中有手足三阴三阳经。属腑而行于肢体外侧面的为阳经，一阳分为三阳，因行于上肢与下肢的不同而分称为手足阳明、少阳、太阳经；属脏而行于肢体内侧面的为阴经，一阴化为三阴，分称为手足太阴、厥阴、少阴经。奇经八脉中的跷脉与维脉，行于身之内侧者，称阴跷、阴维；行于身体之外侧者，称阳跷、阳维。督脉行于背，有总督一身之阳经的作用，称为"阳脉之海"。任脉行于腹，有总任一身之阴经的作用，称为"阴脉之海"。络脉中分布于体表及身体上部的称为阳络；分布于内脏、肢体深层及身体下部的称为阴络。

　　总之，人体脏腑经络及形体组织结构的上下、内外、表里、前后各部分之间，无不包含着阴阳的对立统一。

（二）概括人体的生理功能

对于人体的生理活动，中医学也是用阴阳学说加以概括说明的。中医学认为，人体的生长壮老已的整个生命过程，是由阴阳二气来推动和调控的。人体之气（《黄帝内经》称之为"人气"）以其不同的功能作用而分为阴气与阳气：阴气主凉润、宁静、抑制、沉降，阳气主温煦、推动、兴奋、升发。正是由于人体内阴阳二气的交感相错、相互作用，推动着人体内物质与物质之间、物质与能量之间的相互转化，推动和调控着人体的生命进程。同时，又是由于体内阴阳二气的对立制约、互根互用和消长转化，维系着协调平衡的状态，人体的生命活动才能有序进行，各种生理功能才能得到稳定发挥。如果人体内的阴阳二气不能相互为用而分离，人的生命活动也就终止了。故《素问·生气通天论》说："阴平阳秘，精神乃治；阴阳离决，精气乃绝。"

此外，阴阳学说还用来说明人体生命活动的基本形式。如人体内的阴阳二气，清阳主升，出上窍；浊阴主降，出下窍；清阳主出，发于腠理、四肢；浊阴主入，走于五脏、六腑。人体正是由于阴阳二气的升降出入运动，推动和维持着人的生命活动，也正是阴阳二气升降出入协调平衡，才推动和维持各种生理活动的正常进行。

（三）阐释人体的病理变化

中医学认为，人体的正常生命活动，是阴阳两个方面保持着对立统一的协调关系，处于动态平衡的结果。相反，疾病的发生则标志着这种协调平衡的破坏，故阴阳失调是疾病的基本病机之一。阴阳学说用来阐释人体的病理变化，主要表现在以下两个方面：

1. 分析病因的阴阳属性

疾病是由于病邪作用于人体，引起邪正相争，导致机体阴阳失调、脏腑组织损伤和生理功能失常的结果。而病邪可以分为阴、阳两大类。"夫邪之生也，或生于阴，或生于阳"（《素问·调经论》）。一般而言，六淫属阳邪，饮食居处、情志失调等属阴邪。阴阳之中复有阴阳，六淫之中，风邪、暑邪、火（热）邪为阳，寒邪、湿邪为阴。

2. 分析病理变化的基本规律

疾病的发生发展过程就是邪正斗争的过程：阳邪侵犯人体，人体正气中的阴气奋而抗之；阴邪侵犯人体，正气中的阳气与之斗争。如此产生了邪正相搏，导致了阴阳失调而发生疾病，故《素问·著至教论》说："合而病至，偏害阴阳。"阴阳失调的主要表现形式是阴阳的偏盛、偏衰和互损。

（1）阴阳偏盛：即阴偏盛、阳偏盛，是属于阴或阳任何一方高于正常水平的病理状态。《素问·阴阳应象大论》指出，"阴胜则阳病，阳胜则阴病。阳胜则热，阴胜则寒"，"阳胜则身热，……阴胜则身寒，……此阴阳更胜之变，病之形能也"。阴阳偏盛所形成的病证是实证，阳偏盛导致实热证，阴偏盛导致实寒证。故《素问·通评虚实论》说："邪气盛则实。"

（2）阴阳偏衰：即阴偏衰（阴虚）、阳偏衰（阳虚），是属于阴阳任何一方低于正常水平的病理状态。阴阳偏衰所导致的病证是虚证，阴虚出现虚热证，阳虚出现虚寒证。故《素问·通评虚实论》说："精气夺则虚。"

总之，阴阳偏盛与阴阳偏衰是临床上常见的寒热病证的病理变化，也是阴阳失调病机中的重要组成部分。

（3）阴阳互损：由于阴阳之间互根互用，所以在阴阳偏衰到一定程度时，就会出现阴损及阳，阳损及阴的阴阳互损的情况。当阳虚至一定程度时，因阳虚不能生阴，继而出现阴虚的现象，称为"阳损及阴"。同样，当阴虚至一定程度时，因阴虚不能生阳，继而出现阳虚的现象，称为"阴损及阳"。阳损及阴或阴损及阳，最终都导致"阴阳两虚"。这种阴阳两虚并不是阴阳双方处于低水平的平衡状态，同样存在着偏于阳虚或偏于阴虚的不同。如由精虚无以化气而导致气虚的阴损及阳，属以阴虚为主的阴阳两虚；由气虚无力生血而致血虚的阳损及阴，属以阳虚为主的阴阳两虚。

总而言之，阴阳的偏胜、偏衰，主要用来概括说明阴阳对立制约关系失调而出现的寒热性病理变化。"阳胜则热，阴胜则寒"，"阳胜则阴病，阴胜则阳病"，"阳虚则寒，阴虚则热"，是寒热性疾病的病理总纲。阴阳互损，主要用来说明精与气或气与血之间的互根互用关系失调的虚性病变。若用阴阳消长来说明，则前者属于由阴阳对立制约关系失常而出现的互为消长，后者属于因阴阳互根互用关系失常而表现的阴阳皆消。

(四) 用于疾病的诊断

中医诊断疾病的过程，包括诊察疾病和辨识证候两个方面。由于疾病的基本病理机制是阴阳失调，所以各种疾病的临床表现尽管错综复杂，但大都可以用阴阳的相对待的概念加以说明。诊察疾病和辨识证候，若能善于运用阴阳两分法，就能抓住疾病的关键所在，"善诊者，察色按脉，先别阴阳"（《素问·阴阳应象大论》）。

阴阳学说用于疾病的诊断，主要包括分析四诊所收集的资料和概括各种证候的阴阳属性两个方面。

1. 分析四诊资料

即将望、闻、问、切四诊所收集的各种资料，包括即时的症状和体征，以阴阳理论辨析其阴阳属性。

色泽分阴阳：观察色泽的明暗，可以辨别病情的阴阳属性。色泽鲜明为病属于阳；色泽晦暗为病属于阴。

气息分阴阳：观察呼吸气息的动态，听其发出的声音，可以区别病情的阴阳属性。语声高亢洪亮、多言而躁动者，多属实、属热，为阳；语声低微无力、少言而沉静者，多属虚、属寒，为阴。呼吸微弱，多属于阴证；呼吸有力声高气粗，多属于阳证。

动静喜恶分阴阳：了解患者的动静、喜恶等情况，也可以区分病证的阴阳属性。如躁动不安属阳，蜷卧静默属阴；身热恶热属阳，身寒喜暖属阴；等等。

脉象分阴阳：辨脉之部位、动态、至数、形状也可以分辨病证的阴阳属性。如以部位分，寸为阳，尺为阴；以动态分，则至者为阳，去者为阴；以至数分，则数者为阳，迟者为阴；以形状分，则浮大洪滑为阳，沉涩细小为阴。

2. 概括疾病证候辨证论治是中医学的基本特点之一。确定证候是中医学诊断疾病的核心。在临床辨证中，阴阳学说用阴阳来概括分析错综复杂的各种证候。只有分清阴阳，才能抓住疾病的本质，做到执简驭繁。所以辨别阴证、阳证是诊断疾病的重要原则，在临床诊断中具有重要意义。如八纲辨证中，表证、热证、实证属阳；里证、寒证、虚证属阴。阴阳是八纲辨证的总纲，在脏腑辨证中，脏腑精气阴阳失调可以表现出许多复杂的证候，但概括起来，无外乎阴阳两大类。如在虚证分类中，心有心精（血）虚、心气虚、心阴虚和心阳虚之分。精血与气相较，精血主静而属阴，气主动而属阳，故精血虚属阴而气虚属阳。

总之，阴阳学说广泛应用于四诊和辨证之中，只有辨清阴阳，才能正确分析和判断疾病的阴阳属性。故张景岳（1563—1640）《景岳全书·传忠录上·阴阳》说："凡诊病施治，必须先审阴阳，乃为医道之纲领。阴阳无谬，治焉有差？医道虽繁，而可以一言蔽之者，曰阴阳而已。故证有阴阳，脉有阴阳，药有阴阳……设能明彻阴阳，则医理虽玄，思过半矣。"

（五）用于疾病的防治

调整阴阳，使之保持或恢复相对平衡，达到阴平阳秘，是防治疾病的基本原则，也是阴阳学说用于疾病防治的主要内容。

1. 指导养生

养生，又称"摄生"，即保养生命之意。养生的目的，一是延年，二是防病。注重养生是保持身体健康无病的重要手段，而其最根本的原则就是要"法于阴阳，和于术数"（《素问·上古天真论》），即遵循自然界阴阳的变化规律来调理人体之阴阳，使人体中的阴阳与四时阴阳的变化相适应，以保持人与自然界的协调统一。《素问·四气调神大论》说："夫四时阴阳者，万物之根本也，所以圣人春夏养阳，秋冬养阴，以从其根，故与万物沉浮于生长之门。逆其根，则伐其本，坏其真矣。"依据"春夏养阳，秋冬养阴"的原则，对"能夏不能冬"的阳虚阴盛体质者，夏用温热之药预培其阳，则冬不易发病；对"能冬不能夏"的阴虚阳亢体质者，冬用凉润之品预养其阴，则夏不得发病。此即所谓"冬病夏治"、"夏病冬养"之法。

2. 确定治疗原则

由于阴阳失调是疾病的基本病机，而偏胜偏衰和互损又是其基本表现形式，因而在把握阴阳失调状况的基础上，用药物、针灸等方法调整其偏盛偏衰和互损，恢复阴阳的协调平衡，是治疗疾病的基本原则之一。故《素问·至真要大论》说："谨察阴阳所在而调之，以平为期。"严用和（约1206—1268）《济生方》说：

"冷者热之，热者冷之，痼者解之，积者散之。使阴阳各得其平，则二者无偏胜之患矣。"

阴阳偏盛的治疗原则：阴阳偏盛形成的是实证，故总的治疗原则是"实则泻之"，即损其有余。分而言之，阳偏盛而导致的实热证，则用"热者寒之"的治疗方法；阴偏盛而导致的寒实证，则用"寒者热之"的治疗方法。若在阳盛或阴盛的同时，由于"阳胜则阴病"或"阴胜则阳病"而出现阴虚或阳虚时，则又当兼顾其不足，于"实者泻之"之中配以滋阴或助阳之品。

阴阳偏衰的治疗原则：阴阳偏衰出现的是虚证，故总的治疗原则是"虚则补之"，即补其不足。分而言之，阴偏衰产生的是"阴虚则热"的虚热证，治疗当滋阴制阳，用"壮水之主，以制阳光"的治法，《内经》称之为"阳病治阴"（《素问·阴阳应象大论》）。阳偏衰产生的是"阳虚则寒"的虚寒证，治疗当扶阳抑阴，用"益火之源，以消阴翳"的治法，《内经》称之为"阴病治阳"（《素问·阴阳应象大论》）。

阴阳互损的治疗原则：阴阳互损导致阴阳两虚，故应采用阴阳双补的治疗原则。但在应用时，必须注意分清其先后主次。对阳损及阴导致的以阳虚为主的阴阳两虚证，当"阴中求阳"，即以补阳为主，兼以补阴；对阴损及阳导致的以阴虚为主的阴阳两虚证，当"阳中求阴"，即以补阴为主，兼以补阳。如此，则阴阳双方相互资生，相互为用，相互促进。诚如《景岳全书·新方八阵·新方八略》所说："善补阳者，必于阴中求阳，则阳得阴助，而生化无穷；善补阴者，必于阳中求阴，则阴得阳升，而源泉不竭。"

3. 分析和归纳药物的性能

阴阳学说用于疾病的治疗，不仅用于确定治疗原则，而且也用来概括药物的性能，作为指导临床用药的根据。治疗疾病，不但要有正确的诊断和治疗方法，还必须熟练地掌握药物的性能。根据确定的治疗原则，选用适宜药物，才能收到良好的治疗效果。

药物的性能，一般地说，主要靠它的气（性）、味和升降浮沉来决定，而药物的气、味和升降沉浮，又皆可以用阴阳来归纳说明。

药性，主要是寒、热、温、凉四种药性，又称"四气"。其中寒凉属阴，温热属阳。一般说来，属于寒性或凉性的药物，能清热泻火，减轻或消除机体的热象，阳热证多用之；属于热性或温性的药物，能散寒温里，减轻或消除机体的寒象，阴寒证多用之。

五味，就是酸、苦、甘、辛、咸五种味。有些药物具有淡味或涩味，故实际上不止五味，但习惯上仍称为"五味"。辛味有发散之性，甘味能滋补与缓急，淡味有渗泄作用，酸味能收敛，苦味能降能坚，咸味能软坚和泻下。故将辛、甘、淡三味属阳，酸、苦、咸三味属阴。如《素问·至真要大论》说："辛甘发散为阳，酸苦涌泄为阴，咸味涌泄为阴，淡味渗泄为阳。"临床用药过程中，一般都依据证候的性质将药物的气与味综合考虑以处方。每味药都具有气与味两个方面的特性，配方时主要根据证候的性质来决定是主用其气还是味，还是气味皆用。如苦味药一般有降下等作用，若与温性相配，能降气化痰，痰饮等阴性病多用之；若与寒性相合，能清热泻下，实热等阳证多用之。

升降浮沉，是指药物在体内发挥作用的趋向。升是上升，浮为向外浮于表；升浮之药，其性多具有上升发散的特点，故属阳。降是下降，沉为向内沉于里；沉降之药，其性多具有收涩、泻下、重镇的特点，故属阴。

药物阴阳属性归类表

	阴	阳
药性	寒、凉	热、温
五味	酸、苦、咸	辛、甘（淡）
升降浮沉	沉、降	升、浮

总之，阴阳学说在疾病的防治方面具有重要的指导作用。养生防病，须根据四时阴阳的变化情况"法于阴阳"；治疗疾病，则要根据病证的阴阳偏盛偏衰等情况，确定治疗原则：阴阳偏盛者，损其有余；阴阳偏衰者，补其不足。然后再根据药物四气五味和升降浮沉的阴阳属性选择适当的药物，调整疾病过程中的阴阳失调，使之向恢复平衡方面发展，从而达到治愈疾病和减缓病情之目的。

附：医案一则（李东垣奇思出妙方）

一、学行

李东垣（1180—1251），名杲，字明之，晚号东垣老人，以号行世，真定（今河北正定）人。金元四大著名医学家（"金元四大家"）之一[1]，脾胃学说的创始人，补土派的代表人物，易水学派的中流砥柱。

李东垣少读四书五经，博闻强记，家饶资财，幼好医药。李东垣20多岁时，母亲得病，医治无效而亡，竟迄死不知何症。于是，李东垣立志学医，以千金拜名医张元素为师[2]，终尽得其传而名居其上。李东垣曾以进纳作济源（今属河南）监税官，当地流行俗称"大头天行"的传染病[3]，死亡率极高，他探本求源，拟订方药，治愈不少病人，名声大振。时称神医，而后世亦有"外感

---

1 金元四大家，指的是金元时期（1115—1368）的刘完素（1120—1200）、张从正（约1156—1228）、李杲（1180—1251）、朱震亨（1281—1358）等四位著名医学家。

2 张元素（1131—1234），字洁古，易水（今河北易县）人。金代医学家，中医易水学派创始人。有革新精神，善于化裁，自成一家，多有创见。著有《医学启源》《脏腑标本寒热虚实用药式》《药注难经》《医方》《洁古本草》《洁古家珍》《珍珠囊》《产育保生方》等。

3 大头天行：瘟疫的一种，具有较强的传染性。又名大头风、大头痛、大头瘟、大头伤寒、捻头瘟、时毒、疫毒、虾蟆瘟、鸬鹚瘟等。以头面焮红肿痛、发热为主要特征。多发于冬春两季。多因天行邪毒侵及三阳经络所致。李东垣用羌活、酒炒黄芩、酒蒸大黄治之。亦可用芩连消毒汤、普济消毒饮、通圣消毒散、升降散等方。见《丹溪心法·瘟疫》《医方考·大头瘟》《杂病源流犀烛·瘟疫源流》等。

法仲景，内伤法东垣"之说。

在学术上，李东垣深受张元素的影响。当时中原战乱，人民生活动荡，精神恐惧，温饱得不到保证，造成很多疾病，单纯运用治伤寒的方法不能奏效。李东垣根据《黄帝内经》四时皆以养胃气为本的理论，结合自己长期的临床经验，提出"内伤脾胃，百病由生"的论点，并系统阐述了脾胃的生理功能，内伤病的致病原因，发病机理、鉴别诊断、治疗方药等问题，创立脾胃学说。李东垣认为，脾胃是元气之本，元气是健康之本，如果"脾胃之气既伤，而元气亦不能充，而诸病之所由生也"。李东垣还认为，脾胃是人体气机升降运动的枢纽，脾胃有伤，上可影响肺，下可波及肾，并可涉及大肠、小肠和九窍。只有谷气上升，脾气升发，元气才能充沛，才可防止疾病的发生。因此，在治疗上重在补益脾胃，尤其强调升发脾胃之阳，制订了补中益气汤、升阳益胃汤、黄芪人参汤等方剂，并首创甘温除热法治疗体虚身热，取得良好疗效。他的学术理论，为中医学的发展作出了卓越的贡献。在五行学说中，脾胃属土，故后世推他为"补土派"的代表人物。

李东垣的理论学说诞生后，得到其弟子王好古、罗天益等人的继承发展。一方面，王好古大量吸收李东垣的药物学理论，重视其临床应用；另一方面，王好古受李东垣深入阐发内伤脾胃病机理论的启发，创立了"阴证论"[1]。罗天益则比较全面地吸收了东

---

[1] 王好古（1200—1264）：字进之，号海藏，赵州（今河北赵县）人。金元时代医学家。博通经史，尤精医术。先后任赵州医学教授兼管提举内医学。其学宗张元素及李东垣。著有《医垒元戎》、《阴证略例》、《汤液本草》、《汤液大法》、《医家大法》等。

垣的脾胃学说，在脾胃内伤病纲目分类及其临床应用经验的认识上，进一步丰富了李东垣的脾胃学说[1]。总之，李东垣的学说对后世医家，尤其是温补学派影响很大。

李东垣的著作，主要有《脾胃论》、《内外伤辨惑论》、《兰宝秘藏》、《医学发明》、《活法机要》、《伤寒会要》、《用药法象》、《东垣试效方》、《脉诀指掌》等。而题名为李东垣撰的《保婴集》、《伤寒治法举要》、《东垣心要》、《医学法门》、《珍珠囊指掌补遗药性赋》等，都是托名作品[2]。

二、医案

以下这则医案，出自明人江瓘（1503—1565）编著的《名医类案》[3]：

长安人王善甫，得了个非常麻烦、非常痛苦的病，因"小便不利"，憋得他"目睛突出，腹胀如鼓"，膝盖以上的部位"坚硬如石"，皮肤肿胀得都快要裂开了（"壅塞之极"、"皮肤欲裂"），

---

1 罗天益（1220—1290），字谦甫，真定（今河北正定）人。元代医学家。幼承庭训，攻读诗书。及长，逢乱世，弃儒习医。从李杲学十余年，尽得其妙。著有《内经类编》、《药象图》、《经验方》（均佚），编有《东垣试效方》，又撰集《卫生宝鉴》。

2 张年顺等主编《李东垣医学全书》（北京：中国医药出版社，2006年），遵从任应秋的意见，收入《内外伤辨惑论》、《脾胃论》、《兰宝秘藏》、《活法机要》、《医学发明》、《东垣试效方》、《脉诀指掌》七书。

3 [明]江瓘编著：《名医类案》，北京：中国中医药出版社，1996年，第175页。说明：本小节以下文字，带有引号者均为原文。

以致无法吃饭、无法睡觉("昼夜不得眠,饮食不下"),"痛苦不可名状"。

医生对症下药,开出的是"甘淡渗利之药"——各种甘淡渗泄的利尿药物。但是,病人服药后,就是没有效果("皆不效")。眼看病情越来越重,患者亲戚赵谦甫慕名来请李东垣,恳求李东垣前往医治。

李东垣一看,这果然是个棘手的危急重症。李东垣虽然已经是远近闻名的名医,但他看病还是十分谨慎。如果没有把握,他是绝不轻易处置的。他对病人家属说:患者的病情已经很危急了!如果不深思熟虑,是无法处理的。让我回去好好思考一下吧("病深矣,非精思不能处")。病家见他说得在理,也就同意了。

回家后,李东垣依然纳闷不已:病人小便不出,是气化不利的缘故,前面的医生用淡渗的阳药本能促进气化,但为什么不奏效呢?李东垣苦苦冥思,未得其解。夜已很深,他干脆和衣而卧("耿耿不寐")。半夜,他忽然掀被跃起,连声说道:有办法了("吾得之矣")。

《黄帝内经》王冰注:"无阳,则阴无以生;无阴,则阳无以化。"《素问·灵兰秘典论》:"膀胱者,州都之官,津液藏焉,气化则能出矣。"李东垣想:"气化"过程靠阴精和阳气共同作用、共同完成,甘淡渗泄药虽能化阳,但病人病久伤阴,有阳无阴,所以气化仍不能正常进行("此病小便癃闭,是无阴而阳气不化也")。至此,李东垣茅塞顿开。

其师张元素的一席话，又回荡在李东垣脑海，"热在下焦，填塞不便，是关格之法"。至此，李东垣成竹在胸，"今病者内关外格之病悉具，死在旦夕，但治下焦可愈"。

随即，李东垣开出了处方："以禀北方寒水所化大苦寒之味者黄柏、知母，桂为引用，丸如桐子大，沸汤下二百丸。"

不久，喜讯就传来了。病人在服药后一会儿，感到如刀刺火烧般剧痛，尿液如瀑泉般涌出，"卧具皆湿，床下成流"。就在家属错愕相顾之际，病人的肿胀就烟消云散了（"顾盼之间，肿胀消散"）。

李东垣大为惊喜，由衷感叹："大哉！圣人之言，岂可不遍览而执一者也。"李东垣的可贵之处，就在于他能广泛研读经典著作，同时切实联系实际，故而往往能够提出一些与其他医生不同的治法，挽救病重垂危的病人。

李东垣"奇思出妙方"，果然名不虚传！

第二节 "当合三统，阴阳相得"
——道教与阴阳

一、《太平经》的基本情况

对于前期道教而言，有三部书影响最大：一是为道教提供神学理论基础的《老子》，一是被道教奉为"（外）丹经王"的《周易参同契》,一是内丹之经《黄庭经》。《太平经》是流传至今最早的道教经典,起到了道教理论肇始的作用。

史书记载,汉代流传过三种《太平经》。第一种是《天官历包元太平经》。《汉书·李寻传》:"(汉)成帝时,齐人甘忠可诈造《天官历》、《包元太平经》十二卷,……忠可以教重平夏贺良、容丘丁广世、东郡郭昌等,……后贺良等复私以相教。"第二种是《太平清领书》。《后汉书·襄楷传》:"(汉)顺帝时,琅邪宫崇诣阙,上其师干吉于曲阳泉水上所得神书百七十卷[1],皆缥白素朱介青首朱目,号《太平清领书》。其言以阴阳五行为家,而多巫觋杂语。有司奏崇所上妖妄不经,乃收藏之。"汉桓帝时,襄楷复献此书,并云"前者宫崇所献神书,专以奉天地顺五行为本,亦有兴国广嗣之术",而且明白表示自己所献即"琅邪宫崇受于吉神书"。第三种是《太平洞极经》。梁孟安《道教义枢》说:汉顺帝时,张陵(?—156)得太上所授《太平洞极经》一百四十四卷。

根据上述记载,同时考察经文,可以推断:《太平经》非一时一人之作。具体而言,该书出自于吉、宫崇等道士之手,时当安、顺之际,但当时未能流布,后经襄楷于桓帝之世复献,才渐为世人所知。但是,《太平经》毕竟不是官方正统神学,又对现实多指摘,故当时执政者对它采取审慎的态度。魏晋以后,《太平经》逐渐受到重视。

---

[1] 或作"于吉",或作"干吉",或作"干室"。

现存于《正统道藏》的《太平经》，仅有残本57卷，但标明170卷，其卷数与《后汉书》所述《太平清领书》相合，可知两者是同一书。《后汉书·襄楷传》李贤注："神书，即今道家《太平经》也。其书以甲、乙、丙、丁、戊、己、庚、辛、壬、癸为部，每部一十七卷。"由此可知，该书唐初已称《太平经》[1]。《正统道藏》另收唐末间丘方远《太平经钞》十卷，"文约旨博，学者便之"；又收及《太平经圣君秘旨》，仅七页。此外，英国伦敦藏有敦煌遗书《太平经目录》一卷（S4226）。

今人王明（1911—1992），以现存《道藏》本《太平经》为依据，参照《太平经钞》及其他27种引书加以校补，编成《太平经合校》（北京：中华书局，1960年），基本上恢复了170卷的轮廓，这是当今一个比较完整的本子。

《太平经》上承老子思想，又受当时今文经学、图谶、神仙、方术的影响，在内容上显得颇为庞杂。"其言以阴阳五行为家，而多巫觋杂语"，"亦有兴国广嗣之术"。后来的道教正是沿着内以炼养长生、外以治国安民的路线发展下去的，加以书中有很多可以同时为符箓派和丹鼎派道教所吸收的内容，《太平经》确实起到了道教理论的肇始者的作用[2]。

---

[1] 任继愈主编：《中国道教史》，上海：上海人民出版社，1990年，第19—20页。
[2] 任继愈主编：《中国道教史》，上海：上海人民出版社，1990年，第24—25页。

二、《太平经》的阴阳学说

（一）在宇宙论上，《太平经》吸收了汉代流行的元气学说，具有朴素唯物主义的观点。

《太平经》认为，宇宙天地、人和万物都是由"元气"组成的，都是由"元气"产生的。"夫物，始于元气"（《六罪十治诀》）[1]，"元气乃包裹天地八方，莫不受其气而生"（《分解本末法》），"诸谷草木蚑行喘息蠕动，皆含元气。飞鸟步兽，水中生亦然"（《不忘诫长得福诀》），这是就生成论上而言。从植物到动物，都是由"元气"变化而成。不仅动植物如此，以至人的意识现象，都是由"元气"生成的，"夫人本生混沌之气，气生精，精生神，神生明。本于阴阳之气，气转为精，精转为神，神转为明"（《太平经圣君秘旨》）。

在《太平经》中，有时称"元气"为"气"或"一"。"天地开辟贵本根，乃气之元也"（《修一却邪法》），"夫气者，所以通天地万物之命也；天地者，乃以气风化万物之命也"（《来善集三道文书诀》），以为"气"是天地万物的本根和命根，这是就本体论而言。"夫一者，乃道之根也，气之始也，命之所系属，众心之主也"（《修一却邪法》），所云"一"，其实就是"元气"。

---

1 以下引文凡出自《太平经合校》者，仅括注篇名。

老子说，"道生一，一生二，二生三，三生万物。万物负阴而抱阳，冲气以为和"（《老子》第四十二章）。《太平经》吸收了老子的这一学说，认为"元气"一分为三而生成天、地、人，"夫天、地、人本同一元气，分为三体，各自有祖始"（《三五优劣诀》），"元气恍惚自然，共凝成一，名为天也[1]；分而生阴而成地，名为二也；因为上天下地，阴阳相合施生人，名为三也"（《阙题》），"一气为天，一气为地，一气为人，余气散备万物"（《利尊上延命法》）。

《太平经》没有在元气之上安放一个超自然的神灵来创造天地万物，坚守的是朴素的唯物论的立场。只不过在《太平经》里，元气论被穿上了神秘的外衣。在《太平经》中，元气及派生的天地阴阳之气带有感情、意志、道德色彩，"气者，乃言天气悦喜下生，地气顺喜上养"（《三合相通诀》），"元气自然，乐则合共生天地，悦则阴阳和合，风雨调。风雨调，则共生万二千物"（《阙题》）。具体而言，阴气"好杀"，阳气"好生"，和气"好成"，"此三者相须为一家，共成万二千物"（《三者为一家阳火数五诀》）。这种神秘的气化论，后来一直是道教理论的重要组成部分。

---

[1] 王明、卿希泰（1928—2017）等人指出，按上下文义，应为"共凝成天，名为一也"。详见王明：《前言》，《太平经合校》，北京：中华书局，1960年；卿希泰：《中国道教思想史纲》第一卷（汉魏两晋南北朝时期），成都：四川人民出版社，1980年，第71—72页。

（二）《太平经》有自发的辩证法思想因素（如阴阳的对立统一、物极必反、变革等），但最终还是走向了循环论。

《太平经》认为，宇宙万物的生成和变化都是由于对立物的统一，这是合乎辩证法的对立统一思想。《太平经》说，"天下凡事，皆一阴一阳，乃能相生，乃能相养。一阳不施生，一阴并虚空，无可养也；一阴不受化，一阳无可施生统也"（《阙题》），"阴阳相与合，乃能生"（《三者为一家阳火数五诀》），明确指出万事万物的相生相养都是由于对立物（"一阴一阳"）的相互依存、相互结合。《太平经》又说，"阴气阳气更相摩砺，乃能相生"（《还神邪自消法》）。所谓"摩砺"，就是事物的矛盾运动的一种状态；由于阴气与阳气的矛盾运动，而产生宇宙万物。

《太平经》认为，矛盾双方（"阴之与阳"）在一定条件下（"极"）便会向其相反的方面转化，这是合乎辩证法的"物极必反"的矛盾转化思想。《太平经》说，"阴之与阳，乃更相反，阳兴则阴衰，阴兴则阳衰"（《乐怒吉凶诀》），"极上者当反下，极外者当反内；故阳极当反阴，极于下者当反上；故阴极反阳，极于末者当反本"（《四行本末诀》）。总之，"生者皆反其本"（《三者为一家阳火数五诀》），"极即还反"（《四行本末诀》）。

《太平经》虽然有"变革"思想（《大小谏正法》），但并没有引申出"革命"论，反而走向了循环论，"夫天道比若循环，周者复反始"（《断金兵法》），"夫天道比若循环，周而复始"（《某诀》),"周者反始环无端"(《阙题》)。《太平经》所说的"变革",是在不动摇现行体制和秩序的前提下进行的,其目的在于更好地维护现行的统治,故"不可不大慎"。诚如《大小谏正法》所说,"故天生凡事,使其时有变革,悉皆以谏正人君,以明至德之符,不可不大慎也。夫天地万物变革,是其语也"。

(三)在社会观上,《太平经》主张三名同心的调和论。

《太平经》肯定阳尊阴卑、君尊臣民卑,但特别强调中和之道,主张君、臣、民三者协调共处、共致太平。"君为父,象天;臣为母,象地;民为子,象和"(《三合相通诀》),"中和者,主调和万物者也"(《和三气兴帝王法》),"阴阳者,要在中和。中和气得,万物滋生,人民和调,王治太平"(《和三气兴帝王法》),"古者圣人治致太平,皆求天地中和之心"(《名为神诀书》)。

《太平经》在社会观上如此主张,是与其哲学思想一脉相承的,"元气有三名,太阳、太阴、中和。形体有三名,天、地、人"(《和三气兴帝王法》);三者缺一不可,"太阳、太阴、中和三气共为理,更相感动","当合三统,阴阳相得,乃和在中也"(《名为神诀书》)。《太平经》认为,阴气和阳气只有沟通"中和气",才能"共养凡物","气之法行于天下地上,阴阳相得,交而为和,与中和气三合,共养凡物,三气相爱相通,无复有害者"(《三合相通诀》),"故有阳无阴,不能独生,治亦绝灭;有阴无阳,亦不能独生,治亦绝灭;有阴有阳而无和,不能传其类,亦绝灭"(《三合相通诀》)。

总之,"天地中和同心,共生万物。男女同心而生子,父母子三人同心,共成一家,君臣民三人共成一国"(《三合相通诀》)。

结　语

一、阴阳学说的四大总体走向

中国古人认为，"宇宙"是空间上的广延性和时间上的连续性的统一（佛经中的"世界"一词，与此差可比拟[1]），而阴阳说和五行说便是古人解释宇宙组织结构和运动变化的模式和系统。如果说"阴阳"侧重于解释世界的运动与变化，从时间上说明世界；那么，"五行"则侧重于解释世界的结构与功能，从空间上说明世界。当然，这只是强作区分而已。因为，"阴阳"一方面将世间万物"一分为二"（静态），另一方面又说明整个世界处于对立统一之中（动态）；"五行"一方面将世间万物"一分为五"（静态），

---

[1] 这一点，从"宇宙"、"世界"的定义上就可以看出来。《墨子·经上》："宙，弥异时也。宇，弥异所也。"《经说上》："久（宙），古今旦莫（暮）。宇，东西家南北。"《庄子·庚桑楚》："有实而无乎处者，宇也；有长而无本剽者，宙也。"郭象注："宇者，有四方上下，而四方上下未有穷处；宙者，有古今之长，而古今之长无极。"《尸子》卷下："上下四方曰宇，往古来今曰宙。"《淮南子·齐俗训》："往古来今谓之宙，四方上下谓之宇。"《楞严经》卷四："世为迁流，界为方位。汝今当知，东、西、南、北、东南、西南、东北、西北、上、下为界，过去、未来、现在为世。"

另一方面又说明世界万象处于相生相克之中（动态）。并且，在阴阳说和五行说合流之后，二者实际上已经水乳交融、无法离开对方，一如气与质之不可分离。就中旨奥，明人张景岳心明眼亮，"五行者，水火木金土也。五行即阴阳之质，阴阳即五行之气。气非质不立，质非气不行。行也者，所以行阴阳之气也"（《类经图翼·五行统论》）。而就整个阴阳五行思想而言，古人不仅用它来解释自然现象和社会现象（大宇宙），而且用它来解释人的生理、心理现象（小宇宙），举凡天、地、人"三才"之道均被囊括其中。打个比方，如果说阴阳学说是中国古代朴素的对立统一观，那么五行学说就是中国古代原始的系统论。

就普遍的一般的情形而言，庞朴认为阴阳学说往后的发展正好不是沿着实验的、分析的道路，最后构成严密的科学理论，而是以面向自然为特色，越来越抽象，越来越概括，以至最后完全成了一种先验的世界图式[1]。其实，五行学说的发展又何尝不是如此？而且与阴阳学说的发展历程相比较，五行学说后来的发展历程似乎是有过之而无不及。但若细而言之，则又不尽然。通观阴阳五行思想发展变化的历史进程，它们大体有四个走向：

一是自然主义的科学化的走向。

在阴阳五行产生和发展之初，本来是具有"原始科学"的特征的，中国本来也有可能由此走向"近代科学"。嗣后的某些学科

---

[1] 庞朴：《阴阳五行探源》，《稂莠集——中国文化与哲学论集》，上海：上海人民出版社，1988年，第385页。

或学派，在一定程度上发扬光大了这一走向。比如炼丹术（化学的前身），阴阳学说"从早期的朴素形态出发，在中国炼丹术活动中应该说基本上是在朝着合理的方向发展，是不断在进步的，没有出现什么神秘、玄诡的色彩"，"应该说丹鼎派道士们对阴阳学说的发展作出了有积极意义、有成效的贡献"；但令人遗憾的是，"方士们没能根据这些经验，对阴阳学说加以充实、修正（如像西欧的化学家对待'电化二元论'那样），使它朝着更科学的方向继续发展"[1]。又比如中国传统医学（中医），阴阳学说和五行学说是其两大支撑理论，"从五行说应用于医药方面看，就不能说是完全唯心的，而应当承认里边包含有唯物的辨证的因素"[2]，"它一方面贯彻了朴素的唯物观，一方面也体现了自发的辩证法思想"[3]。这是就学科而言，下面再以学派为例加以说明。

毋庸置疑，阴阳（五行）家对中国古代科学技术的影响是非常巨大的，其中尤以对炼丹术（alchemy）的影响为最。中国科学技术史家李约瑟认为，经过邹衍综合整理而发展出来的阴阳五行学说，已经具备了"原始科学"的风貌（proto-science），而嗣后的自然主义者（phenomenalism）则将这一"原始科学"渐

---

[1] 卢嘉锡总主编，赵匡华、周嘉华著：《中国科学技术史：化学卷》，北京：科学出版社，1998年，第318页。

[2] 金景芳：《西周在哲学上的两大贡献——〈周易〉阴阳说和〈洪范〉五行说》，《古史论集》，济南：齐鲁书社，1981年，第180页。

[3] 任应秋：《学习中医典籍七讲》，《任应秋论医集》，北京：人民军医出版社，2008年，第42页。

变为"伪科学"(pseudo-science)[1],但"五行概念本身实质上是一种自然主义的、科学的概念"[2]。

李约瑟在多种场合说过,他撰写《中国科学技术史》的目的之一,就是要探讨一个重要的问题:古中国虽然在15世纪前的科学发明和发现方面远远超过同时代的欧洲,但欧洲却在16世纪以后诞生了"近代科学",而中国文明在亚洲却最终没有产生与此相似的"近代科学"。何以如此?这是一个严肃的问题,同时又是一个富有挑战性的问题。这就是著名的"李约瑟难题"(Needham Puzzle),"难题"至今仍然难以合理破解。

二是思辨的哲学化的走向。

阴阳、五行自从和气结合之后,其后便沿着气化论的道路向前发展。在古中国的自然哲学领域,思想家们糅合自然知识和哲学智慧,渐次将其抽象、将其思辨,在宇宙论上取得了不少真知灼见。从东汉的王充(27—约97)到魏晋的阮籍(210—263)、嵇康(223—262)、杨泉,到两宋的邵雍(1011—1077)、周敦颐(1017—1073)、张载(1020—1077)、陈淳(1159—1223),

---

[1] [英]李约瑟:《中国科学技术史》第二卷《科学思想史》,北京·上海:科学出版社、上海古籍出版社,1990年,第270页。特别说明的是,笔者在引述李约瑟此说时,在译文上参照了台湾译本,在表述上参考了史华慈的理解([英]李约瑟著,陈立夫等译:《中国古代科学思想史》,南昌:江西人民出版社,1999年第二版,第313页;[美]史华慈著,程钢译:《古代中国的思想世界》,南京:江苏人民出版社,2004年,第375页)。

[2] [英]李约瑟:《中国科学技术史》第二卷《科学思想史》,北京·上海:科学出版社、上海古籍出版社,1990年,第261—262页。

再到明清之际的王夫之（1619—1692）和清朝的戴震（1724—1777），甚至直到晚清民初的康有为（1858—1927）、谭嗣同（1865—1898），都无一出此苑囿和藩篱。而在自然科学领域，亦奉气、阴阳、五行为圭臬和法宝。从东汉天文学家张衡（78—139）的《灵宪》到南宋数学家秦九韶（1202—1268）的"大衍求一术"，从明代自然科学家宋应星（1587—约1666）的《天工开物》到明清之际科学家方以智（1611—1671）的"质测"、"通几"之学，均概莫能外。除了气、阴阳、五行的强大支配作用外，《周易》的影响也是不可忽视的。诚如谢维扬先生所指出的那样，"也许正是在《易经》的强大影响下，古代中国人越来越习惯于把形上学思辨与经验研究同一起来，以至当他们对自然问题作形上学思考时，在表述上好像是经验的说明。结果，古代中国的形上学直接侵入了科学，形上学概念直接成为科学的结论"[1]。

阴阳五行说这一思辨的哲学化的走向，直接与"李约瑟难题"相关。比如说，对于王充的气化论，李约瑟有这样的评价，"不幸的是，王充的著作的主要价值是否定性的和破坏性的。他只要再能对科学技术设计出某种较阴阳二元论和五行说更富有成果的假说，他对中国思想的贡献就会更大了"[2]。其后，李约瑟在比较中国

---

[1] 谢维扬：《至高的哲理：千古奇书〈周易〉》，北京：生活·读书·新知三联书店，1997年，第158页。

[2] [英]李约瑟：《中国科学技术史》第二卷《科学思想史》，北京·上海：科学出版社、上海古籍出版社，1990年，第414页。

和欧洲的元素论与实验科学时又说:"五行和阴阳体系看起来并不是完全不科学的。任何人想要嘲笑这种体系的持续,都应当回想起当年创立英国皇家学会的前辈们曾耗费他们大量宝贵的时间,来与亚里士多德的四元素理论和其他'逍遥学派的幻想'的顽固支持者进行殊死的斗争。……中国的五行理论的唯一毛病是,它流传得太久了。在公元1世纪是十分先进的东西,到了11世纪还勉强可说,而到了18世纪就变得荒唐可厌了。这个问题可以再一次回到这样的事实:欧洲有过一场文艺复兴,一场宗教改革,以及同时伴随着的巨大的经济变化,而中国却没有。"[1]

李约瑟的这一席话有些令人费解,兹引二说以为注脚。按照爱因斯坦(Albert Einstein,1879—1955)的归纳,"西方科学的发展是以两个伟大的成就为基础,那就是:希腊哲学家发明形式逻辑体系(在欧几里得几何学中),以及通过系统的实验发现有可能找出因果关系(在文艺复兴时期)。在我看来,中国的贤哲没有走上这两步,那是用不着惊奇的。令人惊奇的倒是这些发现[在中国]全都做出来了"[2]。嗣后,丹皮尔(William Cecil Dampier,1867—1952)接续此旨。在丹皮尔看来,西

---

[1] [英]李约瑟:《中国科学技术史》第二卷《科学思想史》,北京·上海:科学出版社、上海古籍出版社,1990年,第318页。

[2] [德]爱因斯坦著,许良英、范岱年编译:《爱因斯坦文集》第一卷,北京:商务印书馆,1976年,第574页。按:这是爱因斯坦1953年在给斯威策(J.S.Switzer)的信中的话语,李约瑟在1961年发表的论文《中国科学传统的贫乏和胜利》中全文引用了这封信。

方之所以能产生"近代科学",关键之处即在于哲学与科学的分离,"在文艺复兴与牛顿时代,由于科学家创立了适宜于研究自然的归纳方法和实验方法,科学与哲学间的联系因而渐呈松懈。哲学家仍然企图维持他们对整个知识领域的法律上的宗主权,不过,他们已经丧失了他们对这一大部分知识领域的事实上的主权"[1]。

随着墨家的中绝和名家的衰落,古代中国的形式逻辑体系遂无缘得以生长。同时,以思辨的哲学代替实证的实验,也在很大程度上堵塞了迈向"近代科学"的大门。谢维扬先生曾对后一问题加以分析,"以形上学概念充作经验问题的结论,给古代中国科学带来两种影响",一方面是"实证科学的发展因此而多少受到了阻碍",另一方面是"古代中国科学却因此而有了丰富的思想性","在对事物间联系和整体与系统的思考方面,成就远远超过了西方,直到今天还给人们以独特的启示"[2]。

三是功利的政治化和伦理化的走向。

阴阳五行说政治化和伦理化的倾向,最早可以上溯至《洪范》这篇治国大法,而其大发展的时期则在东周。从春秋开始,五方、五色、五数、五帝、五神、天干、地支等相继被纳入五行图式;尤其是五帝、五神的纳入,正是五行说政治化的先声。降而至于

---

1 [英]丹皮尔著,李珩译:《科学史》,北京:商务印书馆,1975年,第392页。
2 谢维扬:《至高的哲理:千古奇书〈周易〉》,北京:生活·读书·新知三联书店,1997年,第159页。

战国后期，邹衍造作"五德终始"说，更是这一走向登峰造极的一大表现。李零在探索阴阳五行说的起源时曾经谈到，说诸子之学是从旁嵌入和移植的，又说子学对阴阳五行说的精密化和意识形态化有"推波助澜的重大贡献"[1]，所论即针对这一点而发。秦汉以下，举凡王朝鼎革、政权兴替，基本上都援引"五德终始"说为其"正统"张本，但多为欺世惑众、诬枉不经之粉饰言辞而已。故王夫之说："正统之论，始于五德。五德者，邹衍之邪说，以惑天下，而诬帝王以征之。"（《读通鉴论》卷十六）

至于中古儒家的情形，其阴阳五行说则兼有政治化和伦理化的走向。这两大走向始于汉武帝"罢黜百家，独尊儒术"，而其最典型的代表是西汉的董仲舒和东汉的《白虎通义》，由此形成了一套比较完整的封建神学体系，使"三纲五常"取得了至上的法定地位[2]，"三纲五常，终变不得"（《朱子语类》卷二十四）。正是鉴于这一情势，佛教和道教在伦理道德上都不约而同地走上了"儒学化"的道路（如"五戒"与"五常"的比附、仁义忠孝的提倡等）[3]，从而强化了阴阳五行说政治化和伦理化的走向。

---

1 李零：《从占卜方法的数字化看阴阳五行说的起源》，《北京大学古文献研究所集刊》（1），北京燕山出版社，1999年，第42—56页；《中国方术续考》，北京：东方出版社，2001年第二版，第83—96页。
2 于此，我曾经有过论述，请参看舒大刚、彭华：《忠恕与礼让——儒家的和谐世界》，成都：四川大学出版社，2008年，第6—7、21—23页。
3 彭华：《试论佛教伦理与道教伦理的"儒学化"》，《西华大学学报》，2010年第2期，第14—18、40页。

四是实用的数术化的走向。

李零认为,"阴阳五行说虽与子学、数术都有关系,但更主要地还是产生于古代的数术之学","它基本上是沿古代数术的内在逻辑发展而来,并始终是以这些数术门类为主要应用范围"[1]。阴阳五行说的起源并非尽如李零所言,但阴阳五行说后来的发展确实有实用的数术化的走向。自从春秋时期干支等概念引入五行说后,便使五行说剔除了部分物质属性,从而纳入了象数的范畴。即使是在"罢黜百家,独尊儒术"以后的中国社会,"阴阳五行说也仍然在中国的实用文化(数术、方技、兵学、农学、工艺学)和民间思想(与道教有关的民间宗教)中保持着莫大势力"[2]。我的概括是:在数术家、方术士眼里,阴阳五行说是神妙的万能的"公式"——不但囊括万物、无所不包,而且神奇美妙、无所不验。

阴阳五行说的这一走向,在很大程度上带有消极性。诚因如此,故梁启超斥责阴阳五行说为"二千年来迷信之大本营"[3]。其后,郭沫若指责五行说在秦以后的发展为"畸形的发展","成为了迷信的大本营,妖怪的间谍网","到现在虽然被推翻了,而它的根荄依然没有拔尽"[4]。

---

1 李零:《从占卜方法的数字化看阴阳五行说的起源》,《中国方术续考》,北京:东方出版社,2001年第二版,第96页。
2 李零:《中国方术考》(修订本),北京:东方出版社,2001年第二版,第176页。
3 梁启超:《阴阳五行说之来历》(1923年),《古史辨》第五册,上海:上海古籍出版社,1982年,第343页。
4 郭沫若:《吕不韦与秦王政的批判》(1943年),《十批判书》,北京:东方出版社,1996年,第428页。

二、阴阳学说与中国思维模式

许多学者都注意到，中外各民族虽然都存在着普遍的"二元对立"（binary opposition）思想，但同中有异、异中有同。

西方学者指出，"在西方传统中，宇宙论上的对比倾向于排他的二元论；而在中国，这种对比则倾向于互补的配对。在中国，基本的两极无疑关涉相互联系的对立面（'明'与'暗'、'主动的'与'被动的'）。而在西方，基本的两极则关涉相反的对子，……其特点是范畴的极端的排他性。"[1] 中国学者指出，"中国古代辩证法，更重视的是矛盾对立之间的渗透、互补（阴阳）和自行调节以保持整个机体、结构的动态的平衡稳定，它强调的是孤阴不生、独阳不生；阴中有阳，阳中有阴；中医理论便突出表现了这一点，而不是如波斯哲学强调的光暗排斥、希腊哲学强调的斗争成毁……"[2]。进一步比较，西欧哲学家长于分析，注重分析对立的方式和后果；中国哲学家虽然也很早便注意到了对立，但却花了过多的力气研究对立如何谐和结合，这大概与中国哲学家长于综合有关[3]。

---

1 [美]郝大维、安乐哲著，施忠连译：《汉哲学思维的文化探源》，南京：江苏人民出版社，1999年，第85—86页。
2 李泽厚：《孔子再评价》，《中国古代思想史论》，北京：人民出版社，1985年，第33页。
3 庞朴：《对立与三分》，《中国社会科学》，1993年第9期；后收入《当代学者自选文库：庞朴卷》，合肥：安徽教育出版社，1999年，第166—193页。

换句话说，如果要更准确、更精确地表达中外民族的这一普遍的"二元对立"思想，我们不应该使用同一个词语来表述。笔者试将其表述为，**西方是倾向于排他的"二元对立论"，中国是倾向于互补的"二分对比论"；就中国而言，倾向于互补的"二分对比论"便以阴阳思想最为典型**。

在中国先哲看来，阴阳虽然相互对立、关系紧张，但绝非水火不容、你死我活，而是阴中有阳、阳中有阴[1]；尤其重要的是，中国先哲还认为本来相互对立、关系紧张的阴阳亦可互济互补，从而通过动态运动以至达"和合"的和谐状态[2]。因此，李约瑟说，"无论如何，阴阳理论在中国所获得的巨大成功，正如卜德所说，证明了中国人倾向于在一切事物中寻求一种根本的调和与统一而不是斗争与混乱"，"只有通过得到和保持这两种相等力量之间的真正平衡，才能够得到幸福、健康或良好的秩序"[3]。

自从法国汉学家葛兰言（Marcel Granet，1884—1940）提

---

[1] 如《文子·徽明》："德之中有道，道之中有德，其化不可极，阳中有阴，阴中有阳，万事尽然，不可胜明。"再如《素问·天元纪大论》："天有阴阳，地亦有阴阳。木火土金水火，地之阴阳也，生长化收藏。故阳中有阴，阴中有阳。"

[2] 《老子》第四十二章云："万物负阴而抱阳，冲气以为和。"这是说阴阳和而为"冲气"，是以万物生焉。《穀梁传》庄公三年云："独阴不生，独阳不生，独天不生，三合然后生。"这是说阴、阳、天"三合而（生类）形神生理具矣"（范宁《集解》引徐邈语）。另外，屈原《天问》亦有"阴阳三合"之论，王逸注云"谓天地人三合成德"，其实屈原所本即《老子》之论。《二程遗书》卷十五："道无无对，有阴则有阳。"

[3] [英]李约瑟：《中国科学技术史》第二卷《科学思想史》，北京·上海：科学出版社、上海古籍出版社，1990年，第301页。

出关于"中国思维模式"的命题后,国外学者对此续有探究。李约瑟敏锐地指出,"中国人的相互联系的思维十分自然地包含有一种数字神秘主义",并称之为"命理学"(numerology)[1]。李约瑟(Joseph Needham,1900—1995)又认为,经过邹衍综合整理发展出来的阴阳五行学说,已经具备了"原始科学"的风貌(proto-science),而嗣后的自然主义者则将这一"原始科学"渐变为"伪科学"(pseudo-science)[2]。葛瑞汉(Angus Charles Graham,1919—1991)在其名作《阴阳与关联思维的本质》中指出,阴阳理论实际上就是建立在"关联思维"(correlative thinking)基础上的一种"前科学"(pro-science)思想[3]。史华慈(Benjamin Schwartz,1916—1999)进一步指出,建立在"关联思维"基础上的中国式相关性宇宙论(correlative cosmology),其核心观念是"阴阳"和"五行"[4]。所谓"关联思

---

1 [英]李约瑟:《中国科学技术史》第二卷《科学思想史》,北京·上海:科学出版社、上海古籍出版社,1990年,第312页。笔者按:numerology一词,上书的中文译文很不统一,一作"象数学",一作"命理学"。笔者认为,该词最好译作"数字命理学"。"相互联系的思维",英文为correlative thinking,又译作"关联思维"、"互联思维"。

2 [英]李约瑟:《中国科学技术史》第二卷《科学思想史》,北京·上海:科学出版社、上海古籍出版社,1990年,第270页。

3 [英]葛瑞汉:《阴阳与关联思维的本质》(*Yin-Yang and the Nature of the Correlative Thinking*),《中国古代思维模式与阴阳五行说探源》,艾兰等编,南京:江苏古籍出版社,1998年,第1—57页。

4 [美]史华慈著,程钢译:《古代中国的思想世界》,南京:江苏人民出版社,2004年,第363—368页。

维"、所谓"二分对比"、所谓"数字神秘主义",其实它们所展示的就是笔者所说的中国传统思维的三个特征——"整体思维"、"辩证思维"、"直觉思维"[1]。

西人所谓"前科学"、"原始科学"之说,实际上业已预设(presuppose)了一个不争的、固执的前提和标准,即只有欧洲在16世纪以后所诞生的"近代科学"才是"科学"(science);过此以往,其他地方、其他时代的都不是"科学",只能称之为"前科学"或"原始科学"。在我看来,此说难免"固陋"之嫌。回溯人类的"轴心时期"(公元前800年至200年)[2],孔子有提倡"毋意,毋必,毋固,毋我"之说(《论语·子罕》),佛家有反对"我执"("我见")、"法执"之说(《成唯识论》卷四、卷一),此诚堪为借鉴也;而美国历史学家柯文(Paul A.Cohen)力倡"中国中心观",寻求"在中国发现历史"[3],实有矫枉之功。放宽历史

---

1 彭华:《中国传统思维的三个特征:整体思维、辩证思维、直觉思维》,《社会科学研究》,2017年第3期,第126—133页。彭华:《中国传统思维三大特征:整体、辩证、直觉》,《社会科学文摘》,2017年第8期,第88—90页。

2 德国哲学家雅斯贝斯(Karl Jaspers,1883—1969)的"轴心期"(Axial Period)理论认为,在公元前800年至200年的数世纪,中国、印度和西方都进入了世界历史的轴心期,"这个时代产生了直至今天仍是我们思考范围的基本范畴,创立了人类赖以存活的世界宗教之源端。无论在何种意义上,人类都已迈出了走向普遍性的步伐","直至今日,人类一直靠轴心期所产生、思考和创造的一切而生存。每一次新的飞跃都回顾这一时期,并被它重燃火焰。自那以后,情况就是这样。轴心期潜力的苏醒和对轴心期潜力的回忆,或曰复兴,总是提供了精神动力"。([德]雅斯贝斯著,魏楚雄、俞新天译:《历史的起源与目标》,北京:华夏出版社,1989年,第9、14页。)

3 [美]柯文著,林同奇译:《在中国发现历史——中国中心观在美国的兴起》,北京:中华书局,1989年第1版,2002年新1版。

的视线,依照法国"年鉴学派"的思路,从"长时段"(longue durée)的角度加以审视,西方文明所走之路未必就是人类社会唯一的选择。已故美籍华裔考古学家张光直(1931—2001)在《连续与破裂:一个文明起源新说的草稿》[1]一文中所持看法,堪称高屋建瓴,颇具启发性。直白而言,在人类文明的"长时段"上,西方文明的优越性确实在近代凸显了、辉煌了,但亦仅此而已,其前并非如此,而其后则未必依然如此。

---

1 该文初刊《九州学刊》1986年9月总第1期第1—8页,后收入氏著以下二书:(1)《美术·神话与祭祀》,沈阳:辽宁教育出版社,2002年,第108—118页;(2)《中国青铜时代》,北京:生活·读书·新知三联书店,1999年,第484—496页。

主要参考文献

一、原始文献

[1] [清] 阮元校刻：《十三经注疏》，北京：中华书局，1980年。

[2] 李学勤主编：《十三经注疏》(标点本)，北京：北京大学出版社，1999年。

[3] [唐] 李鼎祚：《周易集解》，北京：中国书店，1984年(影印本)。

[4] 金景芳、吕绍纲：《周易全解》(修订本)，上海：上海古籍出版社，2006年。

[5] [清] 王聘珍撰，王文锦点校：《大戴礼记解诂》，北京：中华书局，1983年。

[6] 黄怀信等：《大戴礼记汇校集注》，西安：三秦出版社，2005年。

[7] 杨伯峻：《春秋左传注》(修订本)，北京：中华书局，1990年第二版。

[8] [清] 王先谦撰，沈啸寰、王星贤点校：《荀子集解》，北京：中华书局，1988年。

[9] [清] 陈立撰，吴则虞点校：《白虎通疏证》，北京：中华

书局，1994年。

[10] 郭沫若主编：《管子集校》，《郭沫若全集》历史编第五、六、七、八卷，北京：人民出版社，1984年。

[11] 黎翔凤撰，梁运华整理：《管子校注》，北京：中华书局，2004年。

[12] [清] 孙诒让：《墨子间诂》，《诸子集成》第四册，上海：上海书店出版社，1986年。

[13] 吴毓江撰，孙启治点校：《墨子校注》，北京：中华书局，1993年。

[14] 王卡点校：《老子道德经河上公章句》，北京：中华书局，1993年。

[15] [魏] 王弼、[唐] 李约等著：《老子》，北京：中华书局，1998年。

[16] 高明：《帛书老子校注》，北京：中华书局，1996年。

[17] [晋] 郭象注，[唐] 成玄英疏，曹础基、黄兰发点校：《南华真经注疏》，北京：中华书局，1998年。

[18] [清] 郭庆藩：《庄子集释》，《诸子集成》第三册，上海：上海书店出版社，1986年。

[19] 许富宏：《鬼谷子集校集注》，北京：中华书局，2008年。

[20] [唐] 王冰注，[宋] 林亿校正：《黄帝内经素问》，北京：人民卫生出版社，1998年。

[21] 郭霭春主编：《黄帝内经素问校注》，北京：人民卫生出

版社，1992年。

[22] 姚春鹏译注：《黄帝内经》，北京：中华书局，2010年。

[23] [明]江瓘编著：《名医类案》，北京：中国中医药出版社，1996年。

[24] 荆门市博物馆：《郭店楚墓竹简》，北京：文物出版社，1998年。

[25] 李零：《郭店楚简校读记》（增订本），北京：中国人民大学出版社，2007年。

[26] 余明光等：《黄帝四经今注今译》，长沙：岳麓书社，1993年。

[27] 陈鼓应注译：《黄帝四经今注今译：马王堆汉墓出土帛书》，北京：商务印书馆，2007年。

[28] [清]王先慎撰，钟哲点校：《韩非子集解》，北京：中华书局，1998年。

[29] [汉]高诱注，[清]毕沅校正，余翔标点：《吕氏春秋》，上海：上海古籍出版社，1996年。

[30] 陈奇猷：《吕氏春秋新校释》，上海：上海古籍出版社，2002年。

[31] 刘文典撰，冯逸、乔华点校：《淮南鸿烈集解》，北京：中华书局，1989年。

[32] [清]苏舆撰，钟哲点校：《春秋繁露义证》，北京：中华书局，1992年。

[33][汉]王充著,黄晖校释:《论衡校释》(附刘盼遂集解),北京:中华书局,1990年。

[34]王明:《太平经合校》,北京:中华书局,1960年。

[35][宋]周敦颐著,陈克明点校:《周敦颐集》,北京:中华书局,1990年。

[36][宋]张载撰,章锡琛点校:《张载集》,北京:中华书局,1978年。

[37][宋]张载撰,[清]王夫之注:《张子正蒙》,上海:上海古籍出版社,2000年。

[38][宋]程颢、程颐著,王孝鱼点校:《二程集》,北京:中华书局,1981年。

[39][宋]朱熹:《四书章句集注》,北京:中华书局,1983年。

[40][宋]黎靖德编,王星贤点校:《朱子语类》,北京:中华书局,1986年。

[41][宋]朱熹撰,廖名春点校:《周易本义》,北京:中华书局,2009年。

[42][宋]朱熹注,赵长征点校:《诗集传》,北京:中华书局,2011年。

[43][明]王廷相著,王孝鱼点校:《王廷相集》,北京:中华书局,1989年。

[44][清]王夫之:《船山思问录》,上海:上海古籍出版社,

2000年。

[45] [清]戴震著,何文光整理:《孟子字义疏证》,北京:中华书局,1982年第二版。

[46] [清]戴震:《戴震集》,上海:上海古籍出版社,2009年。

[47] 上海师范大学古籍整理研究所校点:《国语》,上海:上海古籍出版社,1988年。

[48] [汉]司马迁撰,[宋]裴骃集解,[唐]司马贞索隐,[唐]张守节正义:《史记》(修订本),北京:中华书局,2013年。

[50] [汉]班固撰,[唐]颜师古注:《汉书》,北京:中华书局,1962年。

[51] [宋]范晔撰,[唐]李贤等注:《后汉书》,北京:中华书局,1965年。

[52] [元]脱脱等:《宋史》,北京:中华书局,1985年新1版。

[53] [清]黄宗羲原著,[清]全祖望补修,陈金生、梁运华点校:《宋元学案》,北京:中华书局,1986年。

[54] [汉]许慎撰,[宋]徐铉校定:《说文解字》,北京:中华书局,1963年。

[55] [汉]许慎撰,[清]段玉裁:《说文解字注》,上海:上海古籍出版社,1988年第二版。

[56] 高明、涂白奎编著:《古文字类编》(增订本),上海:上海古籍出版社,2008年。

二、研究著作

[1] [美] 艾兰等编：《中国古代思维模式与阴阳五行说探源》，南京：江苏古籍出版社，1998年。

[2] [法] 列维·布留尔著，丁由译：《原始思维》，北京：商务印书馆，1981年。

[3] 陈春会：《前诸子时代的思想学说》，西安：陕西人民出版社，2011年。

[4] 陈利国：《中医基础理论研究》，北京：高等教育出版社，2007年。

[5] 冯契：《中国古代哲学的逻辑发展》（上、中、下），上海：上海人民出版社，1983、1984、1985年。

[6] 冯友兰：《中国哲学史》（上下册），上海：华东师范大学出版社，2000年。

[7] 冯友兰著，涂又光译：《中国哲学简史》，北京：北京大学出版社，1996年第二版。

[8] 顾颉刚等编：《古史辨》第五册，上海：上海古籍出版社，1982年。

[9] 郭沫若：《青铜时代》，《郭沫若全集》历史编第一卷，北京：人民出版社，1982年。

[10] 郭沫若：《十批判书》，《郭沫若全集》历史编第二卷，北京：人民出版社，1982年。

[11] 侯外庐主编：《中国思想史纲》，上海：上海书店出版

社，2004年。

[12] [美]郝大维、安乐哲著，施忠连译：《汉哲学思维的文化探源》，南京：江苏人民出版社，1999年。

[13] [日]吉野裕子著，雷群明等译：《阴阳五行与日本民俗》，上海：学林出版社，1989年。

[14] 金景芳：《古史论集》，济南：齐鲁书社，1981年。

[15] 金景芳：《中国奴隶社会史》，上海：上海人民出版社，1983年。

[16] 金景芳讲述，吕绍纲整理：《周易讲座》，桂林：广西师范大学出版社，2005年。

[17] 蒋孔阳：《先秦音乐美学思想论稿》，北京：人民文学出版社，1986年。

[18] [日]井上聪：《先秦阴阳五行》，武汉：湖北教育出版社，1997年。

[19] 李汉三：《先秦两汉之阴阳五行学说》，台北：维新书局，1981年。

[20] 李零：《中国方术考》(修订本)，北京：东方出版社，2001年第二版。

[21] 李零：《中国方术续考》，北京：东方出版社，2001年第二版。

[22] 李学勤：《古文献丛论》，上海：上海远东出版社，1996年。

[23] [英] 李约瑟:《中国科学技术史》第二卷《科学思想史》,北京·上海:科学出版社、上海古籍出版社,1990年。

[24] [英] 李约瑟著,陈立夫等译:《中国古代科学思想史》,南昌:江西人民出版社,1999年第二版。

[25] 李泽厚:《中国古代思想史论》,北京:人民出版社,1985年。

[26] 廖名春:《帛书〈周易〉论集》,上海:上海古籍出版社,2008年。

[27] 吕绍纲:《庚辰存稿》,上海:上海古籍出版社,2000年。

[28] 吕思勉:《先秦学术概论》,上海:东方出版中心,1985年。

[29] 内蒙古医学院中医系主编:《阴阳五行学说》,天津:天津科学技术出版社,1987年。

[30] 庞朴:《稂莠集——中国文化与哲学论集》,上海:上海人民出版社,1988年。

[31] 庞朴:《当代学者自选文库:庞朴卷》,合肥:安徽教育出版社,1999年。

[32] 庞朴主编:《中国儒学》,上海:东方出版中心,1997年。

[33] 彭华:《阴阳五行研究(先秦篇)》,长春:吉林人民出版社,2011年。

[34] 彭华:《燕国史稿》,北京:中国文史出版社,2005年。

[35] 彭华:《燕国史稿(修订版)》(上、下),新北:花木兰

文化出版社，2013年。

[36] 彭华：《燕国八百年》，北京：中华书局，2018年。

[37] 任继愈主编：《中国哲学发展史·先秦卷》，北京：人民出版社，1983年。

[38] 任应秋编著：《阴阳五行》，上海：上海科学技术出版社，1960年。

[39] 任应秋：《任应秋论医集》，北京：人民军医出版社，2008年。

[40] [法]列维－斯特劳斯著，谢维扬、俞宣孟译：《结构人类学》，上海：上海译文出版社，1995年。

[41] [法]列维－斯特劳斯著，俞宣孟、谢维扬等译：《结构人类学》第二卷，上海：上海译文出版社，1999年。

[42] [美]史华慈著，程钢译：《古代中国的思想世界》，南京：江苏人民出版社，2004年。

[43] 孙广德：《先秦两汉阴阳五行说》，台北：嘉新水泥公司文化基金会，1969年。

[44] 孙广德：《先秦两汉阴阳五行说的政治思想》，台北：台湾商务印书馆，1993年。

[45] 孙广仁主编：《中医基础理论》，北京：科学出版社，1994年。

[46] 孙广仁主编：《中医基础理论》，北京：中国中医药出版社，2002年。

[47] 孙广仁主编:《中医基础理论》,北京:中国中医药出版社,2007年第二版。

[48] 孙开泰:《邹衍与阴阳五行》,济南:山东文艺出版社,2004年。

[49] 孙叔平:《中国哲学史稿》(上、下),上海:上海人民出版社,1980、1981年。

[50] 王国维著,彭华选编:《王国维儒学论集》,成都:四川大学出版社,2010年。

[51] 王新华主编:《中医基础理论》,北京:人民卫生出版社,2001年。

[52] 武占江:《中国古代思维方式的形成及特点》,西安:陕西人民出版社,2001年。

[53] 萧汉明:《阴阳——大化与人生》,广州:广东人民出版社,1998年。

[54] 萧萐父、李锦全主编:《中国哲学史》(上下卷),北京:人民出版社,1982、1983年。

[55] [日]小野泽精一、福永光司、山井涌编,李庆译:《气的思想——中国自然观和人的观念的发展》,上海:上海人民出版社,1990年。

[56] 谢松龄:《天人象:阴阳五行学说史导论》,济南:山东文艺出版社,1989年。

[57] 谢松龄:《阴阳五行与中医学》,北京:新华出版社,

1993年。

[58] 谢维扬:《中国早期国家》,杭州:浙江人民出版社,1995年。

[59] 谢维扬:《至高的哲理:千古奇书〈周易〉》,北京:生活·读书·新知三联书店,1997年。

[60] 谢维扬、房鑫亮主编:《王国维全集》(全二十卷),杭州·广州:浙江教育出版社·广东教育出版社,2009年。

[61] 徐复观:《中国人性论史(先秦篇)》,上海:上海三联书店,2001年。

[62] 杨荣国主编,李锦全、吴熙钊编著:《简明中国哲学史》(修订本),北京:人民出版社,1975年第三版。

[63] 杨学鹏:《阴阳——气与变量》,北京:科学出版社,1993年。

[64] 杨学鹏:《阴阳五行:破译·诠释·激活》,北京:科学出版社,1998年。

[65] 于元编著:《阴阳家与阴阳五行学说》,长春:吉林文史出版社,2011年。

[66] 曾振宇:《中国气论哲学研究》,济南:山东大学出版社,2001年。

[67] 张岱年:《中国哲学大纲》,北京:中国社会科学出版社,1982年新1版。

[68] 张岱年:《中国古典哲学概念范畴要论》,北京:中国社

会科学出版社，1989年。

[69] 张立文：《中国哲学范畴发展史（天道篇）》，北京：中国人民大学出版社，1988年。

[70] 中国文化书院编：《阴阳与中医医学》，北京：新华出版社，1994年。

[71] 周立升主编：《春秋哲学》，济南：山东大学出版社，1989年。

[72] 朱贻庭主编：《中国传统伦理思想史》，上海：华东师范大学出版社，1989年。

后　记

这本小册子的部分内容（第一、二、三、四章和结语），来源于我的博士学位论文暨同名书稿《阴阳五行研究（先秦篇）》（2004年，2011年）。在此，谨略述缘起一二。

2001年9月，我第三次负笈申城——第三次进入母校华东师范大学，在谢维扬先生指导下，攻读历史学博士学位。2004年4月，提交博士学位论文《阴阳五行研究（先秦篇）》。2004年6月，进行博士学位论文答辩。其后数年，陆陆续续对《阴阳五行研究（先秦篇）》进行修订、增补、润色。

2011年12月，《阴阳五行研究（先秦篇）》（全二册）作为"儒藏论丛"丛书之一，由吉林省长春市的吉林人民出版社出版。但非常遗憾的是，不知何故，该套丛书并未进入中国海峡两岸及香港、澳门乃至世界各地蔚为壮观的纸本图书的网络销售系统（如京东、当当、卓越、亚马逊、文轩、天猫等），以致有不少读者向我询问何处可以购买小书。

众所周知，学术乃天下之公器！文章之发表、图书之出版，目在刊布成果、接受批评。发行不畅，批评何求？与此相对，博士学位论文《阴阳五行研究（先秦篇）》（2004年）则不期然获得了广大读者的关注。"中国知网"显示，截至2023年12月6日，《阴阳五行研究（先秦篇）》被下载20112次，被引用144次。（说明：统计数字尚有遗漏。）

2015年1月，山东大学曾振宇教授与我联系，谈及"汉字与中国文化"丛书，邀请我撰写其中的一册——《阴阳》。心弦为之而振，于是应承下来。

摭拾旧题再相见，添酒回灯重开宴。

值此机会，重新翻检与阴阳有关的论著，以为写作之用。

由此，遂有此小册子之问世。

个人感受：不胜欣喜，由衷感动！

华夏出版社的领导与编辑（潘平、杜晓宇、李春燕、董秀娟等），兢兢业业，勤勤恳恳，令人肃然起敬。

在此——

感谢吾师谢维扬先生的辛勤培养、悉心指导、长期关怀！

感谢曾振宇教授的盛情约稿，感谢华夏出版社的热情编辑！

感谢家人、亲人、同学以及众多师友长期以来的关心与支持！

聊赘数语，就此打住。

彭华（印川）

2016年7月17日，草拟

2018年11月16日，修改

2021年11月12日，补充

2023年12月6日，更正